100만 중국어 학습자가 선택한 **중국어 회화 시리즈 베스트셀러!**

『맛있는 중국어』 회화 시리즈가 6단계로 개편됩니다.

100만 독자의 선택

맛있는 중국어 HSK 시리즈

기본서

- **시작**에서 **합격**까지 **4주** 완성
- **모의고사 동영상** 무료 제공(6급 제외)
- **기본서+해설집+모의고사** All In One 구성
- 필수 **단어장** 별책 제공

맛있는 중국어
HSK 1~2급 첫걸음

맛있는 중국어
HSK 3급

맛있는 중국어
HSK 4급

맛있는 중국어
HSK 5급

맛있는 중국어
HSK 6급

모의고사

맛있는 중국어 HSK 1~2급 첫걸음 400제 / 맛있는 중국어 HSK 3급 400제 / 맛있는 중국어 HSK 4급 1000제 / 맛있는 중국어 HSK 5급 1000제 / 맛있는 중국어 HSK 6급 1000제

- 실전 HSK **막판 뒤집기**!
- 상세하고 친절한 **해설집 PDF** 파일 **제공**
- 학습 효과를 높이는 **듣기 MP3** 파일 **제공**

단어장

맛있는 중국어
HSK 1~4급 단어장

맛있는 중국어
HSK 1~3급 단어장

맛있는 중국어
HSK 4급 단어장

맛있는 중국어
HSK 5급 단어장

- 주제별 분류로 **연상 학습** 가능
- HSK **출제 포인트**와 **기출 예문**이 한눈에!
- **단어 암기**부터 HSK **실전 문제 적용**까지 한 권에!
- 단어&예문 **암기 동영상** 제공

쉽게! 재미있게! 가볍게! 반복적으로!
다양한 무료 콘텐츠로 『맛있는 중국어』를 즐기세요!

워크북(별책)

본책에서 학습한 내용을 복습할 수 있습니다.

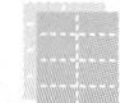

핵심 문장 카드

3단계의 핵심 문장을 정리해 놓았습니다. 잘라서 카드 링으로 연결하면 학습하기 편리합니다.

단어 카드(PDF 파일 다운로드)

각 과의 학습 단어가 정리되어 있습니다. 파일을 다운로드하여 스마트폰 등에 담아 틈틈이 단어를 암기할 수 있습니다.

복습용 워크시트(PDF 파일 다운로드)

각 과의 학습 단어와 「맛있는 문장 연습」의 문장을 써보며 복습할 수 있습니다.

암기 동영상

깜빡이 학습법으로 각 과에 나온 모든 단어를 자동으로 암기할 수 있습니다.

트레이닝 듣기

각 과의 시작 페이지에 있는 QR 코드를 스캔하면 듣고 따라 말하는 트레이닝 버전의 듣기 파일을 들을 수 있습니다.

유료 **동영상 강의**(할인 쿠폰 수록)

초급 학습자들을 위해 중국어의 핵심 어법과 초급 회화를 혼자서 학습할 수 있게 알려 줍니다.

인강 할인 이벤트

맛있는스쿨 단과 강좌 할인 쿠폰

할인 코드 **hchanyu_lv3**

단과 강좌 할인 쿠폰

20% 할인

할인 쿠폰 사용 안내

1. 맛있는스쿨(cyberjrc.com)에 접속하여 [회원가입] 후 로그인을 합니다.
2. 메뉴中[쿠폰] → 하단[쿠폰 등록하기]에 쿠폰번호 입력 → [등록]을 클릭하면 쿠폰이 등록됩니다.
3. [단과] 수강 신청 후, [온라인 쿠폰 적용하기]를 클릭하여 등록된 쿠폰을 사용하세요.
4. 결제 후, [나의 강의실]에서 수강합니다.

쿠폰 사용 시 유의 사항

1. 본 쿠폰은 맛있는스쿨 단과 강좌 결제 시에만 사용이 가능합니다.
2. 본 쿠폰은 타 쿠폰과 중복 할인이 되지 않습니다.
3. 교재 환불 시 쿠폰 사용이 불가합니다.
4. 쿠폰 발급 후 60일 내로 사용이 가능합니다.
5. 본 쿠폰의 할인 코드는 1회만 사용이 가능합니다.

*쿠폰 사용 문의 : 카카오톡 채널 @맛있는스쿨

최신 개정

맛있는 중국어 Level ❸ 초급 패턴1

JRC 중국어연구소 기획·저

맛있는 books

최신 개정

맛있는 중국어 Level ❸ 초급 패턴1

제1판 1쇄 발행 2005년 4월 25일
제2판 1쇄 발행 2012년 1월 30일
제2판 71쇄 발행 2020년 2월 5일
제3판 1쇄 발행 2021년 4월 20일
제3판 10쇄 발행 2024년 9월 25일

기획·저 JRC 중국어연구소
발행인 김효정
발행처 맛있는books
등록번호 제2006-000273호

주소 서울시 서초구 명달로 54 JRC빌딩 7층
전화 구입문의 02·567·3861 | 02·567·3837
내용문의 02·567·3860
팩스 02·567·2471
홈페이지 www.booksJRC.com

ISBN 979-11-6148-055-8 14720
979-11-6148-051-0 (세트)
정가 16,000원

머리말

『**맛있는 중국어**』 회화 시리즈는 중국어를 '쉽고 재미있게' 배울 수 있도록 2002년부터 JRC 중국어연구소에서 오랫동안 연구 개발한 교재입니다. 2002년 처음으로 교재로 사용되었으며, 2005년 정식 출간된 후 다양한 교육 현장에서 사용되어 베스트셀러로 자리매김하였습니다. 이후 한 차례의 개정을 통해 지금까지 모두 100만 부가 판매되는 놀라운 기록을 달성하였습니다.

『**맛있는 중국어**』 최신 개정판은 몇 년 전부터 기획되어 진행되었으며 오랜 고민과 노력을 통해 재탄생하였습니다. 중국어를 쉽고 재미있게 배워야 한다는 기존 콘셉트를 최대한 유지하면서, 시대의 변화를 반영하고 학습의 편의성을 실현하는 데 개편의 중점을 두었습니다.

기존의 『**맛있는 중국어** Level ①~⑤』는 『**맛있는 중국어** Level ①~⑥』 총 6단계로 개편되었으며 듣기, 말하기, 읽기, 쓰기를 모두 자연스레 익힐 수 있도록 구성하였습니다.

제1단계, 제2단계는 중국어 발음과 기초 회화 학습에 중점을,
제3단계, 제4단계는 중국어의 뼈대를 세우고 어순 훈련 및 회화 학습에 중점을,
제5단계, 제6단계는 상황별 회화와 관용 표현 및 작문 학습에 중점을 두었습니다.

별책으로 제공되는 『워크북』에는 간체자 쓰기와 효과적인 복습을 도와주는 학습 노트를 담았으며, 「복습용 워크시트」, 「단어 카드」 등을 별도로 구성하여 학습에 도움을 주고자 최대한 노력하였습니다.

중국어를 어떻게 하면 잘할 수 있을까요?
영어처럼 10년을 공부하고도 한마디도 말할 수 없다면……

『**맛있는 중국어**』 회화 시리즈는 여러분이 맛있고 재미있게 중국어를 학습할 수 있도록 모든 재료를 갖추어 놓았습니다. 하지만 여러분이 직접 요리하지 않는다면 소용없겠죠? 언어는 어떻게 시작하느냐가 중요합니다. '읽기 위주의 학습 습관'에서 벗어나, 어린아이가 처음 말을 배울 때처럼 '귀로 듣고 입으로 따라하기' 위주로 중국어를 시작해 보세요. 그리고 꾸준히 즐겁게 학습해 보세요! 어느새 중국어가 입에서 술술~ 재미가 솔솔~ 여러분의 향상된 중국어를 체험하실 수 있을 겁니다.

지금까지 현장에서 끊임없이 의견을 주신 선생님들과 최고의 교재를 만들고자 오랜 고민과 노력을 기울인 맛있는북스 식구들, 그리고 지금까지 『맛있는 중국어』를 사랑해 주신 모든 독자분들께 다시 한번 감사의 인사를 전하며, 이 책이 여러분의 중국어 회화 성공에 도움이 되기를 진심으로 바랍니다.

JRC 중국어연구소 김효정

차례

부록

맛있는 중국어 Level ❸ 초급 패턴1

과	단원명	핵심 문장	학습 포인트	플러스 코너
1	请多关照。 잘 부탁드립니다.	• 请大家来介绍一下自己。 • 这位同学，你先来吧。 • 请多关照。	**표현** 자기소개하기 첫 만남에 필요한 표현 익히기 **어법** 来 양사 位 부사 多	문화 중국인의 인사법
2	你现在住在哪儿? 당신은 지금 어디에 살아요?	• 你现在住在哪儿? • 房间不大也不小。 • 就是有点儿吵。	**표현** 일상생활 말하기 주거 환경 관련 표현 익히기 **어법** 동사+在 不…也不… 就是 有点儿	그림 단어 집안 장소
3	一边做作业，一边听音乐。 숙제를 하면서 음악을 들어요.	• 一边做作业，一边听音乐。 • 你听的是古典音乐还是流行音乐? • 我一次也没听过韩国音乐。	**표현** 취미에 대해 말하기 동시 동작 표현 익히기 **어법** 一边…，一边… 선택의문문 有的人… 一次也没…(过)	노래 甜蜜蜜
4	我买了两件毛衣。 나는 스웨터 두 벌을 샀어요.	• 周末你能跟我一起去百货商店吗? • 我买了两件毛衣。 • 这个周末你打算干什么?	**표현** 계획, 예정 표현 익히기 동작의 완료 표현 익히기 **어법** 조동사 能 어기조사 了(1) 동태조사 了 打算	문화 중국의 다양한 할인 방법
5	我正在打太极拳。 나는 태극권을 하고 있어요.	• 门怎么开着? • 我正在打太极拳。 • 表演一下，我看看。	**표현** 현재 진행 표현 익히기 상태의 지속 표현 익히기 **어법** 동태조사 着 正在…(呢) 동량사 次 동사 중첩	문화 중국인의 건강한 여가 활동
6	我肚子疼得很厉害。 저는 배가 너무 아파요.	• 从什么时候开始肚子疼? • 现在疼得更厉害。 • 我吃得太多了。	**표현** 건강 상태 설명하기 상태의 정도 표현 익히기 **어법** 从 정도보어 太…了	문화 중국 병원의 진료 순서는?
7	去颐和园怎么走? 이허위안에 어떻게 가나요?	• 去颐和园怎么走? • 一直往前走，到红绿灯往左拐。 • 离这儿远不远?	**표현** 길 묻고 답하기 교통 관련 표현 익히기 **어법** 去와 走 往 到 离	게임 퍼즐

과	단원명	핵심 문장	학습 포인트	플러스 코너
8	首尔跟北京一样冷吗? 서울은 베이징과 같이 춥나요?	• 今天比昨天冷吧? • 我也觉得今天比昨天冷。 • 首尔跟北京一样冷吗?	표현 날씨 관련 표현 익히기 '~보다 ~하다' 비교 표현 익히기 어법 比 觉得 跟…一样	문화 중국의 지역별 기후 차이
9	请帮我们照一张相, 好吗? 사진 한 장 찍어 주시겠어요?	• 多漂亮啊! • 好像是世界上最大的。 • 请帮我们照一张相, 好吗?	표현 추측, 비유 표현 익히기 감탄문 익히기 어법 多…啊 好像 帮 …, 好吗?	문화 중국의 지역별 축제
10	这个又好看又便宜。 이것은 예쁘고 싸요.	• 台灯买好了吗? • 这个又好看又便宜。 • 这个台灯好极了。	표현 인터넷 쇼핑에 대해 말하기 동작의 결과 표현 익히기 어법 결과보어 又…又… …极了	그림 단어 온라인 쇼핑
11	你们回来了! 당신들 돌아왔군요!	• 你们回来了! • 每年春节的时候, 中国人都回故乡来过年。 • 大家春节快乐!	표현 신년 인사 말하기 동작의 방향 표현 익히기 어법 방향보어 …的时候 축하와 기원의 표현	문화 중국의 전통 명절
12	你听得懂听不懂? 당신은 알아들을 수 있나요, 없나요?	• 这学期有几门课? • 老师说的汉语, 你听得懂听不懂? • 如果老师慢点儿说, 我就听得懂。	표현 수업 관련 대화하기 가능 표현 익히기 어법 양사 가능보어 如果…就	문화 중국의 대학 입학 시험
13	你快把包裹打开吧! 당신은 빨리 소포를 열어 보세요!	• 这是女朋友寄给你的吧? • 我哪儿有女朋友啊! • 你快把包裹打开吧!	표현 소포 관련 표현 익히기 반어법 익히기 어법 결과보어 给 哪儿有…啊 把자문	그림 단어 택배
14	快放假了。 곧 방학이에요.	• 北京的留学生活你习惯了吗? • 现在慢慢儿习惯了。 • 快放假了。	표현 형용사 중첩 표현 익히기 동작과 상태의 변화 말하기 어법 어기조사 了(2) 형용사 중첩 快…了	게임 퍼즐

맛있는 중국어 Level ❶ 첫걸음 & ❷ 기초 회화

과	학습 포인트
1	발음 성조와 단운모 알기 **표현** 기본 인사 익히기 단어 인칭대사, 가족 호칭 | 감사&사과
2	발음 복운모, 비운모, 권설운모 알기 **표현** '~해요', '~하지 않아요' 표현 익히기 단어 기본 형용사 | 숫자
3	발음 쌍순음, 순치음, 설첨음, 설근음 알기 **표현** '~하나요, ~안 하나요' 표현 익히기 단어 기본 동사 | 동물
4	발음 설면음, 권설음, 설치음 알기 **표현** 신분 표현 익히기 단어 직업, 국적
5	발음 i(yi) 결합운모 알기 **표현** '먹다', '마시다' 표현 익히기 단어 음식
6	발음 u(wu) 결합운모 알기 **표현** '이것(저것)은 ~입니다' 표현 익히기 단어 사물 | 과일
7	발음 ü(yu) 결합운모 알기 **표현** '~에 갑니다', '~에 있습니다' 표현 익히기 단어 장소
8	발음 성조 변화 알기 **표현** '있다', '없다' 표현 익히기 단어 가구, 가전
9	**표현** 의사 표현 익히기 **어법** 인칭대사 | 동사술어문 | 也와 都
10	**표현** 선택 표현 익히기 **어법** 형용사술어문 | 지시대사 | 哪个 | 정도부사
11	**표현** 학습 관련 표현 익히기 **어법** 목적어의 위치 | 什么 | 怎么样
12	**표현** 대상 묻고 답하기 **어법** 是자문 | 조사 的 | 谁
13	**표현** 장소 묻고 답하기 **어법** 동사 在 | 哪儿 | 这儿과 那儿
14	**표현** 시간 묻고 답하기 **어법** 명사술어문 | 숫자 읽기 | 시간 표현법
15	**표현** 주문 관련 표현 익히기(1) **어법** 有자문 | 和
16	**표현** 주문 관련 표현 익히기(2) **어법** 양사 | 이중목적어

과	학습 포인트
1	**표현** 이름 묻고 답하기 **어법** 이름을 묻는 표현 | 认识你，很高兴 단어 성씨
2	**표현** 국적 묻고 답하기 **어법** 인사 표현 早 | 국적을 묻는 표현 단어 국가
3	**표현** 가족 수와 구성원 묻고 답하기 **어법** 가족 수를 묻는 표현 | 주술술어문 단어 가족
4	**표현** 나이 묻고 답하기 | 직업 묻고 답하기 **어법** 나이를 묻는 표현 | 多+형용사 | 개사 在
5	**표현** 존재 표현 익히기 | 사물의 위치 묻고 답하기 **어법** 여러 가지 방위사 | 존재문 | 생략형 의문문을 만드는 呢
6	**표현** 날짜 묻고 답하기 | 생일 축하 표현 익히기 **어법** 여러 가지 시간사(1) | 연월일 및 요일 표시법
7	**표현** '이번', '지난', '다음' 표현 익히기 계획 묻고 답하기 **어법** 여러 가지 시간사(2) | 연동문
8	**표현** 제안 표현 익히기 | 장소, 대상 관련 표현 익히기 **어법** 어기조사 吧 | 개사 给
9	**표현** 동작의 방향 표현 익히기 | 동작의 완료 표현 익히기 **어법** 방향보어 | 조사 了 | 不와 没有
10	**표현** 가능 표현 익히기 **어법** 조동사 会 | 一点儿
11	**표현** '~하고 있다' 표현 익히기 **어법** 동작의 진행 단어 동작
12	**표현** 경험 묻고 답하기 **어법** 조사 过 | 조사 的
13	**표현** 교통수단 묻고 답하기 | 바람 표현 익히기 **어법** 조동사 想 | 怎么 | 坐와 骑 문화 중국의 국보 판다
14	**표현** 쇼핑 표현 익히기 | 의지 표현 익히기 **어법** 欢迎光临 | 조동사 要 단어 색깔
15	**표현** 가격 묻고 답하기 **어법** 가격을 묻는 표현 | 금액 읽는 법
16	**표현** 학습에 관해 묻고 답하기 **어법** 听说 | 是的 단어 언어

맛있는 중국어 Level ❹ 초급 패턴2

과	단원명	학습 포인트	과	단원명	학습 포인트
1	我是来学汉语的。 나는 중국어를 배우러 왔어요.	표현 학습에 관해 묻고 답하기 첫 만남에 필요한 표현 익히기 어법 是…的 | 越来越… 문화 중국의 한류 열풍	8	这儿可以刷卡吗? 이곳에서 카드를 사용할 수 있나요?	표현 가능 표현 말하기 환전에 필요한 표현 익히기 어법 可以 | 把자문 | 点 문화 중국의 중앙은행은 어느 은행일까?
2	我学了一年半汉语了。 나는 1년 반 동안 중국어를 배웠어요.	표현 학습의 기간 묻고 답하기 시간의 양에 대한 표현 익히기 (1) 어법 부사 才 | 시량보어(1) | 刚 문화 중국어의 외래어 표기	9	抽烟对身体不好。 담배를 피우는 것은 건강에 좋지 않아요.	표현 가정 표현 익히기 책망 관련 표현 익히기 어법 又와 再 | 要是…就… | 복합방향보어 그림 단어 금지 표시판
3	麻烦您请他接电话。 번거로우시겠지만 그에게 전화 좀 받아 달라고 해 주세요.	표현 전화 번호 묻고 답하기 부탁 표현 익히기 어법 请 | 구조조사 地 | 동량사 遍 문화 중국인이 좋아하는 숫자 & 싫어하는 숫자	10	你还是打车去吧。 당신은 택시를 타고 가는 게 좋겠어요.	표현 길 묻고 답하기 교통수단과 관련된 표현 익히기 어법 A是A，不过… | 得(děi) | 难+동사 | 还是 그림 단어 교통
4	你对足球感兴趣吗? 당신은 축구에 관심이 있나요?	표현 취미 묻고 답하기 점층 표현 익히기 어법 对…感兴趣 | 不但A，而且B | 不一定 그림 단어 스포츠	11	自行车被小偷儿偷走了。 도둑에게 자전거를 도둑맞았어요.	표현 피동 표현 익히기 감정의 정도와 관련된 표현 익히기 어법 透 | 好 | 被자문 노래 童话
5	对不起，我恐怕去不了。 미안해요. 나는 아마 못 갈 것 같아요.	표현 약속 관련 표현 익히기 가능·불가능 표현 익히기 어법 恐怕 | 가능보어 不了 | 会 문화 중국 영화의 거장_장이머우(张艺谋)	12	我等你等了半天了。 나는 당신을 한참 동안 기다렸어요.	표현 시간의 양에 대한 표현 익히기 (2) 일에 대한 원인과 결과 설명하기 어법 才와 就 | 시량보어(2) | 자주 쓰는 접속사 문화 베이징을 여행할 때 가 보면 좋은 곳은?
6	我一喝酒就脸红。 나는 술만 마시면 얼굴이 빨개져요.	표현 음식 주문 관련 표현 익히기 '~하자마자 ~하다' 표현 익히기 어법 来 | 别 | 一…就… 문화 중국요리 이름으로 재료와 맛을 알 수 있을까?	13	祝你生日快乐! 생일 축하합니다!	표현 축하 표현 익히기 '~를 위하여' 표현 익히기 어법 为 | …什么…什么 | 敬 문화 중국인이 기피하는 선물은?
7	高铁票卖光了。 가오티에(고속 열차) 표는 다 팔렸어요.	표현 기차표 예매 관련 표현 익히기 어림수 표현 익히기 어법 결과보어 光 | 左右 | 让 게임 퍼즐	14	下星期就要回国了。 다음 주면 곧 귀국해요.	표현 헤어짐과 관련된 표현 익히기 강조 표현 익히기 어법 就要…了 | 连…也/都 | 除了…以外，…也/还 게임 퍼즐

『최신 개정 **맛있는 중국어 Level ❸ 초급 패턴1**』은 중국어의 **기본 어순**을 중점적으로 익히고 **핵심 어법**을 체계적으로 정리하여 **초급 회화를 자유롭게** 말할 수 있도록 구성되어 있습니다.

학습 포인트

주요 학습 내용과 핵심 패턴을 미리 확인할 수 있습니다. 말하기 연습을 할 수 있는 「트레이닝 듣기」는 예습용 또는 복습용으로 활용해 보세요.

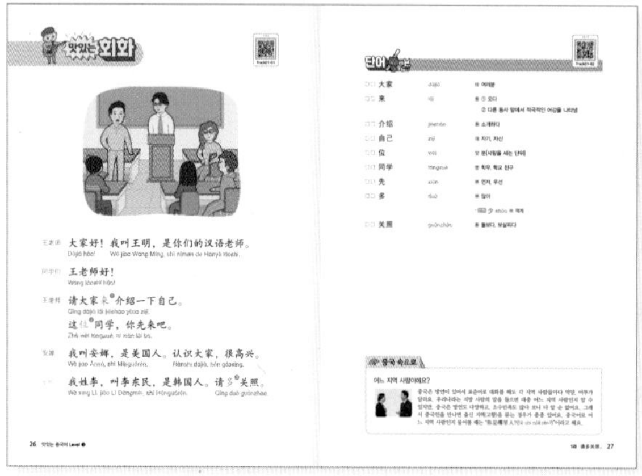

맛있는 회화

일상생활과 밀접한 주제로 대화문이 구성되어 있어 실용적이며 각 과의 핵심 표현이 녹아 있어 자연스럽게 어법 학습이 가능합니다.

단어

각 과의 「맛있는 회화」의 학습 단어를 알아보기 쉽게 정리했습니다.

중국 속으로

중국 문화를 간략하게 소개하여 중국에 대한 이해도를 높이고, 학습의 흥미를 더했습니다.

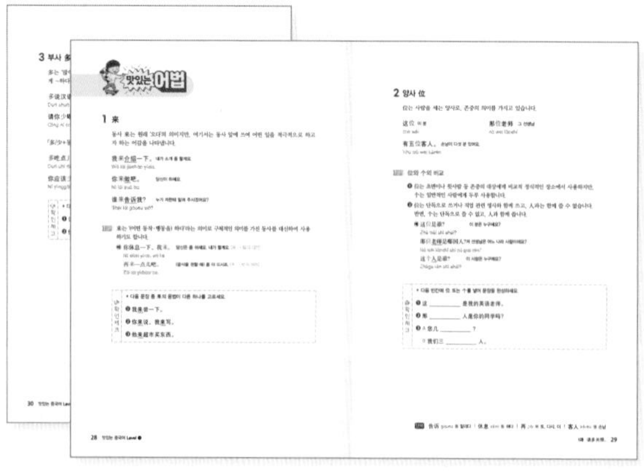

맛있는 어법

중국어 초급 어법의 뼈대를 다질 수 있습니다. 각 과의 핵심 어법이 체계적으로 정리되어 있으며 「확인 체크」를 통해 학습 내용을 점검할 수 있습니다.

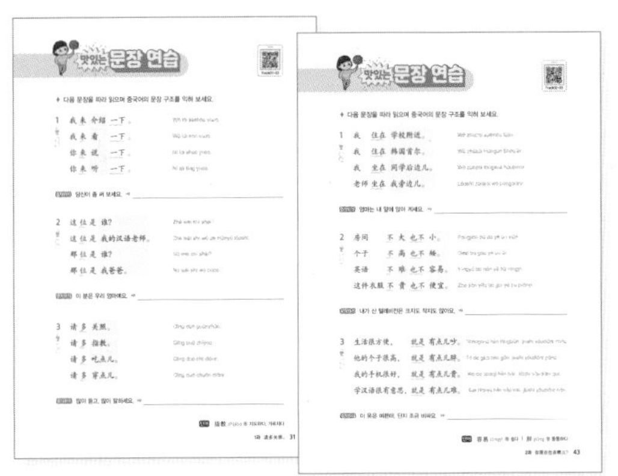

맛있는 문장 연습

기본 문형을 좀 더 다양하게 익힐 수 있습니다. 기본 뼈대 문장에서 활용된 다양한 문장을 큰 소리로 따라 읽다 보면 문장을 막힘없이 말할 수 있습니다.

맛있는 이야기

「맛있는 회화」의 내용과 표현을 활용한 단문을 읽고 문제를 풀며 독해 학습을 할 수 있습니다.

단어

각 과의 「맛있는 이야기」의 학습 단어를 알아보기 쉽게 정리했습니다.

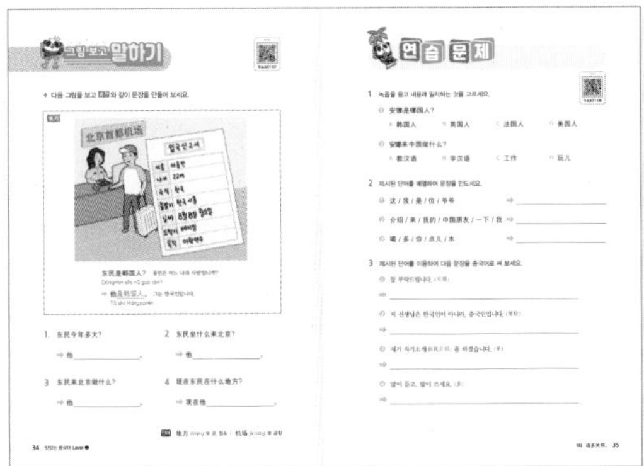

그림 보고 말하기

제시된 그림을 보고 상황을 중국어로 말하는 능력을 배양할 수 있어 중국어를 한층 더 자유자재로 구사할 수 있습니다.

연습 문제

듣기, 말하기, 읽기, 쓰기 등 다양한 문제로 각 과의 학습 내용을 충분히 복습할 수 있습니다.

플러스 코너

「중국 문화」, 「그림으로 배우는 단어」, 「게임으로 즐기는 중국어」 등 다양한 코너를 통해 중국어 학습에 재미를 더했습니다.

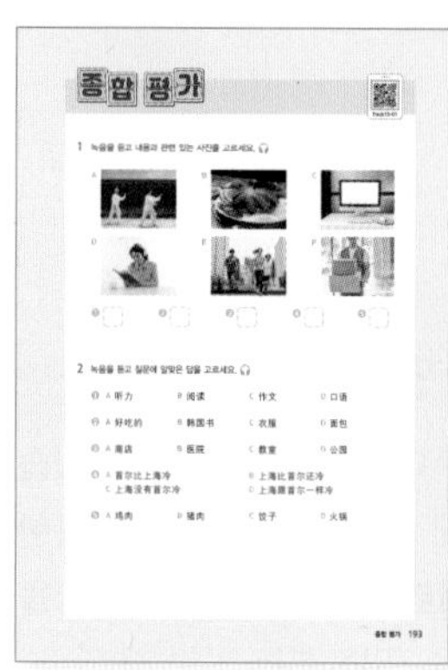

종합 평가

3단계의 주요 학습 내용으로 문제가 구성되어 있습니다. 문제를 풀며 자신의 실력을 체크해 보세요.

핵심 문장 카드

3단계의 핵심 문장을 정리해 놓았습니다. 녹음을 들으며 중국어가 자연스럽게 나올 때까지 연습해 보세요.

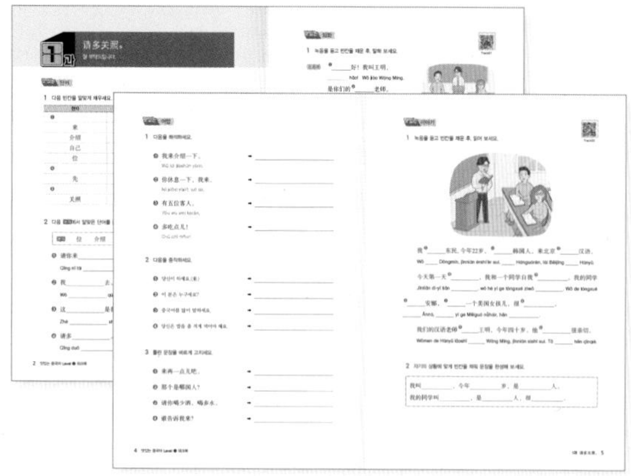

워크북(별책)

빈칸 채우기, 질문에 중국어로 답하기, 해석하기, 중작하기 등 다양한 코너로 학습한 내용을 복습해 보세요.

무료 콘텐츠

단어 카드(PDF 파일)

각 과의 학습 단어가 정리되어 있습니다. PDF 파일을 다운로드하여 스마트폰 등에 담아 틈틈이 단어를 암기할 수 있습니다.

복습용 워크시트(PDF 파일)

각 과의 학습 단어와 「맛있는 문장 연습」의 문장을 써보며 복습할 수 있습니다.

암기 동영상

깜빡이 학습법으로 각 과에 나온 모든 단어를 자동으로 암기할 수 있습니다.

* 단어 카드, 복습용 워크시트는 맛있는북스 홈페이지의 「**자료실**」에서 다운로드할 수 있습니다.

MP3 파일 이용법

MP3 파일 듣는 방법

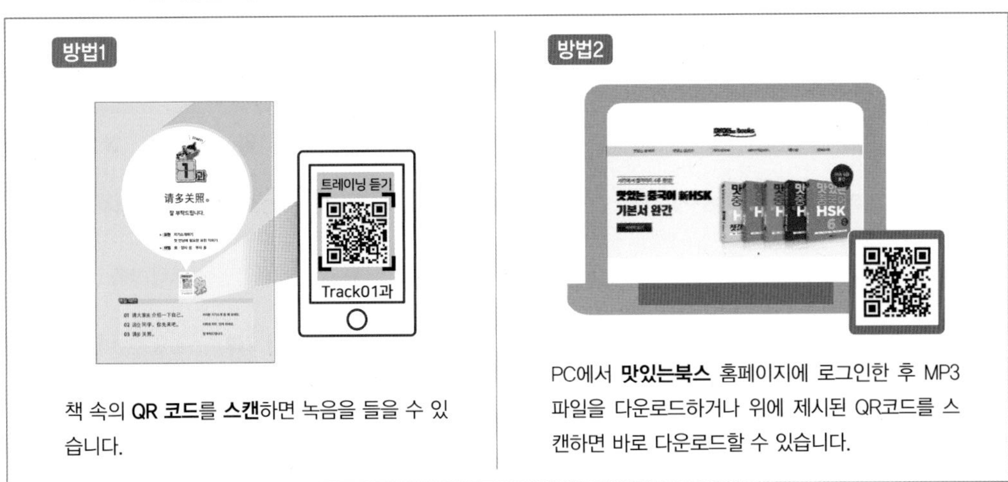

방법1 책 속의 **QR 코드**를 **스캔**하면 녹음을 들을 수 있습니다.

방법2 PC에서 **맛있는북스** 홈페이지에 로그인한 후 MP3 파일을 다운로드하거나 위에 제시된 QR코드를 스캔하면 바로 다운로드할 수 있습니다.

MP3 파일 폴더 구성

1 **본책** 본책의 「맛있는 회화」, 「단어」, 「맛있는 문장 연습」, 「맛있는 이야기」, 「그림 보고 말하기」, 「연습 문제」, 「종합 평가」, 「핵심 문장 카드」 등의 녹음 파일이 들어 있습니다.

*** 트랙 번호 보는 방법**

2 **트레이닝** 각 과의 시작 페이지에 있는 **트레이닝 듣기**의 녹음 파일이 들어 있습니다.

3 **워크북** 별책으로 제공되는 워크북의 녹음 파일이 들어 있습니다.

4 **단어 카드** 무료 콘텐츠로 제공되는 단어 카드의 녹음 파일이 들어 있습니다.

트레이닝 듣기 MP3 파일 구성

단어	중국어–우리말 듣기 → (한 단어씩) 따라 읽기 → 우리말 듣고 중국어로 말하기
↓	
맛있는 회화	중국어 듣기 → (한 문장씩) 따라 읽기 → 우리말 듣고 중국어로 말하기
↓	
맛있는 문장 연습	중국어 듣기 → (한 문장씩) 따라 읽기 → 우리말 듣고 중국어로 말하기
↓	
맛있는 이야기	중국어 듣기 → (한 문장씩) 따라 읽기
↓	
그림 보고 말하기	중국어 듣기 → (한 문장씩) 따라 읽기

[본책] 본책 [트레이닝 듣기] 트레이닝 듣기 [워크북] 워크북
[단어 카드] 단어 카드 [암기 동영상] 암기 동영상 [복습용 워크시트] 복습용 워크시트

WEEK 01

Day 01	Day 02	Day 03	Day 04	Day 05
월 일	월 일	월 일	월 일	월 일
[본책] 17~24쪽	[본책] 25~31쪽	[본책] 32~36쪽	[본책] 37~43쪽	[본책] 44~48쪽
	[워크북] 2~4쪽	[워크북] 5쪽 [복습용 워크시트] 1과	[워크북] 6~8쪽	[워크북] 9쪽 [복습용 워크시트] 2과
[트레이닝 듣기] 0과	[트레이닝 듣기] [단어 카드] [암기 동영상] 1과	[트레이닝 듣기] [단어 카드] [암기 동영상] 1과	[트레이닝 듣기] [단어 카드] [암기 동영상] 2과	[트레이닝 듣기] [단어 카드] [암기 동영상] 2과

WEEK 02

Day 06	Day 07	Day 08	Day 09	Day 10
월 일	월 일	월 일	월 일	월 일
[본책] 49~55쪽	[본책] 56~60쪽	[본책] 61~67쪽	[본책] 68~72쪽	1~4과 내용 복습
[워크북] 10~12쪽	[워크북] 13쪽 [복습용 워크시트] 3과	[워크북] 14~16쪽	[워크북] 17쪽 [복습용 워크시트] 4과	
[트레이닝 듣기] [단어 카드] [암기 동영상] 3과	[트레이닝 듣기] [단어 카드] [암기 동영상] 3과	[트레이닝 듣기] [단어 카드] [암기 동영상] 4과	[트레이닝 듣기] [단어 카드] [암기 동영상] 4과	

WEEK 03

Day 11	Day 12	Day 13	Day 14	Day 15
월 일	월 일	월 일	월 일	월 일
[본책] 73~78쪽	[본책] 79~81쪽	[본책] 82~84쪽	[본책] 85~90쪽	[본책] 91~93쪽
[워크북] 18~19쪽	[워크북] 20~21쪽	[복습용 워크시트] 5과	[워크북] 22~23쪽	[워크북] 24~25쪽
[트레이닝 듣기] [단어 카드] [암기 동영상] 5과	[트레이닝 듣기] [단어 카드] [암기 동영상] 5과	[트레이닝 듣기] [단어 카드] [암기 동영상] 5과	[트레이닝 듣기] [단어 카드] [암기 동영상] 6과	[트레이닝 듣기] [단어 카드] [암기 동영상] 6과

WEEK 04

Day 16	Day 17	Day 18	Day 19	Day 20
월 일	월 일	월 일	월 일	월 일
[본책] 94~96쪽	[본책] 97~102쪽	[본책] 103~105쪽	[본책] 106~108쪽	5~7과 내용 복습
[복습용 워크시트] 6과	[워크북] 26~27쪽	[워크북] 28~29쪽	[복습용 워크시트] 7과	
[트레이닝 듣기] [단어 카드] [암기 동영상] 6과	[트레이닝 듣기] [단어 카드] [암기 동영상] 7과	[트레이닝 듣기] [단어 카드] [암기 동영상] 7과	[트레이닝 듣기] [단어 카드] [암기 동영상] 7과	

WEEK 05

Day 21	Day 22	Day 23	Day 24	Day 25
월 일	월 일	월 일	월 일	월 일
109~114쪽	115~117쪽	118~120쪽	121~126쪽	127~129쪽
30~31쪽	32~33쪽	8과	34~35쪽	36~37쪽
8과	8과	8과	9과	9과

WEEK 06

Day 26	Day 27	Day 28	Day 29	Day 30
월 일	월 일	월 일	월 일	월 일
130~132쪽	133~138쪽	139~141쪽	142~144쪽	8~10과 내용 복습
9과	38~39쪽	40~41쪽	10과	
9과	10과	10과	10과	

WEEK 07

Day 31	Day 32	Day 33	Day 34	Day 35
월 일	월 일	월 일	월 일	월 일
145~151쪽	152~156쪽	157~163쪽	164~168쪽	169~175쪽
42~44쪽	45쪽 11과	46~48쪽	49쪽 12과	50~52쪽
11과	11과	12과	12과	13과

WEEK 08

Day 36	Day 37	Day 38	Day 39	Day 40
월 일	월 일	월 일	월 일	월 일
176~180쪽	181~187쪽	188~192쪽	11~14과 내용 복습	핵심 문장 카드 + 종합 평가
53쪽 13과	54~56쪽	57쪽 14과		
13과	14과	14과		

大家好!

여러분, 안녕하세요!

저는 베이징에서 즐겁게 중국어를 배우고 있는 한국 유학생 이동민(李东民 Lǐ Dōngmín)이라고 합니다. 저는 중국에서 샤오잉(小英 Xiǎoyīng), 안나(安娜 Ānnà), 룸메이트 마이크(迈克 Màikè), 그리고 중국어 선생님이신 왕 선생님(王老师 Wáng lǎoshī) 등 소중한 사람들을 만나 중국어를 배우고 중국 여행도 하며 즐겁게 베이징 생활에 적응하고 있어요. 여러분도 저와 함께 재미있게 중국어 공부를 시작해 보아요!

◆ **품사 약어표**

품사명	약어	품사명	약어	품사명	약어
명사	명	고유명사	고유	조동사	조동
동사	동	인칭대사	대	접속사	접
형용사	형	의문대사	대	감탄사	감탄
부사	부	지시대사	대	접두사	접두
수사	수	어기조사	조	접미사	접미
양사	양	동태조사	조		
개사	개	구조조사	조		

◆ **고유명사 표기**

① 중국의 지명, 기관 등의 명칭은 중국어 발음을 우리말로 표기하는 것을 원칙으로 했습니다. 단, 우리에게 한자 독음으로 잘 알려진 고유명사는 한자 독음으로 표기했습니다.

예 北京 Běijīng 베이징　万里长城 Wànlǐ Chángchéng 만리장성

② 인명은 각 나라에서 실제로 읽히는 발음을 우리말로 표기했습니다.

예 李东民 Lǐ Dōngmín 이동민　张小英 Zhāng Xiǎoyīng 장샤오잉　安娜 Ānnà 안나

2단계 복습

1 여러 가지 방위사

위쪽	아래쪽	앞쪽	뒤쪽
上边(儿) shàngbian(r)	下边(儿) xiàbian(r)	前边(儿) qiánbian(r)	后边(儿) hòubian(r)
안쪽	**바깥쪽**	**가운데**	**옆**
里边(儿) lǐbian(r)	外边(儿) wàibian(r)	中间 zhōngjiān	旁边(儿) pángbiān(r)
오른쪽	**왼쪽**	**맞은편**	
右边(儿) yòubian(r)	左边(儿) zuǒbian(r)	对面 duìmiàn	

2 여러 가지 시간사

아침	오전	정오	오후	저녁
早上 zǎoshang	上午 shàngwǔ	中午 zhōngwǔ	下午 xiàwǔ	晚上 wǎnshang
그저께	**어제**	**오늘**	**내일**	**모레**
前天 qiántiān	昨天 zuótiān	今天 jīntiān	明天 míngtiān	后天 hòutiān
재작년	**작년**	**올해**	**내년**	**후년**
前年 qiánnián	去年 qùnián	今年 jīnnián	明年 míngnián	后年 hòunián

지난달	이번 달	다음 달
上个月 shàng ge yuè	这个月 zhège yuè	下个月 xià ge yuè
지난주	**이번 주**	**다음 주**
上个星期 shàng ge xīngqī	这个星期 zhège xīngqī	下个星期 xià ge xīngqī

월요일	화요일	수요일	목요일	금요일	토요일	일요일
星期一 xīngqīyī	星期二 xīngqī'èr	星期三 xīngqīsān	星期四 xīngqīsì	星期五 xīngqīwǔ	星期六 xīngqīliù	星期天(日) xīngqītiān(rì)

3 방향보어

	上 shàng 오르다	下 xià 내려가다	进 jìn 들다	出 chū 나가(오)다	回 huí 되돌아가(오)다	过 guò 건너다	起 qǐ 일어나다
来 lái 오다	上来 shànglai 올라오다	下来 xiàlai 내려오다	进来 jìnlai 들어오다	出来 chūlai 나오다	回来 huílai 돌아오다	过来 guòlai 건너오다	起来 qǐlai 일어나다
去 qù 가다	上去 shàngqu 올라가다	下去 xiàqu 내려가다	进去 jìnqu 들어가다	出去 chūqu 나가다	回去 huíqu 돌아가다	过去 guòqu 건너가다	×

4 주술술어문

주어 + 술어(주어 + 술어) 他 个子很高。 Tā gèzi hěn gāo. 그는 키가 커요.

5 존재문

① 사람/사물 + 在 + 장소 学校在图书馆旁边。 학교는 도서관 옆에 있어요.
Xuéxiào zài túshūguǎn pángbiān.

② 장소 + 有 + 사람/사물 电影院对面有图书馆。 영화관 맞은편에 도서관이 있어요.
Diànyǐngyuàn duìmiàn yǒu túshūguǎn.

6 연동문

주어 + 동사1 + 목적어1 + 동사2 + 목적어2

我去商店买东西。 Wǒ qù shāngdiàn mǎi dōngxi. 나는 상점에 물건을 사러 가요.

7 조사 了

긍정문 我吃饭了。 Wǒ chī fàn le. 나는 밥을 먹었어요.

부정문 我没(有)吃饭。 Wǒ méi(yǒu) chī fàn. 나는 밥을 먹지 않았어요.

일반의문문 你吃饭了吗？ Nǐ chī fàn le ma? 당신은 밥을 먹었어요?

정반의문문 你吃饭了没有？ Nǐ chī fàn le méiyǒu? 당신은 밥을 먹었어요, 안 먹었어요?

핵심 포인트

8 조동사

① 会(~할 수 있다)

긍정문 我会说汉语。Wǒ huì shuō Hànyǔ. 나는 중국어를 할 줄 알아요.

부정문 我不会说汉语。Wǒ bú huì shuō Hànyǔ. 나는 중국어를 할 줄 몰라요.

② 想(~하고 싶다)

긍정문 我想去中国。Wǒ xiǎng qù Zhōngguó. 나는 중국에 가고 싶어요.

부정문 我不想去中国。Wǒ bù xiǎng qù Zhōngguó. 나는 중국에 가고 싶지 않아요.

③ 要(~하려고 하다, ~할 것이다)

긍정문 我要买手机。Wǒ yào mǎi shǒujī. 나는 핸드폰을 사려고 해요.

부정문 我不想买手机。Wǒ bù xiǎng mǎi shǒujī. 나는 핸드폰을 사고 싶지 않아요.

9 在의 다양한 용법

① 동사(~에 있다) : 我在家。Wǒ zài jiā. 나는 집에 있어요.

② 개사(~에서) : 我在家看书。Wǒ zài jiā kàn shū. 나는 집에서 책을 봐요.

③ 부사(~하고 있다, ~하고 있는 중이다) : 我在看书。Wǒ zài kàn shū. 나는 책을 보고 있어요.

10 给의 다양한 용법

① 동사(주다) : 我给他一本书。Wǒ gěi tā yì běn shū. 나는 그에게 책 한 권을 줘요.

② 개사(~에서) : 我给他发短信。Wǒ gěi tā fā duǎnxìn. 나는 그에게 문자 메시지를 보내요.

11 过의 다양한 용법

① 동사 过(guò 건너다) : 你快过来吧。Nǐ kuài guòlai ba. 어서 건너오세요.

② 조사 过(guo ~한 적이 있다) : 我吃过中国菜。나는 중국요리를 먹어 본 적이 있어요.
Wǒ chīguo Zhōngguó cài.

맛있는 말하기

♦ 표시된 부분을 제시된 단어로 교체 연습을 하며 2단계의 주요 회화를 복습해 보세요.

1 이름 말하기

A 你叫什么名字?
Nǐ jiào shénme míngzi?
당신은 이름이 뭐예요?

B 我姓李，叫李东民。
Wǒ xìng Lǐ, jiào Lǐ Dōngmín.
나는 이씨고, 이동민이라고 해요.

❶ 王龙龙 왕룽룽
Wáng Lónglong

❷ 安娜怀特 안나 화이트
Ānnà Huáitè

❸ 张小英 장샤오잉
Zhāng Xiǎoyīng

2 국적 말하기

A 你是哪国人?
Nǐ shì nǎ guó rén?
당신은 어느 나라 사람이에요?

B 我是韩国人。
Wǒ shì Hánguórén.
나는 한국인이에요.

❶ 中国人 중국인
Zhōngguórén

❷ 日本人 일본인
Rìběnrén

❸ 美国人 미국인
Měiguórén

3 나이 말하기

A 你今年多大?
Nǐ jīnnián duō dà?
당신은 올해 나이가 어떻게 돼요?

B 我今年二十八岁。
Wǒ jīnnián èrshíbā suì.
나는 올해 28살이에요.

❶ 十六岁 16살
shíliù suì

❷ 三十一岁 31살
sānshíyī suì

❸ 四十二岁 42살
sìshí'èr suì

4 사물의 위치 말하기

A 我的手机在哪儿?
Wǒ de shǒujī zài nǎr?
내 핸드폰은 어디에 있어요?

B 你的手机在钱包下边。
Nǐ de shǒujī zài qiánbāo xiàbian.
당신 핸드폰은 지갑 밑에 있어요.

❶ 桌子上边 책상 위
zhuōzi shàngbian

❷ 箱子里边 상자 안
xiāngzi lǐbian

❸ 汉语书旁边 중국어 책 옆
Hànyǔ shū pángbiān

5 날짜 말하기

A 你的生日是几月几号?
Nǐ de shēngrì shì jǐ yuè jǐ hào?
당신 생일은 몇 월 며칠이에요?

B 四月十四号。
Sì yuè shísì hào.
4월 14일이에요.

❶ 二月八号 2월 8일
èr yuè bā hào

❷ 六月九号 6월 9일
liù yuè jiǔ hào

❸ 十二月三十一号 12월 31일
shí'èr yuè sānshíyī hào

6 계획 말하기

A 下午你做什么?
Xiàwǔ nǐ zuò shénme?
오후에 당신은 뭐 해요?

B 下午我去看电影。
Xiàwǔ wǒ qù kàn diànyǐng.
오후에 나는 영화를 보러 가요.

❶ 去买东西
qù mǎi dōngxi
물건을 사러 가다

❷ 去咖啡店见朋友
qù kāfēidiàn jiàn péngyou
커피숍에 친구를 만나러 가다

❸ 去书店买书
qù shūdiàn mǎi shū
서점에 책을 사러 가다

7 동작의 완료 표현 말하기

A 你吃饭了吗?
Nǐ chī fàn le ma?
당신은 밥 먹었어요?

B 吃了。/ 还没吃。
Chī le. Hái méi chī.
먹었어요. 아직 안 먹었어요.

❶ 做作业 숙제를 하다
zuò zuòyè

❷ 买衣服 옷을 사다
mǎi yīfu

❸ 看书 책을 보다
kàn shū

8 가능 표현 말하기

A 你会说汉语吗?
Nǐ huì shuō Hànyǔ ma?
당신은 중국어를 할 줄 알아요?

B 我(不)会说汉语。
Wǒ (bú) huì shuō Hànyǔ.
나는 중국어를 할 줄 알아요(몰라요).

❶ 说英语 영어를 말하다
shuō Yīngyǔ

❷ 弹钢琴 피아노를 치다
tán gāngqín

❸ 游泳 수영하다
yóu yǒng

9 동작의 진행 말하기

我在开车。
Wǒ zài kāi chē.
나는 운전하고 있어요.

我没在开车。
Wǒ méi zài kāi chē.
나는 운전하고 있지 않아요.

❶ 工作 일하다
gōngzuò

❷ 看电视 텔레비전을 보다
kàn diànshì

❸ 玩儿游戏 게임을 하다
wánr yóuxì

맛있는 말하기

10 경험 말하기

Track00-10

A 你吃过中国菜吗?
Nǐ chīguo Zhōngguó cài ma?
당신은 중국요리를 먹어 본 적이 있어요?

B 我(没)吃过中国菜。
Wǒ (méi) chīguo Zhōngguó cài.
나는 중국요리를 먹어 본 적이 있어요(없어요).

❶ 去上海 상하이에 가다
qù Shànghǎi

❷ 听中国歌 중국 노래를 듣다
tīng Zhōngguó gē

❸ 学汉语 중국어를 배우다
xué Hànyǔ

11 교통수단 말하기

Track00-11

A 我们怎么去?
Wǒmen zěnme qù?
우리 어떻게 갈까요?

B 骑自行车去吧。
Qí zìxíngchē qù ba.
자전거를 타고 가요.

❶ 骑摩托车 오토바이를 타다
qí mótuōchē

❷ 坐公共汽车 버스를 타다
zuò gōnggòng qìchē

❸ 坐火车 기차를 타다
zuò huǒchē

12 가격 말하기

Track00-12

A 多少钱一斤?
Duōshao qián yì jīn?
한 근에 얼마예요?

B 四块五一斤。
Sì kuài wǔ yì jīn.
한 근에 4.5위안이에요.

❶ 五块二 5.2위안
wǔ kuài èr

❷ 三块八 3.8위안
sān kuài bā

❸ 两块四 2.4위안
liǎng kuài sì

请多关照。

잘 부탁드립니다.

▶ **표현** 자기소개하기
첫 만남에 필요한 표현 익히기

▶ **어법** 来 | 양사 位 | 부사 多

핵심 패턴

01 请大家来介绍一下自己。 여러분 자기소개 좀 해 보세요.

02 这位同学，你先来吧。 이쪽의 학우, 먼저 하세요.

03 请多关照。 잘 부탁드립니다.

王老师　大家好！我叫王明，是你们的汉语老师。
Dàjiā hǎo! Wǒ jiào Wáng Míng, shì nǐmen de Hànyǔ lǎoshī.

同学们　王老师好！
Wáng lǎoshī hǎo!

王老师　请大家来[1]介绍一下自己。
Qǐng dàjiā lái jièshào yíxià zìjǐ.

这位[2]同学，你先来吧。
Zhè wèi tóngxué, nǐ xiān lái ba.

安娜　我叫安娜，是美国人。认识大家，很高兴。
Wǒ jiào Ānnà, shì Měiguórén. Rènshi dàjiā, hěn gāoxìng.

东民　我姓李，叫李东民，是韩国人。请多[3]关照。
Wǒ xìng Lǐ, jiào Lǐ Dōngmín, shì Hánguórén. Qǐng duō guānzhào.

단어

□□ 大家	dàjiā	대 여러분
□□ 来	lái	동 ① 오다 ② 다른 동사 앞에서 적극적인 어감을 나타냄
□□ 介绍	jièshào	동 소개하다
□□ 自己	zìjǐ	대 자기, 자신
□□ 位	wèi	양 분[사람을 세는 단위]
□□ 同学	tóngxué	명 학우, 학교 친구
□□ 先	xiān	부 먼저, 우선
□□ 多	duō	부 많이 * 반의 少 shǎo 부 적게
□□ 关照	guānzhào	동 돌보다, 보살피다

중국 속으로

어느 지역 사람이에요?

중국은 방언이 있어서 표준어로 대화를 해도 각 지역 사람들마다 억양, 어투가 달라요. 우리나라는 지방 사람의 말을 들으면 대충 어느 지역 사람인지 알 수 있지만, 중국은 방언도 다양하고, 소수민족도 많다 보니 다 알 순 없어요. 그래서 중국인을 만나면 출신 지역(고향)을 묻는 경우가 종종 있어요. 중국어로 어느 지역 사람인지 물어볼 때는 "你是哪里人?(Nǐ shì nǎli rén?)"이라고 해요.

1 来

동사 来는 원래 '오다'의 의미지만, 여기서는 동사 앞에 쓰여 어떤 일을 적극적으로 하고자 하는 어감을 나타냅니다.

我来介绍一下。 내가 소개 좀 할게요.
Wǒ lái jièshào yíxià.

你来做吧。 당신이 하세요.
Nǐ lái zuò ba.

谁来告诉我? 누가 저한테 알려 주시겠어요?
Shéi lái gàosu wǒ?

TIP 来는 '(어떤 동작·행동을) 하다'라는 의미로 구체적인 의미를 가진 동사를 대신하여 사용하기도 합니다.

예 你休息一下，我来。 당신은 좀 쉬세요. 내가 할게요. [来 → 做의 의미]
Nǐ xiūxi yíxià, wǒ lái.

再来一点儿吧。 (음식을 권할 때) 좀 더 드시죠. [来 → 吃의 의미]
Zài lái yìdiǎnr ba.

확인체크

♦ 다음 문장 중 来의 용법이 다른 하나를 고르세요.

❶ 我来尝一下。

❷ 你来说，我来写。

❸ 他来超市买东西。

2 양사 位

位는 사람을 세는 양사로, 존중의 의미를 가지고 있습니다.

这位 이 분
zhè wèi

那位老师 그 선생님
nà wèi lǎoshī

有五位客人。 손님이 다섯 분 있어요.
Yǒu wǔ wèi kèrén.

TIP 位와 个의 비교

❶ 位는 초면이나 윗사람 등 존중의 대상에게 비교적 정식적인 장소에서 사용하지만, 个는 일반적인 사람에게 두루 사용합니다.

❷ 位는 단독으로 쓰거나 직업 관련 명사와 함께 쓰고, 人과는 함께 쓸 수 없습니다. 반면, 个는 단독으로 쓸 수 없고, 人과 함께 씁니다.

㊐ 这位是谁? 이 분은 누구세요?
Zhè wèi shì shéi?

那位老师是哪国人? 저 선생님은 어느 나라 사람이에요?
Nà wèi lǎoshī shì nǎ guó rén?

这个人是谁? 이 사람은 누구예요?
Zhège rén shì shéi?

확인체크

♦ 다음 빈칸에 位 또는 个를 넣어 문장을 완성하세요.

❶ 这 ___________ 是我的英语老师。

❷ 那 ___________ 人是你的同学吗?

❸ A 您几 ___________ ?

B 我们三 ___________ 人。

단어 告诉 gàosu 통 알리다 | 休息 xiūxi 통 쉬다 | 再 zài 부 또, 다시, 더 | 客人 kèrén 명 손님

3 부사 多

多는 '많이'라는 뜻의 부사로, 동사 앞에 쓰여 '많이 ~하다'라는 의미를 나타냅니다. '적게 ~하다'라는 의미를 나타낼 때는 少(shǎo)를 씁니다.

多说汉语。 중국어를 많이 말하세요.
Duō shuō Hànyǔ.

请你少喝酒，多喝水。 당신은 술을 적게 마시고, 물을 많이 마시세요.
Qǐng nǐ shǎo hē jiǔ, duō hē shuǐ.

「多/少+동사+(一)点儿+명사」의 형식으로도 많이 쓰입니다.

多吃点儿! 많이 좀 드세요!
Duō chī diǎnr!

你应该少吃点儿饭。 당신은 밥을 좀 적게 먹어야 해요.
Nǐ yīnggāi shǎo chī diǎnr fàn.

확인체크

♦ 다음 중 多가 들어갈 알맞은 위치를 고르세요.

❶ 请 A 买 B 点儿 C 面包。

❷ 你 A 应该 B 穿 C 点儿。

단어 应该 yīnggāi 조동 마땅히 ~해야 한다

♦ 다음 문장을 따라 읽으며 중국어의 문장 구조를 익혀 보세요.

1

我 来 介绍 一下。 Wǒ lái jièshào yíxià.

我 来 看 一下。 Wǒ lái kàn yíxià.

你 来 说 一下。 Nǐ lái shuō yíxià.

你 来 听 一下。 Nǐ lái tīng yíxià.

중작하기 당신이 좀 써 보세요. ➡ ______________________

2

这 位 是 谁? Zhè wèi shì shéi?

这 位 是 我的汉语老师。 Zhè wèi shì wǒ de Hànyǔ lǎoshī.

那 位 是 谁? Nà wèi shì shéi?

那 位 是 我爸爸。 Nà wèi shì wǒ bàba.

중작하기 이 분은 우리 엄마예요. ➡ ______________________

3

请 多 关照。 Qǐng duō guānzhào.

请 多 指教。 Qǐng duō zhǐjiào.

请 多 吃点儿。 Qǐng duō chī diǎnr.

请 多 穿点儿。 Qǐng duō chuān diǎnr.

중작하기 많이 듣고, 많이 말하세요. ➡ ______________________

단어 指教 zhǐjiào 동 지도하다, 가르치다

我叫东民，今年22岁，是韩国人，来北京学汉语。
Wǒ jiào Dōngmín, jīnnián èrshí'èr suì, shì Hánguórén, lái Běijīng xué Hànyǔ.

今天第一天上课，我和一个同学自我介绍❶。我的同学叫安娜，是一个美国女孩儿，很漂亮。
Jīntiān dì-yī tiān shàng kè, wǒ hé yí ge tóngxué zìwǒ jièshào. Wǒ de tóngxué jiào Ānnà, shì yí ge Měiguó nǚháir, hěn piàoliang.

我们的汉语老师叫王明，今年四十岁。他看起来很亲切。
Wǒmen de Hànyǔ lǎoshī jiào Wáng Míng, jīnnián sìshí suì. Tā kàn qǐlai hěn qīnqiè.

1 본문의 내용에 근거하여 다음 질문에 중국어로 답하세요.

❶ 东民今年多大?
Dōngmín jīnnián duō dà?
____

❷ 东民的同学是哪国人?
Dōngmín de tóngxué shì nǎ guó rén?
____

❸ 王老师看起来怎么样?
Wáng lǎoshī kàn qǐlai zěnmeyàng?
____

Track01-05

2 녹음을 듣고 본문과 일치하면 ○, 일치하지 않으면 ×를 표시한 후, 녹음 내용을 빈칸에 쓰세요.

❶ ☐ 安娜是东民的同学，很__________。
Ānnà shì Dōngmín de tóngxué, hěn

❷ ☐ 王老师很__________。
Wáng lǎoshī hěn

❸ ☐ 东民是韩国人，__________玩儿。
Dōngmín shì Hánguórén, wánr.

단어

Track01-06

- □□ 第一天 dì-yī tiān 첫날
- □□ 自我介绍 zìwǒ jièshào 자기소개하다
- □□ 女孩儿 nǚháir 명 여자아이
- □□ 漂亮 piàoliang 형 예쁘다, 아름답다
- □□ 看起来 kàn qǐlai 보아하니
- □□ 亲切 qīnqiè 형 친절하다, 친근하다

플러스Tip

❶ 自我介绍는 '자기자신을 소개하다'라는 의미로 介绍自己와 같은 표현이에요.

♦ 다음 그림을 보고 보기 와 같이 문장을 만들어 보세요.

보기

东民是哪国人？ 동민은 어느 나라 사람입니까?
Dōngmín shì nǎ guó rén?

➡ 他是韩国人。 그는 한국인입니다.
Tā shì Hánguórén.

1 东民今年多大？

➡ 他＿＿＿＿＿＿＿＿。

2 东民坐什么来北京？

➡ 他＿＿＿＿＿＿＿＿。

3 东民来北京做什么？

➡ 他＿＿＿＿＿＿＿＿。

4 现在东民在什么地方？

➡ 现在他＿＿＿＿＿＿＿＿。

단어 地方 dìfang 명 곳, 장소 | 机场 jīchǎng 명 공항

1 녹음을 듣고 내용과 일치하는 것을 고르세요.

❶ 安娜是哪国人?

A 韩国人 B 英国人 C 法国人 D 美国人

❷ 安娜来中国做什么?

A 教汉语 B 学汉语 C 工作 D 玩儿

2 제시된 단어를 배열하여 문장을 만드세요.

❶ 这 / 我 / 是 / 位 / 爷爷 ➡ ____________________

❷ 介绍 / 来 / 我的 / 中国朋友 / 一下 / 我 ➡ ____________________

❸ 喝 / 多 / 你 / 点儿 / 水 ➡ ____________________

3 제시된 단어를 이용하여 다음 문장을 중국어로 써 보세요.

❶ 잘 부탁드립니다. (关照)

➡ ____________________

❷ 저 선생님은 한국인이 아니라, 중국인입니다. (那位)

➡ ____________________

❸ 제가 자기소개(自我介绍) 좀 하겠습니다. (来)

➡ ____________________

❹ 많이 듣고, 많이 쓰세요. (多)

➡ ____________________

중국 문화

중국인의 인사법

중국 영화나 사극을 보면 가슴 높이에서 오른손은 주먹을 쥐고 왼손으로 오른손을 감싸며 인사하는 모습을 자주 볼 수 있어요. 이것은 중국의 전통 인사법인 '공수(拱手 gǒngshǒu)'라고 해요.

공수는 평상시 남자는 왼손을 위로 올려 오른손을 감싸고, 여자는 오른손을 위로 올려 왼손을 감싸지만, 흉사 시에는 손의 위치를 반대로 해야 해요. 요즘에는 평상시 잘 사용하지 않고 명절 때 인사하거나 고맙다는 표현을 할 때 사용하며, 남녀 구분 없이 보통 왼손을 위로 올려 오른손을 감싸는 모양으로 많이 사용해요.

인사는 보통 "你好! Nǐ hǎo!"라고 하지만, 친한 사이일 경우에는 "吃饭了吗? Chī fàn le ma?" 또는 "你去哪儿? Nǐ qù nǎr?"과 같은 인사말을 쓰기도 해요. 인사할 때는 허리를 굽히지 않고, 비즈니스 업무로 만난 경우에는 보통 악수를 해요.

자기소개를 할 때는 우리나라 사람들처럼 이름, 출생 지역(고향), 나이, 띠 등을 말하지만, 한 가지 다른 점은 바로 민족을 말하는 거예요. 중국은 56개의 민족이 있기 때문에 이력서를 쓰거나 자기소개를 할 때는 꼭 어떤 민족인지 같이 소개해요.

명절 때 공수(拱手) 인사

친한 사이일 때 인사

비즈니스 업무로 만났을 때 인사

你现在住在哪儿?

당신은 지금 어디에 살아요?

▶ **표현** 일상생활 말하기
주거 환경 관련 표현 익히기

▶ **어법** 동사+在 | 不…也不… | 就是 | 有点儿

핵심 패턴

04	你现在住在哪儿?	당신은 지금 어디에 살아요?
05	房间不大也不小。	방은 크지도 작지도 않아요.
06	就是有点儿吵。	단지 좀 시끄러워요.

小英 你现在住在❶哪儿?
Nǐ xiànzài zhùzài nǎr?

东民 我住在留学生宿舍。
Wǒ zhùzài liúxuéshēng sùshè.

小英 条件怎么样?
Tiáojiàn zěnmeyàng?

东民 条件不错，房间不大也不❷小。
Tiáojiàn búcuò, fángjiān bú dà yě bù xiǎo.

小英 生活方便不方便?
Shēnghuó fāngbiàn bu fāngbiàn?

东民 很方便。商店、银行都在附近，就是❸有点儿❹吵。
Hěn fāngbiàn. Shāngdiàn、yínháng dōu zài fùjìn, jiùshì yǒudiǎnr chǎo.

단어

□□	住	zhù	동 살다, 거주하다
□□	留学生	liúxuéshēng	명 유학생
□□	宿舍	sùshè	명 숙소, 기숙사
□□	条件	tiáojiàn	명 조건
□□	房间	fángjiān	명 방
			* 동의 屋子 wūzi 명 방 ｜ 房子 fángzi 명 집[건물]
□□	大	dà	형 (면적 등이) 크다, (나이가) 많다
□□	小	xiǎo	형 (면적 등이) 작다, (나이가) 어리다
□□	生活	shēnghuó	명 생활 동 생활하다
□□	方便	fāngbiàn	형 편하다, 편리하다
□□	银行	yínháng	명 은행
□□	附近	fùjìn	명 부근, 근처
□□	就是	jiùshì	부 단지
□□	有点儿	yǒudiǎnr	부 약간, 조금
□□	吵	chǎo	형 시끄럽다, 떠들썩하다

중국 속으로

중국 대학의 기숙사

중국 대학생들은 특별한 경우를 제외하고는 거의 모두 학교 기숙사에서 생활해요. 다른 지역에서 온 학생들도 많고 학교 바깥에서 방을 구하는 것보다 기숙사가 훨씬 저렴하기 때문이지요. 또한 중국 대학에는 학생 수만큼 기숙사 시설이 완비되어 있기도 해요. 최근에 지어진 기숙사는 시설도 깨끗하고 다양한 편의시설도 갖추고 있다고 해요. 보통 4~5명이 한방을 써요.

1 동사+在

「동사+在」 형식의 在는 동작의 결과가 어떠한지를 나타내는 결과보어로, 在 뒤에는 주로 장소 목적어가 쓰여 동작이 그 장소에 '고정되었다'라는 의미를 나타냅니다.

주어 + 동사 + 在 + 장소 목적어

我住在学校附近。 나는 학교 근처에 살아요.
Wǒ zhùzài xuéxiào fùjìn.

她坐在我的旁边儿。 그녀는 내 옆에 앉아 있어요.
Tā zuòzài wǒ de pángbiānr.

부정문을 만들 때는 동사 앞에 没(有)를 씁니다.

小狗没睡在沙发上。 강아지가 소파에서 자지 않았어요.
Xiǎogǒu méi shuìzài shāfā shang.

TIP 在의 여러 가지 용법

❶ 동사 : ~에 있다 [존재]

예 我在家。
Wǒ zài jiā.
나는 집에 있어요.

❷ 개사 : ~에서 [장소]

예 我在家吃饭。
Wǒ zài jiā chī fàn.
나는 집에서 밥을 먹어요.

❸ 결과보어 : 동작의 고정을 나타냄

예 他站在银行前边儿。
Tā zhànzài yínháng qiánbianr.
그는 은행 앞에 서 있어요.

❹ 부사 : ~하고 있다 [동작의 진행]

예 我在吃饭。
Wǒ zài chī fàn.
나는 밥을 먹고 있어요.

확인 체크

♦ 다음 중 在가 들어갈 알맞은 위치를 고르세요.

❶ 我 A 站 B 妈妈 C 后边儿。

❷ 他 A 没 B 躺 C 房间里。

❸ 我 A 想 B 坐 C 这儿，你呢?

2 不…也不…

「不+형용사+也不+형용사」 형식은 '~하지도 않고, ~하지도 않다'라는 뜻으로, 딱 적당하다는 의미를 나타낼 때 자주 쓰는 표현입니다.

今天不冷也不热。 오늘은 춥지도 덥지도 않아요.
Jīntiān bù lěng yě bú rè.

这件衣服不贵也不便宜。 이 옷은 비싸지도 싸지도 않아요.
Zhè jiàn yīfu bú guì yě bù piányi.

TIP 不 뒤에 동사를 넣어 「不+동사+也不+동사」 형식으로 쓰일 때는 두 가지 동작을 모두 하지 않는다는 의미만을 나타냅니다.

예 她今天不吃也不喝。 그녀는 오늘 먹지도 마시지도 않아요.
Tā jīntiān bù chī yě bù hē.

확인체크

♦ 不…也不…를 넣어 다음 두 문장을 하나의 문장으로 만드세요.

❶ 这件衣服不大。/ 这件衣服不小。

➡ ______________________________

❷ 她男朋友不高。/ 她男朋友不矮。

➡ ______________________________

3 就是

就是는 '단지 ~하다'라는 뜻의 부사로, 앞 문장의 내용을 가볍게 전환할 때 쓰며, 주로 아쉬움의 어감을 나타냅니다.

这家饭店很不错，就是很小。 이 식당은 좋은데, 단지 작아요.
Zhè jiā fàndiàn hěn búcuò, jiùshì hěn xiǎo.

这件衣服很好看，就是不太便宜。 이 옷은 예쁜데, 단지 그다지 싸지 않아요.
Zhè jiàn yīfu hěn hǎokàn, jiùshì bú tài piányi.

단어 睡 shuì 동 자다 | 沙发 shāfā 명 소파 | 上 shang 명 어떤 물체의 표면을 가리킴 | 站 zhàn 동 서다 | 躺 tǎng 동 눕다 | 冷 lěng 형 춥다, 차다 | 热 rè 형 덥다, 뜨겁다 | 矮 ǎi 형 (키가) 작다 | 家 jiā 양 집[가정, 가게, 기업 등을 세는 단위] | 饭店 fàndiàn 명 식당, 호텔

4 有点儿

有点儿은 '조금', '약간'이라는 뜻으로, 「有点儿+형용사」 형식으로 쓰여 어떤 기준이나 기대치와 다소 차이가 있어 약간 불만족스러운 느낌을 나타냅니다.

这双鞋有点儿大。 이 신발은 조금 커요.
Zhè shuāng xié yǒudiǎnr dà.

今天我有点儿累。 오늘 나는 조금 피곤해요.
Jīntiān wǒ yǒudiǎnr lèi.

TIP 有点儿과 一点儿의 비교

❶ 有点儿 + 형용사 : 주관적으로 약간의 불만스러움을 내포하고 있습니다.

예 有点儿快。 조금 빨라요.
Yǒudiǎnr kuài.

❷ 형용사 + (一)点儿 : 객관적으로 비교해서 '좀 ~하다' 또는 수량이 '약간', '조금' 적음을 나타냅니다.

예 快(一)点儿! 빨리 좀 하세요!
Kuài (yì) diǎnr!

확인체크

♦ 다음 빈칸에 有点儿 또는 一点儿을 넣어 문장을 완성하세요.

❶ 今天 __________ 冷。

❷ 我的房间 __________ 小，你的大 __________。

♦ 다음 문장을 따라 읽으며 중국어의 문장 구조를 익혀 보세요.

1

我	住在	学校附近。	Wǒ zhùzài xuéxiào fùjìn.
我	住在	韩国首尔。	Wǒ zhùzài Hánguó Shǒu'ěr.
我	坐在	同学后边儿。	Wǒ zuòzài tóngxué hòubianr.
老师	坐在	我旁边儿。	Lǎoshī zuòzài wǒ pángbiānr.

중작하기 엄마는 내 앞에 앉아 계세요. ➡ ____________________

2

房间	不	大	也不	小。	Fángjiān bú dà yě bù xiǎo.
个子	不	高	也不	矮。	Gèzi bù gāo yě bù ǎi.
英语	不	难	也不	容易。	Yīngyǔ bù nán yě bù róngyì.
这件衣服	不	贵	也不	便宜。	Zhè jiàn yīfu bú guì yě bù piányi.

중작하기 내가 산 텔레비전은 크지도 작지도 않아요. ➡ ____________________

3

生活很方便，	就是	有点儿吵。	Shēnghuó hěn fāngbiàn, jiùshì yǒudiǎnr chǎo.
他的个子很高，	就是	有点儿胖。	Tā de gèzi hěn gāo, jiùshì yǒudiǎnr pàng.
我的手机很好，	就是	有点儿贵。	Wǒ de shǒujī hěn hǎo, jiùshì yǒudiǎnr guì.
学汉语很有意思，	就是	有点儿难。	Xué Hànyǔ hěn yǒu yìsi, jiùshì yǒudiǎnr nán.

중작하기 이 옷은 예쁜데, 단지 조금 비싸요. ➡ ____________________

단어 容易 róngyì 형 쉽다 | 胖 pàng 형 뚱뚱하다

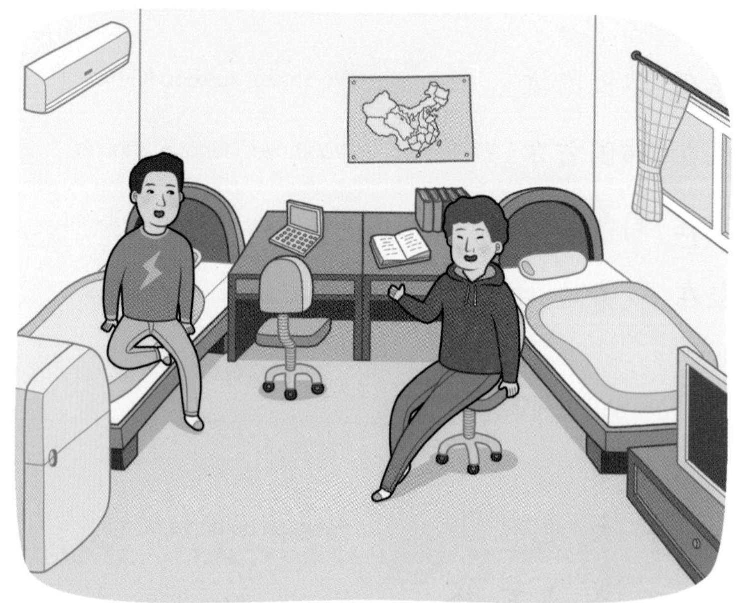

东民住在学校宿舍。他住的是双人间[1]，条件很不错。房间不大也不小，里边儿有床、电视、冰箱，还有空调。宿舍附近有银行、商店、饭店[2]，很方便。

Dōngmín zhùzài xuéxiào sùshè. Tā zhù de shì shuāngrénjiān, tiáojiàn hěn búcuò. Fángjiān bú dà yě bù xiǎo, lǐbianr yǒu chuáng、diànshì、bīngxiāng, hái yǒu kōngtiáo. Sùshè fùjìn yǒu yínháng、shāngdiàn、fàndiàn, hěn fāngbiàn.

东民有一个同屋，叫迈克。迈克是英国人，个子很高，他的汉语很不错。他们都喜欢住在北京。

Dōngmín yǒu yí ge tóngwū, jiào Màikè. Màikè shì Yīngguórén, gèzi hěn gāo, tā de Hànyǔ hěn búcuò. Tāmen dōu xǐhuan zhùzài Běijīng.

1 본문의 내용에 근거하여 다음 질문에 중국어로 답하세요.

❶ 房间里都有什么?
Fángjiān li dōu yǒu shénme?
🎙 ______________________

❷ 宿舍附近都有什么?
Sùshè fùjìn dōu yǒu shénme?
🎙 ______________________

❸ 请介绍一下迈克。
Qǐng jièshào yíxià Màikè.
🎙 ______________________

Track02-05

2 녹음을 듣고 본문과 일치하면 ○, 일치하지 않으면 ×를 표시한 후, 녹음 내용을 빈칸에 쓰세요.

❶ ☐ 东民住在______________。
Dōngmín zhùzài

❷ ☐ 东民住的房间______________。
Dōngmín zhù de fángjiān

❸ ☐ 迈克喜欢______________。
Màikè xǐhuan

단어

Track02-06

□□ 双人间 shuāngrénjiān 명 2인실
□□ 冰箱 bīngxiāng 명 냉장고
□□ 还 hái 부 또, 더
□□ 饭店 fàndiàn 명 식당, 호텔
□□ 同屋 tóngwū 명 룸메이트
□□ 个子 gèzi 명 키
□□ 高 gāo 형 (키가) 크다, (높이 등이) 높다
* 반의 矮 ǎi 형 (키가) 작다

플러스Tip

❶ 双人间은 기숙사나 호텔 등의 '2인실'을 뜻해요. 1인실은 单人间(dānrénjiān), 4인실은 四人间(sìrénjiān)이라고 해요.

❷ 饭店은 '식당'이라는 뜻으로, 饭馆儿, 餐厅, 食堂 등도 식당이라는 의미가 있지만, 쓰임이 달라요.
饭店 fàndiàn : 일반적인 식당, 호텔
饭馆儿 fànguǎnr : 비교적 저렴하고 흔한 작은 식당
餐厅 cāntīng : 고급스럽고 큰 레스토랑
食堂 shítáng : (학교나 회사 등의) 구내식당

♦ 다음 그림을 보고 보기와 같이 문장을 만들어 보세요.

보기

[大，小]
东民的房间怎么样? 동민이의 방은 어떻습니까?
Dōngmín de fángjiān zěnmeyàng?
➡ 很不错，不大也不小。
Hěn búcuò, bú dà yě bù xiǎo.
꽤 괜찮습니다, 크지도 작지도 않습니다.

1

[冷，热]
今天天气怎么样?
➡ 很不错，＿＿＿＿＿＿＿＿。

2

[长，短]
这条裙子怎么样?
➡ 很不错，＿＿＿＿＿＿＿＿。

3

[高，矮]
他的个子怎么样?
➡ 很不错，＿＿＿＿＿＿＿＿。

4

[便宜，贵]
这个手机怎么样?
➡ 很不错，＿＿＿＿＿＿＿＿。

단어 长 cháng 형 길다 | 短 duǎn 형 짧다 | 条 tiáo 양 가늘고 긴 것을 세는 단위 | 裙子 qúnzi 명 치마

1 녹음을 듣고 내용과 일치하는 것을 고르세요.

❶ 留学生宿舍附近没有什么?

A 商店　　B 银行　　C 饭店　　D 书店

❷ 东民现在没有什么?

A 女朋友　　B 中国朋友　　C 韩国朋友　　D 男朋友

2 다음 보기 중에서 빈칸에 들어갈 알맞은 단어를 고르세요.

보기	有点儿	不…也不…	住在

❶ 你 ________ 哪儿?

❷ 北京的生活 ________ 不方便。

❸ 这双鞋 ________ 大 ________ 小。

3 제시된 단어를 이용하여 다음 문장을 중국어로 써 보세요.

❶ 나는 학교 근처에 삽니다. (住在)

➡ ________________________________

❷ 우리 학교는 크지도 작지도 않습니다. (不…也不…)

➡ ________________________________

❸ 오늘 날씨가 좋은데, 단지 조금 덥습니다. (就是, 有点儿)

➡ ________________________________

❹ 당신들 회사의 조건이 어떻습니까? (条件)

➡ ________________________________

그림으로 배우는 단어 집안 장소

❶ 阁楼 gélóu 다락방

❷ 卧室 wòshì 침실

❸ 厨房 chúfáng 주방, 부엌

❹ 书房 shūfáng 서재

❺ 客厅 kètīng 거실

❻ 洗手间 xǐshǒujiān 화장실

❼ 车库 chēkù 차고

❽ 院子 yuànzi 마당, 정원

一边做作业，一边听音乐。

숙제를 하면서 음악을 들어요.

▶ **표현** 취미에 대해 말하기
동시 동작 표현 익히기

▶ **어법** 一边…，一边… | 선택의문문 |
有的人… | 一次也没…(过)

핵심 패턴

07 一边做作业，一边听音乐。 숙제를 하면서 음악을 들어요.

08 你听的是古典音乐还是流行音乐？
당신이 듣는 것은 고전음악이에요, 아니면 대중음악이에요?

09 我一次也没听过韩国音乐。 나는 한 번도 한국 음악을 들어본 적이 없어요.

东民 你现在做什么呢？
Nǐ xiànzài zuò shénme ne?

小英 一边做作业，一边[1]听音乐。
Yìbiān zuò zuòyè, yìbiān tīng yīnyuè.

东民 你听的是古典音乐还是[2]流行音乐？
Nǐ tīng de shì gǔdiǎn yīnyuè háishi liúxíng yīnyuè?

小英 流行音乐。我喜欢听中国流行音乐。
Liúxíng yīnyuè. Wǒ xǐhuan tīng Zhōngguó liúxíng yīnyuè.

东民 听说很多中国年轻人喜欢听韩国音乐，是吗？
Tīng shuō hěn duō Zhōngguó niánqīngrén xǐhuan tīng Hánguó yīnyuè, shì ma?

小英 有的人喜欢，有的人[3]不喜欢。
Yǒude rén xǐhuan, yǒude rén bù xǐhuan.
我呢，一次也没听过[4]。
Wǒ ne, yí cì yě méi tīngguo.

□□	一边…, 一边…	yìbiān…, yìbiān…	(한편으로) ~하면서 (한편으로) ~하다
□□	作业	zuòyè	명 숙제
□□	音乐	yīnyuè	명 음악
□□	古典音乐	gǔdiǎn yīnyuè	명 고전음악 * 古典小说 gǔdiǎn xiǎoshuō 명 고전소설
□□	A还是B	A háishi B	A 아니면 B이다
□□	流行音乐	liúxíng yīnyuè	명 대중음악, 유행음악 * 流行病 liúxíngbìng 명 유행병 | 流行感冒 liúxíng gǎnmào 명 유행성 감기
□□	年轻人	niánqīngrén	명 젊은이, 젊은 사람 * 中年人 zhōngniánrén 명 중년 | 老年人 lǎoniánrén 명 노인
□□	有的人	yǒude rén	어떤 사람
□□	次	cì	양 번, 회[동작의 횟수를 세는 단위]

중국 속으로

중화권의 대표 가수 저우제룬(周杰伦)

저우제룬(周杰伦 Zhōu Jiélún)은 타이완(台湾 Táiwān) 출신으로, 중화권 대중음악계를 대표하는 레전드이자 최고의 아티스트이며, 작곡가, 프로듀서예요. 2000년에 데뷔해서 현재까지 본인 앨범의 모든 곡을 직접 작곡하였고, R&B, 힙합, 중국 전통음악 등 다양한 음악 스타일을 결합한 음악으로 최고의 인기를 받고 있어요. 저우제룬은 영화 감독 및 배우로도 유명한데요. 그중 가장 대표적인 작품이 「말할 수 없는 비밀(不能说的秘密 Bù néng shuō de mìmì)」이에요. 감독하며 주연 배우를 한 작품이며, 엄청난 피아노 연주 실력으로 화제가 되기도 했어요.

1 一边…, 一边…

一边…, 一边…은 '~하면서 ~하다'라는 뜻으로, 一边 뒤에 동사를 넣어 두 가지 이상의 동작이 동시에 진행되는 것을 나타냅니다.

她一边吃饭，一边看电视。 그녀는 밥을 먹으면서 텔레비전을 봐요.
Tā yìbiān chī fàn, yìbiān kàn diànshì.

他们一边喝咖啡，一边看电影。 그들은 커피를 마시면서 영화를 봐요.
Tāmen yìbiān hē kāfēi, yìbiān kàn diànyǐng.

확인체크

♦ 一边…, 一边…을 넣어 다음 두 문장을 하나의 문장으로 만드세요.

❶ 我写汉字。/ 我说汉语。

➡ ______________________________

❷ 妹妹早上喝牛奶。/ 妹妹早上吃面包。

➡ ______________________________

2 선택의문문

접속사 还是를 사용하여 「A+还是+B」 형식으로 물어보는 의문문을 '선택의문문'이라고 하고, 'A 아니면 B'라는 의미를 나타냅니다. 선택의문문의 문장 끝에는 吗를 붙이지 않습니다.

你要吃饭还是喝茶? 당신은 밥을 먹을래요, 아니면 차를 마실래요?
Nǐ yào chī fàn háishi hē chá?

他是中国人还是韩国人? 그는 중국인이에요, 아니면 한국인이에요?
Tā shì Zhōngguórén háishi Hánguórén?

A와 B의 동사가 같을 때는 B의 동사를 생략할 수 있습니다.

你喝咖啡还是(喝)可乐? 당신은 커피를 마셔요, 아니면 콜라를 마셔요?
Nǐ hē kāfēi háishi (hē) kělè?

확인체크

♦ 다음 문장 중 还是가 잘못 쓰인 것을 고르세요.

❶ 今天是星期五还是星期六?　　❷ 你去还是我去?

❸ 你想散步还是公园?　　❹ 弟弟今年八岁还是六岁?

3 有的人…

有的人은 '어떤 사람'이라는 뜻으로, 「有的人…, 有的人…」 형식으로 두세 개를 연결하여 '어떤 사람은 ~하고, 어떤 사람은 ~하다'라는 의미를 나타냅니다.

A 他们做什么?　　그들은 무엇을 해요?
Tāmen zuò shénme?

B 有的人看电视，有的人听音乐。
Yǒude rén kàn diànshì, yǒude rén tīng yīnyuè.
어떤 사람은 텔레비전을 보고, 어떤 사람은 음악을 들어요.

下课以后，有的人去饭馆儿，有的人回家。
Xià kè yǐhòu, yǒude rén qù fànguǎnr, yǒude rén huí jiā.
수업이 끝난 후에 어떤 사람은 식당에 가고, 어떤 사람은 집으로 돌아가요.

有的人喝果汁，有的人喝可乐。 어떤 사람은 주스를 마시고, 어떤 사람은 콜라를 마셔요.
Yǒude rén hē guǒzhī, yǒude rén hē kělè.

확인체크

♦ 有的人…, 有的人…과 제시된 단어를 넣어 다음 질문에 답하세요.

❶ A 他们喝什么呢?
B ______________________(啤酒 / 可乐)

❷ A 你的同学都坐公共汽车来吗?
B 不。______________________(公共汽车 / 地铁)

단어 以后 yǐhòu 명 이후, 나중 | 果汁(儿) guǒzhī(r) 명 과일 주스

4 一次也没…(过)

一次也没는 '한 번도 ~하지 않았다'라는 뜻으로, 완전 부정을 나타냅니다. 주로 뒤에 过를 넣어 '한 번도 ~한 적이 없다'라는 의미로 사용합니다.

주어 + 一次也没(有) + 동사 + (过) + 목적어

他一次也没(有)来我家。 그는 한 번도 우리 집에 오지 않았어요.
Tā yí cì yě méi(yǒu) lái wǒ jiā.

我一次也没(有)去过香港。 나는 한 번도 홍콩에 가 본 적이 없어요.
Wǒ yí cì yě méi(yǒu) qùguo Xiānggǎng.

TIP 조사 过는 동사 뒤에 놓여 '~한 적이 있다'라는 뜻으로 과거의 경험을 나타내고, 부정형은 동사 앞에 没(有)를 씁니다.

확인체크

♦ 다음 문장을 바르게 고치세요.

❶ 我一次也不听说过。 ➡ ____________________

❷ 他也没一次吃过麻辣烫。 ➡ ____________________

❸ 弟弟一点儿也没见过熊猫。 ➡ ____________________

단어 香港 Xiānggǎng 고유 홍콩

♦ 다음 문장을 따라 읽으며 중국어의 문장 구조를 익혀 보세요.

1

一边 做作业， 一边 听音乐。 Yìbiān zuò zuòyè, yìbiān tīng yīnyuè.

一边 喝可乐， 一边 吃汉堡包。 Yìbiān hē kělè, yìbiān chī hànbǎobāo.

一边 喝茶， 一边 聊天儿。 Yìbiān hē chá, yìbiān liáo tiānr.

一边 唱歌， 一边 跳舞。 Yìbiān chàng gē, yìbiān tiào wǔ.

중작하기 텔레비전을 보면서 밥을 먹어요. ➡ ______________________

2

你听的是 古典音乐 还是 流行音乐？ Nǐ tīng de shì gǔdiǎn yīnyuè háishi liúxíng yīnyuè?

你看的是 电影 还是 电视剧？ Nǐ kàn de shì diànyǐng háishi diànshìjù?

你学的是 汉语 还是 日语？ Nǐ xué de shì Hànyǔ háishi Rìyǔ?

你喜欢喝 咖啡 还是 中国茶？ Nǐ xǐhuan hē kāfēi háishi Zhōngguó chá?

중작하기 당신은 비행기를 타요, 아니면 배를 타요? ➡ ______________________

3

我 一次也没 听 过 中国音乐。 Wǒ yí cì yě méi tīngguo Zhōngguó yīnyuè.

我 一次也没 吃 过 火锅。 Wǒ yí cì yě méi chīguo huǒguō.

我 一次也没 去 过 美国。 Wǒ yí cì yě méi qùguo Měiguó.

我 一次也没 看 过 美国电影。 Wǒ yí cì yě méi kànguo Měiguó diànyǐng.

중작하기 나는 한 번도 자전거를 타 본 적이 없어요. ➡ ______________________

단어 聊天儿 liáo tiānr 동 이야기하다 | 跳舞 tiào wǔ 동 춤을 추다 | 电视剧 diànshìjù 명 드라마 | 火锅 huǒguō 명 훠궈[음식명]

今天是星期天，东民去小英家玩儿。小英一边做作业，一边听中国流行音乐。
Jīntiān shì xīngqītiān, Dōngmín qù Xiǎoyīng jiā wánr. Xiǎoyīng yìbiān zuò zuòyè, yìbiān tīng Zhōngguó liúxíng yīnyuè.

很多中国年轻人都喜欢听韩国流行音乐，可是小英一次也没听过。所以东民想给小英介绍一下韩国流行音乐。
Hěn duō Zhōngguó niánqīngrén dōu xǐhuan tīng Hánguó liúxíng yīnyuè, kěshì Xiǎoyīng yí cì yě méi tīngguo. Suǒyǐ Dōngmín xiǎng gěi Xiǎoyīng jièshào yíxià Hánguó liúxíng yīnyuè.

1 본문의 내용에 근거하여 다음 질문에 중국어로 답하세요.

❶ 小英在家里做什么? ________________
Xiǎoyīng zài jiā li zuò shénme?

❷ 很多中国年轻人喜欢什么? ________________
Hěn duō Zhōngguó niánqīngrén xǐhuan shénme?

❸ 小英听过韩国流行音乐吗? ________________
Xiǎoyīng tīngguo Hánguó liúxíng yīnyuè ma?

2 녹음을 듣고 본문과 일치하면 ○, 일치하지 않으면 ×를 표시한 후, 녹음 내용을 빈칸에 쓰세요.

Track03-05

❶ ☐ 小英一边____________，一边____________。
Xiǎoyīng yìbiān　　　　yìbiān

❷ ☐ 小英____________韩国流行音乐。
Xiǎoyīng　　　　Hánguó liúxíng yīnyuè.

❸ ☐ 东民想跟小英____________中国流行音乐。
Dōngmín xiǎng gēn Xiǎoyīng　　　　Zhōngguó liúxíng yīnyuè.

단어

Track03-06

□□ 玩(儿) wán(r) 동 놀다

* 玩儿电脑 wánr diànnǎo 컴퓨터를 하다 | 玩儿游戏 wánr yóuxì 게임을 하다

□□ 可是 kěshì 접 그러나, 하지만

□□ 所以 suǒyǐ 접 그래서

♦ 다음 그림을 보고 보기와 같이 문장을 만들어 보세요.

보기

东民一边听音乐，一边玩儿电脑。
Dōngmín yìbiān tīng yīnyuè, yìbiān wánr diànnǎo.
동민이는 음악을 들으면서 컴퓨터를 합니다.

1 爸爸一边__________，一边__________。

2 妈妈一边__________，一边__________。

3 爷爷一边__________，一边__________。

4 奶奶一边__________，一边__________。

단어 洗碗 xǐ wǎn 동 설거지하다

1 녹음을 듣고 내용과 일치하는 것을 고르세요.

❶ 中国人喜欢红色吗?

A 非常喜欢　B 不太喜欢　C 有的人喜欢　D 不喜欢

❷ 小英喜欢什么颜色?

A 红色　B 白色　C 黑色　D 蓝色

2 제시된 단어를 배열하여 문장을 만드세요.

❶ 地铁 / 我们 / 坐 / 还是 / 自行车 / 骑 ➡ ______________________

❷ 饭 / 一边 / 爸爸 / 吃 / 看 / 电视 / 一边 ➡ ______________________

❸ 喝 / 有的人 / 咖啡 / 茶 / 有的人 / 喝 ➡ ______________________

3 제시된 단어를 이용하여 다음 문장을 중국어로 써 보세요.

❶ 우리 내일 갈까요, 아니면 모레 갈까요? (还是)

➡ ______________________________________

❷ 한국에 온 이후(以后) 나는 한 번도 그를 만난 적이 없습니다. (一次也没…)

➡ ______________________________________

❸ 어떤 사람은 영화 보는 것을 좋아하고, 어떤 사람은 텔레비전 보는 것을 좋아합니다. (有的人)

➡ ______________________________________

❹ 나는 음악을 들으며 공부하는 것을 좋아합니다. (一边…, 一边…)

➡ ______________________________________

甜蜜蜜
Tiánmìmì

邓丽君
Dèng Lìjūn

甜蜜蜜　你笑得甜蜜蜜
tiánmìmì　nǐ xiào de tiánmìmì
好像花儿开在春风里　开在春风里
hǎoxiàng huār kāizài chūnfēng li　kāizài chūnfēng li
在哪里　在哪里见过你
zài nǎli　zài nǎli jiànguo nǐ
你的笑容这样熟悉　我一时想不起　啊　在梦里
nǐ de xiàoróng zhèyàng shúxī　wǒ yìshí xiǎng bu qǐ　ā　zài mèng li
梦里　梦里见过你　甜蜜　笑得多甜蜜
mèng li　mèng li jiànguo nǐ　tiánmì　xiào de duō tiánmì
是你　是你　梦见的就是你
shì nǐ　shì nǐ　mèng jiàn de jiù shì nǐ
在哪里　在哪里见过你
zài nǎli　zài nǎli jiànguo nǐ
你的笑容这样熟悉　我一时想不起　啊　在梦里
nǐ de xiàoróng zhèyàng shúxī　wǒ yìshí xiǎng bu qǐ　ā　zài mèng li

첨밀밀

등려군

달콤해요, 당신의 미소는 달콤하지요.
마치 봄바람에 피는 꽃처럼, 봄바람에 피는
어디에서, 어디에서 당신을 봤을까요?
당신의 미소는 이렇게 낯익은데, 나는 잠시 생각이 나지 않아요. 아, 꿈속에서였군요.
꿈속에서, 꿈속에서 당신을 봤군요. 달콤한, 너무도 달콤한 미소
당신이군요, 당신이군요, 꿈에서 본 사람이 바로 당신이군요.
어디에서, 어디에서 당신을 봤을까요?
당신의 미소는 이렇게 낯익은데, 나는 잠시 생각이 나지 않아요. 아, 꿈속에서였군요.

我买了两件毛衣。

나는 스웨터 두 벌을 샀어요.

▶ **표현** 계획, 예정 표현 익히기
동작의 완료 표현 익히기

▶ **어법** 조동사 能 | 어기조사 了(1) |
동태조사 了 | 打算

핵심 패턴

10 周末你能跟我一起去百货商店吗?
주말에 당신은 나와 함께 백화점에 갈 수 있어요?

11 我买了两件毛衣。 나는 스웨터 두 벌을 샀어요.

12 这个周末你打算干什么? 이번 주 주말에 당신은 뭐 할 계획이에요?

迈克　周末你能[1]跟我一起去百货商店吗？
Zhōumò nǐ néng gēn wǒ yìqǐ qù bǎihuò shāngdiàn ma?

东民　不好意思，昨天我已经去了[2]。
Bù hǎoyìsi, zuótiān wǒ yǐjīng qù le.

迈克　你买了[3]什么？
Nǐ mǎile shénme?

东民　我买了两件毛衣。
Wǒ mǎile liǎng jiàn máoyī.

迈克　那么，这个周末你打算[4]干什么？
Nàme, zhège zhōumò nǐ dǎsuan gàn shénme?

东民　下个星期一有考试，我打算在宿舍复习。
Xià ge xīngqīyī yǒu kǎoshì, wǒ dǎsuan zài sùshè fùxí.

단어

□□ 周末 zhōumò 명 주말

* 周 zhōu 명 주 | 周一 zhōuyī 명 월요일

□□ 能 néng 조동 ~할 수 있다, ~할 줄 알다

□□ 百货商店 bǎihuò shāngdiàn 명 백화점

□□ 不好意思 bù hǎoyìsi 부끄럽다, 쑥스럽다, 미안하다

□□ 已经 yǐjīng 부 이미, 벌써

□□ 件 jiàn 양 벌, 건[옷, 일 등을 세는 단위]

* 一件衣服 yí jiàn yīfu 옷 한 벌 |
一件事 yí jiàn shì 일 한 가지

□□ 毛衣 máoyī 명 스웨터

□□ 那么 nàme 접 그러면, 그렇다면

□□ 打算 dǎsuan 조동 ~할 계획이다, ~하려고 하다

□□ 考试 kǎoshì 명 시험 동 시험을 보다

□□ 复习 fùxí 동 복습하다

* 반의 预习 yùxí 동 예습하다

중국 속으로

중국의 흥정 문화

중국에서는 부르는 값의 절반 이하로 깎아서 사야 한다는 말을 한 번쯤 들어보셨을 거예요. '가격 흥정'은 중국의 독특한 쇼핑 문화라고 볼 수 있어요. 상인과 주거니 받거니 물건 값을 흥정하는 과정이 쇼핑의 재미를 더해 주기도 해요. 하지만 중국 정부가 2008년 베이징올림픽을 전후로 정찰제(不二价 bú èr jià)를 시행하고 영수증을 통일하면서 지금은 대부분 가격 흥정을 할 수 없어요.

1 조동사 能

能은 '~할 수 있다'라는 뜻으로, 동사 앞에 위치하여 가능성이나 능력을 나타냅니다. 能의 부정형은 앞에 不를 씁니다.

긍정문 明天他能来。 내일 그는 올 수 있어요.
Míngtiān tā néng lái.

부정문 明天他很忙，不能来。 내일 그는 바빠서, 올 수 없어요.
Míngtiān tā hěn máng, bù néng lái.

의문문 明天他能来吗？ 내일 그는 올 수 있어요?
Míngtiān tā néng lái ma?

明天他能不能来？ 내일 그는 올 수 있어요, 없어요?
Míngtiān tā néng bu néng lái?

TIP 能과 会의 비교

能과 会는 모두 '~할 수 있다'라는 뜻으로 사용되나, 약간의 차이가 있습니다. 会는 처음부터 어떤 것을 학습을 통해 배워서 '할 수 있다'를 나타내는 반면, 能은 어떤 능력을 갖추어서 '할 수 있다'를 나타냅니다. 구체적인 능력이나 효율을 나타낼 때는 能을 씁니다.

예 我会/能打字。 나는 타자를 칠 수 있어요.
Wǒ huì / néng dǎ zì.

我一分钟能打两百个字。 나는 1분에 200자를 칠 수 있어요.
Wǒ yì fēnzhōng néng dǎ liǎngbǎi ge zì.

확인체크

♦ 다음 빈칸에 能 또는 会를 넣어 문장을 완성하세요.

❶ 你 ________ 跟我一起去吗？ 당신은 나와 같이 갈 수 있어요?

❷ 对不起，我不 ________ 开车。 죄송하지만, 나는 운전할 줄 몰라요.

❸ 外边下雨呢，我们不 ________ 出去。 밖에 비가 오고 있어서, 우리는 나갈 수 없어요.

단어 打字 dǎ zì 동 타자를 치다 | 分钟 fēnzhōng 명 분[시간의 양을 나타냄] | 下雨 xià yǔ 동 비가 내리다, 비가 오다 | 出去 chūqu 동 (안에서 밖으로) 나가다

2 어기조사 了(1)

了가 어기조사로 쓰일 때는 문장의 끝에 놓여 어떤 동작이나 상황이 이미 발생하였음을 나타내고, 문장을 끝맺는 역할을 합니다.

他回家了。 그는 집으로 돌아갔어요.
Tā huí jiā le.

我吃饭了。 나는 밥을 먹었어요.
Wǒ chī fàn le.

3 동태조사 了

了가 동태조사로 쓰일 때는 동사 뒤에 놓여 동작의 완성 또는 실현을 나타냅니다.

긍정문 동사 + 了 + (수식어) + 목적어 : ~했습니다(동작의 완성, 실현)

他喝了一瓶啤酒。 그는 맥주 한 병을 마셨어요.
Tā hēle yì píng píjiǔ.

我吃了很多菜。 나는 많은 음식을 먹었어요.
Wǒ chīle hěn duō cài.

부정문 没(有) + 동사(了를 붙이지 않음) + 목적어 : ~하지 않았습니다

他没出去，在家呢。 그는 나가지 않고, 집에 있어요.
Tā méi chūqu, zài jiā ne.

他没出去了。 (×)
Tā méi chūqu le.

의문문 동사 + 了 + 목적어 + 吗？ : ~했습니까?
동사 + 了 + 목적어 + 没有？ : ~했습니까, 하지 않았습니까?

你看了很多书吗? 당신은 많은 책을 봤나요?
Nǐ kànle hěn duō shū ma?

你看了很多书没有? 당신은 많은 책을 봤나요, 안 봤나요?
Nǐ kànle hěn duō shū méiyǒu?

TIP 了는 우리말로 '했다'로 번역되어 과거 시제에만 사용된다고 생각하기 쉬우나, 완성과 실현을 나타내는 了는 과거, 현재, 미래에 모두 사용할 수 있습니다.

예 我明天买了书以后去见朋友。 나는 내일 책을 산 후에 친구를 만나러 갑니다.
Wǒ míngtiān mǎile shū yǐhòu qù jiàn péngyou.

확인체크

♦ 다음 중 了가 들어갈 알맞은 위치를 고르세요.

❶ 我买 A 三本书 B 和一个本子 C 。

❷ 请等 A 一下 B ，他去洗手间 C 。

❸ 奶奶 A 睡觉 B 没有 C ？

4 打算

打算은 동사의 앞에 위치하여 '~할 계획이다', '~하려고 하다'라는 의미로 사용됩니다.

这个星期六我们打算去天安门。 이번 주 토요일에 우리는 톈안먼에 갈 계획이에요.
Zhège xīngqīliù wǒmen dǎsuan qù Tiān'ānmén.

明年你打算干什么？ 내년에 당신은 무엇을 할 계획이에요?
Míngnián nǐ dǎsuan gàn shénme?

TIP 打算이 명사로 쓰일 때는 '계획'이라는 뜻을 나타냅니다.

예 你明天有什么打算？ 당신은 내일 무슨 계획이 있어요?
Nǐ míngtiān yǒu shénme dǎsuan?

확인체크

♦ 다음 대답에 알맞은 질문을 쓰세요.

❶ A ______________________?

B 明年我打算去中国。

❷ A ______________________?

B 晚上我打算吃汉堡包。

♦ 다음 문장을 따라 읽으며 중국어의 문장 구조를 익혀 보세요.

1

你昨天	买	了	几件衣服?	Nǐ zuótiān mǎile jǐ jiàn yīfu?
我昨天	买	了	两件毛衣。	Wǒ zuótiān mǎile liǎng jiàn máoyī.
你今天	等	了	几个小时?	Nǐ jīntiān děngle jǐ ge xiǎoshí?
我今天	等	了	三个小时。	Wǒ jīntiān děngle sān ge xiǎoshí.

중작하기 나는 오늘 커피 세 잔을 마셨어요. ➡ ______________________

2

你		吃饭	了吗?	Nǐ chī fàn le ma?
我	还没	吃。		Wǒ hái méi chī.
你		下课	了没有?	Nǐ xià kè le méiyǒu?
我	已经	下课	了。	Wǒ yǐjīng xià kè le.

중작하기 당신 아버지는 퇴근하셨나요? ➡ ______________________

3

明年你	打算	去哪儿?	Míngnián nǐ dǎsuan qù nǎr?
明年我	打算	去北京学汉语。	Míngnián wǒ dǎsuan qù Běijīng xué Hànyǔ.
姐姐	打算	去上海干什么?	Jiějie dǎsuan qù Shànghǎi gàn shénme?
姐姐	打算	去上海旅游。	Jiějie dǎsuan qù Shànghǎi lǚyóu.

중작하기 내일 나는 영화를 볼 계획이에요. ➡ ______________________

단어 小时 xiǎoshí 명 시간 | 旅游 lǚyóu 동 여행하다

最近天气比较冷，东民想买几件暖和的衣服。昨天他去百货商店买了两件毛衣。
Zuìjìn tiānqì bǐjiào lěng, Dōngmín xiǎng mǎi jǐ jiàn nuǎnhuo de yīfu. Zuótiān tā qù bǎihuò shāngdiàn mǎile liǎng jiàn máoyī.

迈克打算周末跟东民去百货商店❶。很可惜，东民昨天已经去了。而且下个星期一有考试，东民打算周末在宿舍复习。
Màikè dǎsuan zhōumò gēn Dōngmín qù bǎihuò shāngdiàn. Hěn kěxī, Dōngmín zuótiān yǐjīng qù le. Érqiě xià ge xīngqīyī yǒu kǎoshì, Dōngmín dǎsuan zhōumò zài sùshè fùxí.

1 본문의 내용에 근거하여 다음 질문에 중국어로 답하세요.

❶ 东民去百货商店买了什么? ________________
Dōngmín qù bǎihuò shāngdiàn mǎile shénme?

❷ 周末迈克打算去哪儿? ________________
Zhōumò Màikè dǎsuan qù nǎr?

❸ 周末东民打算干什么? ________________
Zhōumò Dōngmín dǎsuan gàn shénme?

Track04-05

2 녹음을 듣고 본문과 일치하면 ○, 일치하지 않으면 ×를 표시한 후, 녹음 내용을 빈칸에 쓰세요.

❶ ☐ 天气很冷，东民想________________。
Tiānqì hěn lěng, Dōngmín xiǎng

❷ ☐ 昨天东民去百货商店买了________________。
Zuótiān Dōngmín qù bǎihuò shāngdiàn mǎile

❸ ☐ ________有考试，东民打算________复习。
yǒu kǎoshì, Dōngmín dǎsuan fùxí.

단어

Track04-06

☐☐ 比较 bǐjiào 부 비교적

☐☐ 冷 lěng 형 춥다, 차다

* 반의 热 rè 형 덥다, 뜨겁다

☐☐ 暖和 nuǎnhuo 형 따뜻하다

☐☐ 可惜 kěxī 형 안타깝다, 애석하다

☐☐ 而且 érqiě 접 게다가, 또한

플러스Tip

❶ 百货商店의 百货는 '백화(여러 가지 상품이나 재화)'라는 뜻으로, 百货公司(bǎihuò gōngsī), 百货大楼(bǎihuò dàlóu), 百货商场(bǎihuò shāngchǎng)도 '백화점'이라는 뜻이에요.

◆ 다음 그림을 보고 보기 와 같이 문장을 만들어 보세요.

보기

东民打算这个周末跟朋友去游乐园玩儿。
Dōngmín dǎsuan zhège zhōumò gēn péngyou qù yóulèyuán wánr.
동민이는 이번 주 주말에 친구와 놀이공원에 놀러 갈 계획입니다.

1

安娜打算______________________
______________________。

2

东民打算______________________
______________________。

3

迈克打算______________________
______________________。

4

小英打算______________________
______________________。

단어 游乐园 yóulèyuán 명 놀이공원 | 熊猫 xióngmāo 명 판다

1 녹음을 듣고 내용과 일치하는 것을 고르세요.

① 小英吃饭了没有?

A 没吃　　B 还没吃　　C 已经吃了　　D 不吃

② 东民打算去哪儿吃饭?

A 自己家　　B 小英家
C 学校附近的饭馆儿　　D 宿舍附近的饭馆儿

2 了나 过를 써서 문장을 완성해 보세요.

① 昨天我买 ________ 一件衣服。

② 我不知道他去哪儿 ________。

③ 他在中国没学 ________ 汉语。

3 제시된 단어를 이용하여 다음 문장을 중국어로 써 보세요.

① 오늘 아침에 나는 우유 한 잔을 마셨습니다. (了)

➡ ________________________________

② 나는 친구에게 편지를 썼습니다(写信). (了)

➡ ________________________________

③ 당신은 어디에서 핸드폰을 살 계획입니까? (打算)

➡ ________________________________

④ 어제 나는 백화점에 가서 옷 한 벌을 샀습니다. (件)

➡ ________________________________

단어 写信 xiě xìn 편지를 쓰다

중국의 다양한 할인 방법

중국판 블랙 프라이데이로 유명한 중국의 '光棍节(Guānggùn Jié) 할인 행사'를 아시나요? 이날은 다양한 품목을 대규모로 할인 행사하는데요. 이날만큼은 아니지만 평소에도 중국 곳곳에서 다양한 할인들을 많이 해요. 중국에서 할인은 어떤 방법으로 할까요?

打折(dǎ zhé)는 '할인하다'라는 뜻으로, 打와 折 사이에 할인돼서 지불해야 하는 퍼센트를 넣어 표현하는 할인 방법이에요. 예를 들어 20% 할인이면 원래 가격의 80%를 지불해야 되기 때문에 8을 넣어 打8折라고 표현해요. 打를 빼고 8折라고 표기하기도 해요.

半价(bàn jià)는 '절반'이라는 뜻의 半과 '가격'이라는 뜻의 价가 합쳐진 표현으로, 원래 정가의 '절반 가격 할인(50% 할인)'을 의미해요.

买一送一(mǎi yī sòng yī)는 '하나를 사면 하나를 더 준다'는 의미로, 우리나라의 '1+1'에 해당해요.

满…减…(mǎn…jiǎn…)의 满은 '가득 채우다', 减은 '빼다'라는 뜻으로, 满과 减 뒤에는 보통 금액을 써서 '~위안 이상 구매하면 ~위안을 빼준다'라는 의미를 나타내요. 예를 들어 '100위안 이상을 구매하면 20위안을 빼준다'라고 할 때는 满100减20라고 해요.

✦ 할인 관련 단어

打折 dǎ zhé 할인하다	优惠 yōuhuì 우대의, 특혜의
折扣 zhé kòu 할인, 에누리	减价 jiǎn jià 가격을 내리다
免费 miǎnfèi 무료, 공짜	赠送 zèngsòng 증정

我正在打太极拳。

나는 태극권을 하고 있어요.

▸ **표현** 현재 진행 표현 익히기
상태의 지속 표현 익히기

▸ **어법** 동태조사 着 | 正在…(呢) |
동량사 次 | 동사 중첩

핵심 패턴

13 门怎么开着? 문이 왜 열려 있지요?

14 我正在打太极拳。 나는 태극권을 하고 있어요.

15 表演一下，我看看。 공연 좀 해 보세요, 내가 볼게요.

小英 门怎么开着[1]？你在干什么呢？
Mén zěnme kāizhe? Nǐ zài gàn shénme ne?

东民 我正在[2]打太极拳。
Wǒ zhèngzài dǎ tàijíquán.

小英 真厉害！你在学太极拳，是吗？
Zhēn lìhai! Nǐ zài xué tàijíquán, shì ma?

东民 对！每星期学三次[3]。
Duì! Měi xīngqī xué sān cì.

小英 表演一下，我看看[4]。
Biǎoyǎn yíxià, wǒ kànkan.

东民 没问题。那，现在开始。
Méi wèntí. Nà, xiànzài kāishǐ.

□□ 门	mén	명 문
		* 门口(儿) ménkǒu(r) 문 앞, 입구
□□ 怎么	zěnme	대 왜, 어째서
□□ 开	kāi	동 열다, (텔레비전, 전등 등을) 켜다
		* 반의 关 guān 동 닫다, 끄다
□□ 着	zhe	조 ~한 채로 있다[동작의 진행과 상태를 나타내는 동태조사]
□□ 正(在)	zhèng(zài)	부 ~하고 있다, ~하고 있는 중이다[진행을 나타냄]
□□ 打太极拳	dǎ tàijíquán	태극권을 하다
		* 打 dǎ 동 (손으로 하는 운동을) 하다, 치다
□□ 厉害	lìhai	형 대단하다, 심하다
□□ 对	duì	형 맞다, 옳다
		* 반의 错 cuò 형 틀리다
□□ 每	měi	대 각, ~마다
□□ 表演	biǎoyǎn	동 공연하다, 상연하다 명 공연
□□ 没问题	méi wèntí	문제없다, 좋다
□□ 那	nà	접 그러면, 그렇다면
□□ 开始	kāishǐ	동 시작하다, 개시하다

중국 속으로

태극권

태극권(太极拳 tàijíquán)은 전 세계적으로 가장 잘 알려진 유구한 역사를 자랑하는 중국 무술 중의 하나로, 요즘은 건강 운동으로 일반인들에게도 널리 보급되었어요. 중국에서는 이른 아침 공원에서 태극권을 수련하는 사람들을 쉽게 찾아볼 수 있으며, 대학에서도 체육 필수 과목으로 가르치는 곳이 많아요.

1 동태조사 着

동태조사 着는 '~한 채로 있다'라는 뜻으로, 동사 뒤에 위치하여 동사의 동작이나 상태가 지속됨을 나타냅니다.

동사 + 着 : ~한 채로 있습니다

门开着，电视也开着。 문이 열려 있고, 텔레비전도 켜져 있어요.
Mén kāizhe, diànshì yě kāizhe.

学生坐着，老师站着。 학생은 앉아 있고, 선생님은 서 있어요.
Xuésheng zuòzhe, lǎoshī zhànzhe.

他躺着看电视。 그는 누워서 텔레비전을 봐요.
Tā tǎngzhe kàn diànshì.

2 正在…(呢)

正在는 '~하고 있다', '~하고 있는 중이다'라는 뜻의 부사로, 동사 앞에 위치하여 동작이 현재 진행되고 있음을 나타냅니다. 이때 正在 대신 正 또는 在을 쓸 수 있고, 문장의 끝에 呢를 함께 쓸 수도 있습니다. 正在, 正, 在 없이 문장 끝에 呢만 단독으로 사용해도 현재 진행의 의미를 가집니다.

긍정문

① 주어 + 正在/在 + 동사 + (呢)
③ 주어 + 正 + 동사 + 呢 : ~하고 있습니다
③ 주어 + 동사 + 呢

我们正在上课(呢)。 우리는 수업하고 있어요.
Wǒmen zhèngzài shàng kè (ne).

奶奶做饭呢。 할머니는 밥을 하고 계세요.
Nǎinai zuò fàn ne.

부정문

주어 + 没(有) + 在 + 동사 + (呢) : ~하고 있지 않습니다

弟弟没在玩儿电脑，他在看书。 남동생은 컴퓨터를 하지 않고, 그는 책을 보고 있어요.
Dìdi méi zài wánr diànnǎo, tā zài kàn shū.

TIP 正在와 着의 비교

❶ 正在는 현재 동작이 진행 중인 것을 나타내고, 着는 어떤 상태가 지속되고 있는 것을 나타냅니다.

예 他正在开门。 그는 문을 열고 있어요. [지금 문을 여는 동작을 하고 있음]
Tā zhèngzài kāi mén.
门开着。 문이 열려 있어요. [문이 열려진 상태가 지속되고 있음]
Mén kāizhe.

❷ 동작을 진행해서 그 상태가 지속되고 있을 때는 正在와 着를 함께 쓸 수 있습니다.

예 他正在看着我(呢)。 그는 (지금) 나를 보고 있어요.
Tā zhèngzài kànzhe wǒ (ne).

확인체크

♦ 다음 문장을 바르게 고치세요.

❶ 我在没上课。 ➡ ____________________

❷ 他在门口站呢。 ➡ ____________________

❸ 房间的门正在开，他在玩儿电脑呢。 ➡ ____________________

3 동량사 次

동량사는 동작이나 변화의 횟수를 나타내는 양사입니다. 次는 '번', '회'라는 뜻으로, 일반적으로 반복해서 일어나는 동작의 횟수를 나타냅니다.

我去过一次。 나는 한 번 가 본 적이 있어요.
Wǒ qùguo yí cì.

我吃过一次中国菜。 나는 중국요리를 한 번 먹어 본 적이 있어요.
Wǒ chīguo yí cì Zhōngguó cài.

TIP 목적어가 인명, 지명일 때는 동량사의 앞, 뒤 모두 넣을 수 있습니다.

예 今年她去过北京两次。 올해 그녀는 베이징에 두 번 간 적이 있어요.
Jīnnián tā qùguo Běijīng liǎng cì.
(= 今年她去过两次北京。 Jīnnián tā qùguo liǎng cì Běijīng.)

단어 做饭 zuò fàn 동 밥을 하다

4 동사 중첩

일부 동사는 중첩해서 '좀 ~하다', '한번 ~해 보다'라는 의미로 가볍게 동작을 해 보는 것을 나타냅니다.

단음절 동사 (AA, A一A)	예 看 kàn ➡ 看看 kànkan / 看一看 kàn yi kàn
이음절 동사 (ABAB)	예 休息 xiūxi ➡ 休息休息 xiūxi xiūxi

你看看这本书。 당신은 이 책을 좀 보세요.
Nǐ kànkan zhè běn shū.

我想休息休息。 나는 좀 쉬고 싶어요.
Wǒ xiǎng xiūxi xiūxi.

TIP ❶ 단음절 동사의 경우, AA 형식으로 중첩하면 뒤의 A는 경성으로 발음되고, A一A 형식으로 중첩하면 一가 경성으로 발음됩니다.
❷ 동사 중첩은 「동사+一下」와 의미가 비슷해서 서로 바꾸어 쓸 수 있습니다.

확인체크

♦ 다음 문장을 동사 중첩으로 바꾸어 써 보세요.

❶ 汉语太难了，你能教我吗？ ➡ ____________________

❷ 你来尝我做的菜。 ➡ ____________________

❸ 我们认识一下吧。 ➡ ____________________

♦ 다음 문장을 따라 읽으며 중국어의 문장 구조를 익혀 보세요.

1

门	怎么	开	着?		Mén zěnme kāizhe?
你		看	着,	我来写。	Nǐ kànzhe, wǒ lái xiě.
你	怎么	站	着,	坐吧。	Nǐ zěnme zhànzhe, zuò ba.
他在床上		躺	着	听音乐。	Tā zài chuáng shang tǎngzhe tīng yīnyuè.

중작하기 엄마는 앉아서 책을 봐요. ➡ ______

2

我	正在	打太极拳	呢。	Wǒ zhèngzài dǎ tàijíquán ne.
老师	正在	教汉语	呢。	Lǎoshī zhèngzài jiāo Hànyǔ ne.
哥哥	正在	打电话	呢。	Gēge zhèngzài dǎ diànhuà ne.
弟弟	正在	玩儿电脑	呢。	Dìdi zhèngzài wánr diànnǎo ne.

중작하기 아빠는 요리를 하고 있어요. ➡ ______

3

你表演一下,	我	看看。	Nǐ biǎoyǎn yíxià, wǒ kànkan.
你唱一下,	我	听听。	Nǐ chàng yíxià, wǒ tīngting.
你做一下,	我	尝尝。	Nǐ zuò yíxià, wǒ chángchang.
你听一下,	我	说说。	Nǐ tīng yíxià, wǒ shuōshuo.

중작하기 당신은 한번 입어 보세요, 내가 볼게요. ➡ ______

太极拳是中国传统武术。每天❶早晨很多中国人
Tàijíquán shì Zhōngguó chuántǒng wǔshù. Měi tiān zǎochen hěn duō Zhōngguórén

都在公园打太极拳。
dōu zài gōngyuán dǎ tàijíquán.

听说打太极拳对身体很好，所以东民最近在学打
Tīng shuō dǎ tàijíquán duì shēntǐ hěn hǎo, suǒyǐ Dōngmín zuìjìn zài xué dǎ

太极拳。上课以前，王老师先教❷他们打太极拳，每星期
tàijíquán. Shàng kè yǐqián, Wáng lǎoshī xiān jiāo tāmen dǎ tàijíquán, měi xīngqī

学三次。现在东民会打太极拳，可是安娜不太会。
xué sān cì. Xiànzài Dōngmín huì dǎ tàijíquán, kěshì Ānnà bú tài huì.

1 본문의 내용에 근거하여 다음 질문에 중국어로 답하세요.

❶ 很多中国人在哪儿打太极拳? ________________
Hěn duō Zhōngguórén zài nǎr dǎ tàijíquán?

❷ 东民为什么学打太极拳? ________________
Dōngmín wèishénme xué dǎ tàijíquán?

❸ 上课以前，王老师先做什么? ________________
Shàng kè yǐqián, Wáng lǎoshī xiān zuò shénme?

2 녹음을 듣고 본문과 일치하면 ○, 일치하지 않으면 ×를 표시한 후, 녹음 내용을 빈칸에 쓰세요.

❶ ☐ 每天早晨________在公园打太极拳。
Měi tiān zǎochen ________ zài gōngyuán dǎ tàijíquán.

❷ ☐ 东民________打太极拳。
Dōngmín ________ dǎ tàijíquán.

❸ ☐ 安娜________。
Ānnà ________

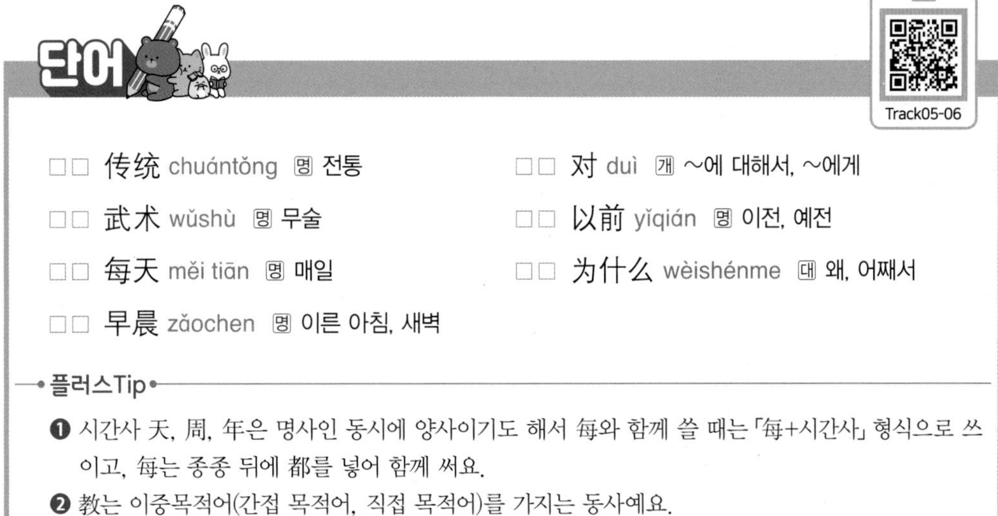

□□ 传统 chuántǒng 명 전통
□□ 武术 wǔshù 명 무술
□□ 每天 měi tiān 명 매일
□□ 早晨 zǎochen 명 이른 아침, 새벽
□□ 对 duì 개 ~에 대해서, ~에게
□□ 以前 yǐqián 명 이전, 예전
□□ 为什么 wèishénme 대 왜, 어째서

플러스Tip

❶ 시간사 天, 周, 年은 명사인 동시에 양사이기도 해서 每와 함께 쓸 때는 「每+시간사」 형식으로 쓰이고, 每는 종종 뒤에 都를 넣어 함께 써요.
❷ 教는 이중목적어(간접 목적어, 직접 목적어)를 가지는 동사예요.

♦ 다음 그림을 보고 보기 와 같이 문장을 만들어 보세요.

보기

他们正在做什么? 그들은 무엇을 하고 있나요?
Tāmen zhèngzài zuò shénme?

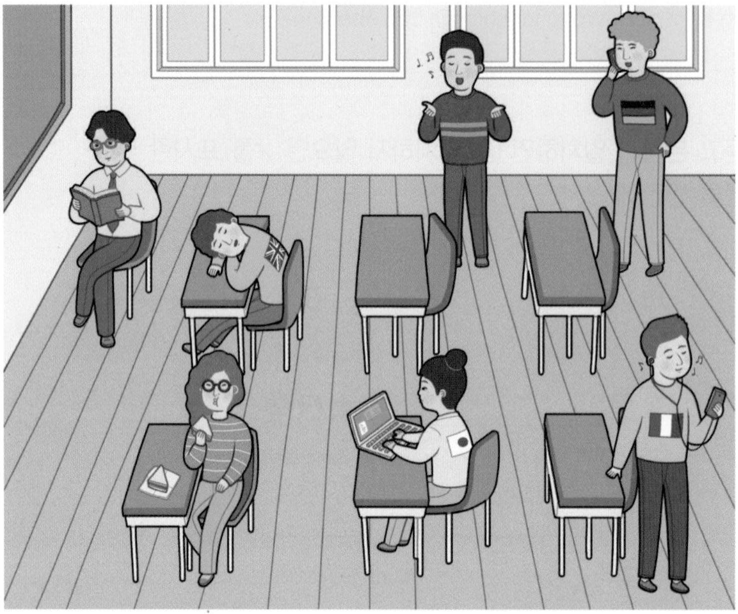

老师正在坐着看书。 선생님은 앉아서 책을 보고 있습니다.
Lǎoshī zhèngzài zuòzhe kàn shū.

1 东民________________。 2 迈克________________。

3 安娜________________。 4 日本同学________________。

5 法国同学________________。 6 德国同学________________。

단어 趴 pā 동 엎드리다 | 三明治 sānmíngzhì 명 샌드위치 | 法国 Fǎguó 고유 프랑스 | 德国 Déguó 고유 독일

1 녹음을 듣고 내용과 일치하는 것을 고르세요.

① 姐姐在干什么?

A 睡觉　　B 吃饭　　C 看电影　　D 做作业

② 哥哥在干什么?

A 玩儿电脑　　B 玩儿手机　　C 看电视　　D 做饭

2 제시된 단어를 배열하여 문장을 만드세요.

① 正在 / 她 / 自行车 / 呢 / 骑 ➡ ______________________

② 门口 / 他 / 在 / 等 / 着 / 你 ➡ ______________________

③ 请 / 看看 / 我 / 给 ➡ ______________________

3 제시된 단어를 이용하여 다음 문장을 중국어로 써 보세요.

① 당신이 책에 좀 써 보세요, 내가 볼게요. (看看)

➡ ______________________________

② 컴퓨터(电脑)는 꺼져 있고요, 핸드폰도 꺼져 있습니다. (关着)

➡ ______________________________

③ 나는 전화를 하고 있습니다. (正在…呢)

➡ ______________________________

④ 우리는 수업을 하고 있지 않습니다. (没在)

➡ ______________________________

중국인의 건강한 여가 활동

중국인들은 매우 다양한 여가 활동을 즐기는데, 신체 단련을 할 수 있는 건강한 여가 활동들도 많이 있어요. 그중에서 자주 볼 수 있는 건강한 여가 활동에는 태극권(太极拳 tàijíquán), 공죽(空竹 kōngzhú), 유력구(柔力球 róulìqiú), 제기(毽子 jiànzi), 광장무(广场舞 guǎngchǎngwǔ) 등이 있어요.

공죽(空竹)은 중국의 대표적인 전통놀이로, 양손에 줄로 연결된 채를 들고 줄의 탄력으로 장구 모양의 공을 공중으로 던졌다가 받으며 공을 줄에서 움직이는 놀이예요. 원래는 공을 대나무로 만들어 속이 비어 있어서 空竹라고 불렀으나, 요즘에는 대부분 플라스틱으로 만들어요.

유력구(柔力球)는 태극권의 원리에 테니스, 배드민턴 등 현대 구기 기술을 결합해 만든 건강 증진 운동이에요. 라켓은 테니스 라켓과 비슷하게 생겼지만, 라켓 틀에는 줄이 아닌 천으로 되어 있고, 공은 고무 재질로 부드럽고 가벼워요. 처음에는 노인들의 건강 증진을 위해 개발한 스포츠였으나 지금은 젊은이들도 즐기는 스포츠가 되었다고 해요.

제기(毽子)는 한국의 제기와 비슷해요. 보통 조류의 깃털과 동전으로 만들어요. 혼자서 할 수도 있고, 여러 명이 서로 주고 받으며 함께 할 수도 있어요.

광장무(广场舞)는 중국에서 매일 아침이나 저녁 무렵에 약속이나 한듯 중국의 중노년층(주로 여성층)이 공터나 공원에 여럿이 모여 춤을 추는 활동이에요. 음악은 비교적 빠르고 반복적인 리듬으로, 한 사람의 동작을 여러 사람이 따라서 똑같이 춘다는 것이 특징이에요. 수십에서 수백 명에 이르는 사람이 함께 춤을 추기도 하고, 일부 지역에서는 지역 사회 차원에서 대회를 열어서 광장무에 대한 적극적인 참여를 장려하기도 한다고 해요.

공죽(空竹)

유력구(柔力球)

광장무(广场舞)

我肚子疼得很厉害。

저는 배가 너무 아파요.

▸ **표현** 건강 상태 설명하기
상태의 정도 표현 익히기

▸ **어법** 从 | 정도보어 | 太…了

핵심 패턴

16 从什么时候开始肚子疼? 언제부터 배가 아프기 시작했어요?

17 现在疼得更厉害。 지금은 더 심하게 아파요.

18 我吃得太多了。 나는 너무 많이 먹었어요.

医生　你哪儿不舒服？
Nǐ nǎr bù shūfu?

东民　我肚子疼。
Wǒ dùzi téng.

医生　从[1]什么时候开始肚子疼？
Cóng shénme shíhou kāishǐ dùzi téng?

东民　昨天晚上。现在疼得更厉害[2]。
Zuótiān wǎnshang. Xiànzài téng de gèng lìhai.

医生　你昨天晚上吃了什么？
Nǐ zuótiān wǎnshang chīle shénme?

东民　我吃了海鲜，而且吃得太多了[3]。
Wǒ chīle hǎixiān, érqiě chī de tài duō le.

단어

□□ 医生	yīshēng	명 의사 * 동의 大夫 dàifu 명 의사
□□ 舒服	shūfu	형 편안하다, 쾌적하다, 안락하다 * 不舒服 bù shūfu 불편하다
□□ 肚子	dùzi	명 배[신체]
□□ 疼	téng	형 아프다 * 头疼 tóu téng 머리가 아프다 ｜ 동의 痛 tòng 형 아프다
□□ 从	cóng	개 ~부터, ~에서
□□ 什么时候	shénme shíhou	언제
□□ 得	de	조 동사나 형용사 뒤에 쓰여 결과나 정도를 나타내는 보어와 연결시키는 조사
□□ 更	gèng	부 더욱, 훨씬
□□ 海鲜	hǎixiān	명 해산물
□□ 太…了	tài…le	너무 ~하다

중국 속으로

중국의 병원

중국의 병원은 우리나라의 종합병원에 해당하는 综合医院(zōnghé yīyuàn), 치과, 산부인과 등 특정 진료 부문만 치료하는 专科医院(zhuānkē yīyuàn), 소규모의 개인병원에 해당하는 诊所(zhěnsuǒ)로 나뉘어요. 综合医院은 다시 1~3급으로 나뉘는데, 3급이 가장 규모도 크고 높은 수준의 의료 서비스를 제공해요. 중국의 병원은 대부분 국가에서 설립한 비영리 기구예요. 민간에서 운영하는 영리 병원도 있는데, 외국 유명 병원과 합작하는 형태가 많아요.

1 从

从은 '~부터', '~에서'라는 뜻의 개사로, 장소 또는 시간의 출발점을 나타내며, 뒤에는 종종 '~까지'를 의미하는 到(dào)와 함께 씁니다.

我朋友从法国来。 내 친구는 프랑스에서 와요.
Wǒ péngyou cóng Fǎguó lái.

从这儿到邮局远吗？ 여기에서 우체국까지 멀어요?
Cóng zhèr dào yóujú yuǎn ma?

2 정도보어

동사나 형용사 뒤에 위치하여 동작이나 상태의 정도가 어떠한지를 나타내는 보어를 정도보어라고 합니다. 술어와 정도보어 사이에는 구조조사 得를 써야 합니다.

기본 형식 동사/형용사 + 得 + 정도보어

你说得很快。 당신은 말이 빨라요.
Nǐ shuō de hěn kuài.

她写得很好。 그녀는 잘 써요.
Tā xiě de hěn hǎo.

목적어를 가진 동사인 경우, 뒤에 동사를 반복한 뒤 정도보어를 씁니다. 이때 처음 나온 동사는 생략이 가능합니다.

(동사) + 목적어 + 동사 + 得 + 정도보어

妈妈(做)菜做得很好吃。 엄마는 요리를 맛있게 만들어요.
Māma (zuò) cài zuò de hěn hǎochī.

他(说)汉语说得很好。 그는 중국어를 잘해요.
Tā (shuō) Hànyǔ shuō de hěn hǎo.

부정문　　동사 + 得 + 不/不太 + 정도보어

他(打)篮球打得不好。　그는 농구를 못해요.
Tā (dǎ) lánqiú dǎ de bù hǎo.

我妈妈(开)车开得不太好。 우리 엄마는 운전을 그다지 잘 못해요.
Wǒ māma (kāi) chē kāi de bú tài hǎo.

의문문　　동사 + 得 + 정도보어 + 吗?
동사 + 得 + 정도보어 + 不 + 정도보어?

他(踢)足球踢得好吗?　그는 축구를 잘 하나요?
Tā (tī) zúqiú tī de hǎo ma?

她(唱)歌唱得好不好?　그녀는 노래를 잘 불러요, 못 불러요?
Tā (chàng) gē chàng de hǎo bu hǎo?

확인체크

♦ 다음 문장을 보기 와 같이 의문문과 부정문으로 바꾸어 보세요.

보기 他起床起得很早。 → 〈의문문〉 他起床起得早吗? → 〈부정문〉 他起床起得不早。

❶ 他写得很好。 ➡ ______ ➡ ______

❷ 朋友玩儿得很高兴。 ➡ ______ ➡ ______

❸ 哥哥吃饭吃得很多。 ➡ ______ ➡ ______

단어 远 yuǎn 형 멀다 | 篮球 lánqiú 명 농구 | 踢 tī 동 (발로) 차다 | 足球 zúqiú 명 축구 | 早 zǎo 형 (때가) 이르다, 빠르다

3 太…了

太…了는 '너무 ~하다'라는 뜻으로, 정도나 상태가 매우 심함을 강조할 때 사용합니다. 강조하는 내용을 太와 了 사이에 넣습니다.

这件衣服太贵了。 이 옷은 너무 비싸요.
Zhè jiàn yīfu tài guì le.

今天天气太好了。 오늘 날씨는 매우 좋아요.
Jīntiān tiānqì tài hǎo le.

她说得太快了。 그녀는 말이 너무 빨라요.
Tā shuō de tài kuài le.

확인체크

♦ 太…了와 제시된 단어를 넣어 다음 질문에 답하세요.

❶ A 王老师怎么样?

B ________________________(亲切)

❷ A 他做菜做得怎么样?

B ________________________(好吃)

♦ 다음 문장을 따라 읽으며 중국어의 문장 구조를 익혀 보세요.

1
从 昨天 开始疼得更厉害。 Cóng zuótiān kāishǐ téng de gèng lìhai.
从 去年 开始学汉语。 Cóng qùnián kāishǐ xué Hànyǔ.
从 上个月 开始工作。 Cóng shàng ge yuè kāishǐ gōngzuò.
从 明年 开始学游泳。 Cóng míngnián kāishǐ xué yóu yǒng.

중작하기 나는 내년부터 운전을 배우기 시작할 거예요. ➡ ______________________

2
现在 疼 得 厉害吗? Xiànzài téng de lìhai ma?
现在 疼 得 更厉害。 Xiànzài téng de gèng lìhai.
姐姐 (说)汉语说 得 好不好? Jiějie (shuō) Hànyǔ shuō de hǎo bu hǎo?
她 (说)汉语说 得 很好。 Tā (shuō) Hànyǔ shuō de hěn hǎo.

중작하기 남동생은 빨리 먹어요. ➡ ______________________

3
我吃得 太 多 了。 Wǒ chī de tài duō le.
我吃得 太 饱 了。 Wǒ chī de tài bǎo le.
你做得 太 好吃 了。 Nǐ zuò de tài hǎochī le.
你卖得 太 贵 了。 Nǐ mài de tài guì le.

중작하기 선생님이 너무 빨리 말하세요. ➡ ______________________

단어 饱 bǎo 형 배부르다

昨天晚上，东民跟同学们去王老师家吃饭了。
Zuótiān wǎnshang, Dōngmín gēn tóngxuémen qù Wáng lǎoshī jiā chī fàn le.

王老师做了很多菜，有鸡肉、猪肉、海鲜等等。
Wáng lǎoshī zuòle hěn duō cài, yǒu jīròu、zhūròu、hǎixiān děngděng.

王老师做菜做得很好吃，同学们都很喜欢。东民
Wáng lǎoshī zuò cài zuò de hěn hǎochī, tóngxuémen dōu hěn xǐhuan. Dōngmín

最喜欢吃海鲜，吃得很多，结果[1]肚子疼得很厉害。
zuì xǐhuan chī hǎixiān, chī de hěn duō, jiéguǒ dùzi téng de hěn lìhai.

所以今天早上他去医院看病[2]了。
Suǒyǐ jīntiān zǎoshang tā qù yīyuàn kàn bìng le.

1 본문의 내용에 근거하여 다음 질문에 중국어로 답하세요.

❶ 王老师做的菜有什么? ________________
Wáng lǎoshī zuò de cài yǒu shénme?

❷ 东民最喜欢吃什么? ________________
Dōngmín zuì xǐhuan chī shénme?

❸ 东民今天去哪儿了? ________________
Dōngmín jīntiān qù nǎr le?

2 녹음을 듣고 본문과 일치하면 ○, 일치하지 않으면 ×를 표시한 후, 녹음 내용을 빈칸에 쓰세요.

❶ □ 昨天晚上东民____________吃饭了。
Zuótiān wǎnshang Dōngmín ____________ chī fàn le.

❷ □ 王老师做菜做____________。
Wáng lǎoshī zuò cài zuò ____________

❸ □ 东民吃得____________，所以今天肚子____________。
Dōngmín chī de ____________ suǒyǐ jīntiān dùzi ____________

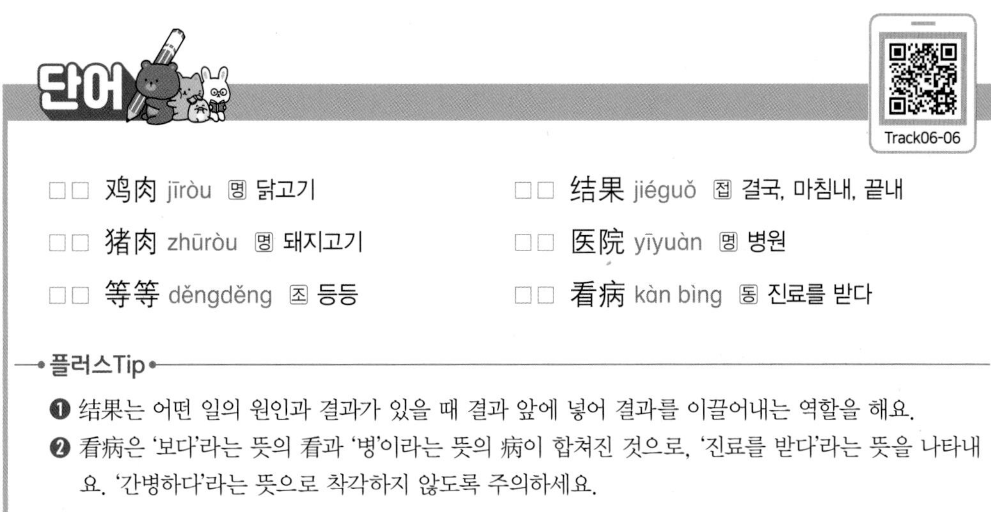

□□ 鸡肉 jīròu 명 닭고기
□□ 猪肉 zhūròu 명 돼지고기
□□ 等等 děngděng 조 등등
□□ 结果 jiéguǒ 접 결국, 마침내, 끝내
□□ 医院 yīyuàn 명 병원
□□ 看病 kàn bìng 동 진료를 받다

플러스Tip

❶ 结果는 어떤 일의 원인과 결과가 있을 때 결과 앞에 넣어 결과를 이끌어내는 역할을 해요.
❷ 看病은 '보다'라는 뜻의 看과 '병'이라는 뜻의 病이 합쳐진 것으로, '진료를 받다'라는 뜻을 나타내요. '간병하다'라는 뜻으로 착각하지 않도록 주의하세요.

♦ 다음 그림을 보고 보기와 같이 문장을 만들어 보세요.

보기

他们骑自行车骑得怎么样?
Tāmen qí zìxíngchē qí de zěnmeyàng?
그들은 자전거를 타는 것이 어떻습니까?

➡ 王老师骑自行车骑得很快。
Wáng lǎoshī qí zìxíngchē qí de hěn kuài.
왕 선생님은 자전거를 빨리 탑니다.

但是东民骑自行车骑得不快。
Dànshì Dōngmín qí zìxíngchē qí de bú kuài.
그러나 동민이는 자전거를 빨리 타지 않습니다.

1

他们做菜做得怎么样?

➡ 妈妈＿＿＿＿＿＿＿＿＿＿。

但是爸爸＿＿＿＿＿＿＿＿＿＿。

2

他们游泳游得怎么样?

➡ 东民＿＿＿＿＿＿＿＿＿＿。

但是小英＿＿＿＿＿＿＿＿＿＿。

3

他们说汉语说得怎么样?

➡ 安娜＿＿＿＿＿＿＿＿＿＿。

但是东民＿＿＿＿＿＿＿＿＿＿。

단어 但是 dànshì 접 그러나, 하지만

1 녹음을 듣고 내용과 일치하는 것을 고르세요.

❶ 东民周末过得怎么样?

A 很好　　B 太好了　　C 非常好　　D 不太好

❷ 东民为什么睡得不好?

A 吃得很多　　B 吃得不好　　C 头疼　　D 肚子疼

2 제시된 단어를 배열하여 문장을 만드세요.

❶ 我从 / 肚子 / 昨天 / 疼 / 晚上 / 开始 ➡ ______________________

❷ 车 / 爸爸 / 得 / 快 / 开 / 很 ➡ ______________________

❸ 你 / 漂亮 / 太 / 姐姐 / 了 ➡ ______________________

3 제시된 단어를 이용하여 다음 문장을 중국어로 써 보세요.

❶ 당신 아버지는 어디가 불편하세요? (哪儿)

➡ ______________________

❷ 나는 중국어를 그다지 잘 못합니다. (得)

➡ ______________________

❸ 중국인은 자전거를 잘 탑니다. (得)

➡ ______________________

❹ 어제저녁부터 비가 내리기 시작했습니다. (从, 开始)

➡ ______________________

중국 병원의 진료 순서는?

중국의 병원은 등급이 나뉘어 있어서 병원의 규모, 수준이 다 달라요. 병원의 규모나 지역에 따라 진료 순서가 약간의 차이는 있지만, 보통 먼저 접수(挂号 guà hào)하면서 외래 진료 기록(门诊病历 ménzhěn bìngli)을 작성한 뒤 수납을 해요. 대기 번호 순서를 기다렸다가 의사의 진료(门诊 ménzhěn)를 받고 나면 약을 처방(开药 kāi yào) 받거나 추가 검진을 해요. 마지막으로 약 처방전을 가지고 접수한 곳에 가서 약값을 내고 옆의 약국(药房 yàofáng)에서 약을 받으면 돼요. 추가 검진이 있는 경우 약값을 낼 때 검사비를 같이 지불하면 돼요.

◆ 신체 관련 단어

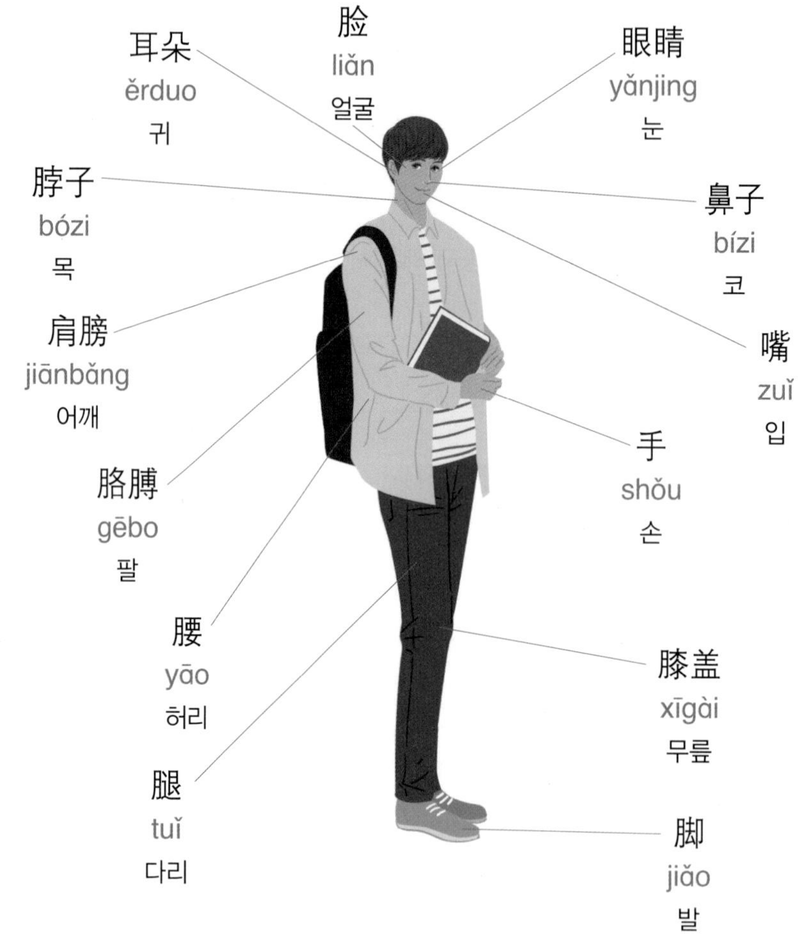

去颐和园怎么走?

이허위안에 어떻게 가나요?

▶ **표현** 길 묻고 답하기
교통 관련 표현 익히기

▶ **어법** 去와 走 | 往 | 到 | 离

핵심 패턴

19 去颐和园怎么走? 이허위안에 어떻게 가나요?

20 一直往前走，到红绿灯往左拐。
곧장 앞으로 가다가 신호등에 도착해서 좌회전하세요.

21 离这儿远不远? 여기에서 멀어요, 안 멀어요?

东民 请问，去颐和园怎么走[1]？
Qǐngwèn, qù Yíhéyuán zěnme zǒu?

行人 一直往[2]前走，到[3]红绿灯往左拐。
Yìzhí wǎng qián zǒu, dào hónglǜdēng wǎng zuǒ guǎi.

东民 离[4]这儿远不远？
Lí zhèr yuǎn bu yuǎn?

行人 不太远，走十分钟就到了。
Bú tài yuǎn, zǒu shí fēnzhōng jiù dào le.

东民 谢谢你。
Xièxie nǐ.

行人 我也去颐和园，我带你去吧。
Wǒ yě qù Yíhéyuán, wǒ dài nǐ qù ba.

단어

□□	请问	qǐngwèn	동 말씀 좀 묻겠습니다
□□	颐和园	Yíhéyuán	고유 이허위안, 이화원
□□	走	zǒu	동 가다, 떠나다, 걷다
□□	一直	yìzhí	부 계속, 줄곧, 늘
□□	往	wǎng	개 ~를 향하여
□□	到	dào	동 도착하다, 이르다
□□	红绿灯	hónglǜdēng	명 신호등
			* 灯 dēng 명 등, 등불 | 路灯 lùdēng 명 가로등
□□	拐	guǎi	동 돌다, 회전하다
			* 往右拐 wǎng yòu guǎi 우회전하다 | 往左拐 wǎng zuǒ guǎi 좌회전하다
□□	离	lí	개 ~에서, ~로부터, ~까지
□□	远	yuǎn	형 멀다
			* 반의 近 jìn 형 가깝다
□□	分钟	fēnzhōng	명 분[시간의 양을 나타냄]
□□	带	dài	동 데리고 가다, (몸에) 지니다, 휴대하다

중국 속으로

이허위안

이허위안(颐和园 Yíhéyuán)은 베이징 서북쪽에 위치한 중국 황실의 여름 별궁으로, 가장 잘 보존된 중국 황실 건축물이며, 유네스코 세계문화유산으로 지정되어 있어요. 총 면적이 2.9km²에 달하며 그 안에 거대한 인공 호수와 호수를 만들 때 파낸 흙을 쌓아 만든 60m 높이의 인공산, 3,000여 칸에 이르는 전각과 사원, 회랑 등이 조화를 이루고 있어요. 서태후가 만년을 보낸 곳으로도 잘 알려져 있는데, 막대한 비용을 들여 이허위안을 재건, 보수한 탓에 청일전쟁에서 청나라가 패배했다는 말이 있을 정도예요.

1 去와 走

① 去는 뒤에 특정 장소 목적어를 넣어 '(~을 향해) 가다'는 의미를 나타냅니다.

明天我要去动物园。 내일 나는 동물원에 갈 거예요.
Míngtiān wǒ yào qù dòngwùyuán.

我们一起去百货商店吧。 우리 같이 백화점에 갑시다.
Wǒmen yìqǐ qù bǎihuò shāngdiàn ba.

② 走는 특정 장소를 가는 것이 아니어서 뒤에 장소 목적어를 쓰지 않고, 머물던 장소나 위치를 '떠나다', '가다'라는 의미를 나타냅니다. 이외에 '걷다'라는 뜻으로도 쓸 수 있습니다.

你要什么时候走? 당신은 언제 갈 거예요?
Nǐ yào shénme shíhou zǒu?

他已经走了。 그는 이미 갔어요.
Tā yǐjīng zǒu le.

TIP 길을 물을 때는 주로 걸어서 갈 수 있는 가까운 거리의 위치를 묻는 경우 怎么走를, 비교적 먼 거리의 장소에 어떻게 가는지 묻는 경우 怎么去를 사용합니다.

확인체크

♦ 다음 빈칸에 去 또는 走를 넣어 문장을 완성하세요.

❶ 我打算坐飞机______上海。

❷ ______地铁站怎么______?

❸ A 李老师呢? B 他______了。

2 往

往은 '~를 향하여'라는 뜻으로, 동작의 방향을 나타냅니다.

在十字路口往右拐。 사거리에서 우회전하세요.
Zài shízì lùkǒu wǎng yòu guǎi.

你先往前走。 당신이 먼저 앞으로 가세요.
Nǐ xiān wǎng qián zǒu.

3 到

到는 어떤 시간이나 장소에 '이르다', '도착하다'라는 의미를 나타냅니다.

火车7点到了。 기차가 7시에 도착했어요.
Huǒchē qī diǎn dào le.

我到学校了。 나는 학교에 도착했어요.
Wǒ dào xuéxiào le.

到周末了。 주말이 됐어요.
Dào zhōumò le.

확인체크

♦ 제시된 단어를 배열하여 문장을 만드세요.

❶ 他 / 到 / 还 / 家 / 没 ➡ ______________________

❷ 到 / 爷爷 / 太极拳 / 公园 / 打 ➡ ______________________

단어 十字路口 shízì lùkǒu 명 사거리

4 离

离는 '~에서', '~로부터', '~까지'라는 뜻으로, 장소나 시간을 나타내는 단어와 함께 쓰여 기준점을 나타냅니다.

学校离我家很近。 학교는 우리 집에서 매우 가까워요.
Xuéxiào lí wǒ jiā hěn jìn.

离圣诞节还有一个星期。 성탄절까지는 일주일이 더 남았어요.
Lí Shèngdàn Jié hái yǒu yí ge xīngqī.

TIP 离와 从의 비교

❶ 离 : 장소 및 시간상의 기준점(~에서, ~로부터, ~까지)

위치 또는 시간상의 간격을 표현할 때 기준점 앞에 쓰입니다. 离는 다른 개사와 같이 사용할 수 없습니다.

예 离下课还有五分钟。 수업이 끝날 때까지 아직 5분이 남았어요.
Lí xià kè hái yǒu wǔ fēnzhōng.

❷ 从 : 장소, 시간, 범위의 시작점(~에서, ~부터)

到와 함께 「从…到…」 형식인 '~부터 ~까지'로 자주 쓰여 시작과 끝을 나타냅니다.

예 我们从八点到十二点上课。 우리는 8시부터 12시까지 수업해요.
Wǒmen cóng bā diǎn dào shí'èr diǎn shàng kè.

확인체크

♦ 다음 문장을 바르게 고치세요.

❶ 这儿离近不近? ➡ ____________________

❷ 离你家到学校远吗? ➡ ____________________

❸ 从明年还有一个月。 ➡ ____________________

단어 圣诞节 Shèngdàn Jié 명 크리스마스, 성탄절

♦ 다음 문장을 따라 읽으며 중국어의 문장 구조를 익혀 보세요.

1

去	颐和园	怎么走?	Qù Yíhéyuán zěnme zǒu?
去	书店	怎么走?	Qù shūdiàn zěnme zǒu?
去	地铁站	怎么走?	Qù dìtiězhàn zěnme zǒu?
去	公园	怎么走?	Qù gōngyuán zěnme zǒu?

중작하기 왕 선생님 집에 어떻게 가요? ➡ ______________________

2

到	红绿灯	往	左拐。	Dào hónglǜdēng wǎng zuǒ guǎi.
到	十字路口	往	右拐。	Dào shízì lùkǒu wǎng yòu guǎi.
到	银行	往	左拐。	Dào yínháng wǎng zuǒ guǎi.
到	咖啡店	往	右拐。	Dào kāfēidiàn wǎng yòu guǎi.

중작하기 편의점에 도착해서 좌회전하세요. ➡ ______________________

3

颐和园	离	这儿	远不远?	Yíhéyuán lí zhèr yuǎn bu yuǎn?
颐和园	离	这儿	不远。	Yíhéyuán lí zhèr bù yuǎn.
火车站	离	你家	远吗?	Huǒchēzhàn lí nǐ jiā yuǎn ma?
火车站	离	我家	不远，很近。	Huǒchēzhàn lí wǒ jiā bù yuǎn, hěn jìn.

중작하기 학교는 우리 집에서 매우 멀어요. ➡ ______________________

단어 便利店 biànlìdiàn 명 편의점 | 火车站 huǒchēzhàn 명 기차역

国庆节[1]东民和安娜计划一起去颐和园玩儿。可是
Guóqìng Jié Dōngmín hé Ānnà jìhuà yìqǐ qù Yíhéyuán wánr. Kěshì

他们都不知道去颐和园怎么走。
tāmen dōu bù zhīdào qù Yíhéyuán zěnme zǒu.

他们前边儿有一个女生，东民问她怎么走。她告诉
Tāmen qiánbianr yǒu yí ge nǚshēng, Dōngmín wèn tā zěnme zǒu. Tā gàosu

东民一直往前走，到红绿灯往左拐，走十分钟就到
Dōngmín yìzhí wǎng qián zǒu, dào hónglǜdēng wǎng zuǒ guǎi, zǒu shí fēnzhōng jiù dào

了。那个女生还带他们一起去了。他们的运气真好。
le. Nàge nǚshēng hái dài tāmen yìqǐ qù le. Tāmen de yùnqi zhēn hǎo.

1 본문의 내용에 근거하여 다음 질문에 중국어로 답하세요.

❶ 东民和安娜计划做什么? ____________________
Dōngmín hé Ānnà jìhuà zuò shénme?

❷ 谁告诉他们去颐和园怎么走? ____________________
Shéi gàosu tāmen qù Yíhéyuán zěnme zǒu?

❸ 去颐和园怎么走? ____________________
Qù Yíhéyuán zěnme zǒu?

Track07-05

2 녹음을 듣고 본문과 일치하면 ○, 일치하지 않으면 ×를 표시한 후, 녹음 내용을 빈칸에 쓰세요.

❶ 东民____________去颐和园怎么走。
Dōngmín qù Yíhéyuán zěnme zǒu.

❷ 从这儿到颐和园____________。
Cóng zhèr dào Yíhéyuán

❸ ____________东民去了颐和园。
Dōngmín qùle Yíhéyuán.

단어

Track07-06

- □□ 国庆节 Guóqìng Jié 명 국경절
- □□ 计划 jìhuà 동 계획하다 명 계획
- □□ 知道 zhīdào 동 알다, 이해하다
- □□ 女生 nǚshēng 명 여학생
- □□ 问 wèn 동 묻다, 질문하다
- □□ 告诉 gàosu 동 알리다
- □□ 运气 yùnqi 명 운, 운수

플러스Tip

❶ 国庆节는 중화인민공화국의 설립을 기념하는 날로 10월 1일이에요. 총 7일의 휴일을 보내요.

♦ 다음 그림을 보고 보기와 같이 문장을 만들어 보세요.

보기

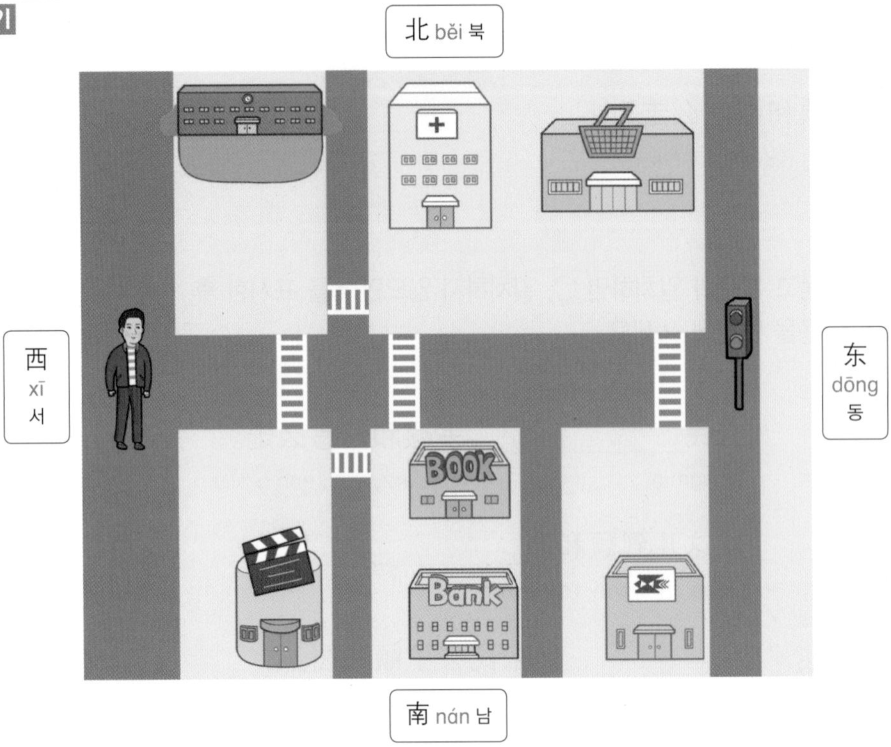

北 běi 북

西 xī 서

东 dōng 동

南 nán 남

商店 ➡ 一直往前走，到红绿灯往左拐。

shāngdiàn Yìzhí wǎng qián zǒu, dào hónglǜdēng wǎng zuǒ guǎi.

상점 곧장 앞으로 가다가 신호등에 도착해서 좌회전하세요.

1 医院 ➡ 一直往前走，到________往________。

2 银行 ➡ 一直往前走，到________往________。

3 邮局 ➡ 一直往前走，到________往________。

4 电影院 ➡ 一直往前走，到________往________。

1 녹음을 듣고 내용과 일치하는 것을 고르세요.

❶ 女的要去哪儿?

A 颐和园　B 动物园　C 电影院　D 电视台

❷ 到百货商店以后怎么走?

A 往前走　B 往左拐　C 往右拐　D 往东拐

2 다음 보기 중에서 빈칸에 들어갈 알맞은 단어를 고르세요.

보기	从	到	离

❶ 你 ________ 十字路口往左拐。

❷ 我们 ________ 九点到十二点上课。

❸ 你们公司 ________ 你家远吗?

3 제시된 단어를 이용하여 다음 문장을 중국어로 써 보세요.

❶ 천안문(天安门)에 어떻게 갑니까? (怎么)

➡ ________

❷ 우리 집은 지하철역에서 멀지 않습니다. (离)

➡ ________

❸ 곧장 앞으로 가다가 병원에 도착해서 좌회전하세요. (到, 往)

➡ ________

❹ 20분(分钟) 걸으면 바로 도착합니다. (就)

➡ ________

게임으로 즐기는 중국어 퍼즐

◆ 가로세로 열쇠를 풀어 중국어로 퍼즐을 완성하세요.

➡ 가로 열쇠

1 태극권을 하다

3 말씀 좀 묻겠습니다

6 예습하다

8 2인실

9 유학생

⬇ 세로 열쇠

1 계획하다

2 문제없다, 좋다

4 복습하다

5 젊은이, 젊은 사람

7 의사

▸ 정답 → 210쪽

首尔跟北京一样冷吗?

서울은 베이징과 같이 춥나요?

▶ **표현** 날씨 관련 표현 익히기
'~보다 ~하다' 비교 표현 익히기

▶ **어법** 比 | 觉得 | 跟…一样

핵심 패턴

22 今天比昨天冷吧? 오늘이 어제보다 춥지요?

23 我也觉得今天比昨天冷。 나도 오늘이 어제보다 춥다고 생각해요.

24 首尔跟北京一样冷吗? 서울은 베이징과 같이 춥나요?

小英　今天天气真冷，比[1]昨天冷吧？
Jīntiān tiānqì zhēn lěng, bǐ zuótiān lěng ba?

东民　我也觉得[2]今天比昨天冷。
Wǒ yě juéde jīntiān bǐ zuótiān lěng.

小英　听说首尔去年的雪很大。今年呢？
Tīng shuō Shǒu'ěr qùnián de xuě hěn dà. Jīnnián ne?

东民　今年的雪比去年更大。
Jīnnián de xuě bǐ qùnián gèng dà.

小英　首尔跟北京一样[3]冷吗？
Shǒu'ěr gēn Běijīng yíyàng lěng ma?

东民　不，首尔没有北京冷。
Bù, Shǒu'ěr méiyǒu Běijīng lěng.

단어

□□ 天气	tiānqì	명 날씨 * 天气预报 tiānqì yùbào 일기 예보
□□ 比	bǐ	개 ~보다 동 비교하다
□□ 觉得	juéde	동 느끼다, 생각하다
□□ 首尔	Shǒu'ěr	고유 서울
□□ 雪	xuě	명 (내리는) 눈 * 下雪 xià xuě 동 눈이 내리다, 눈이 오다 | 雪人 xuěrén 명 눈사람
□□ 一样	yíyàng	형 같다 * 跟…一样 gēn…yíyàng ~와 같다

중국 속으로

베이징의 날씨

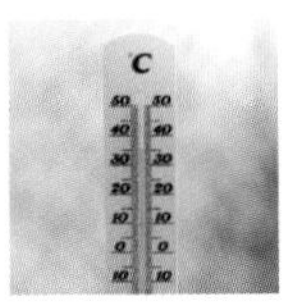

베이징은 여름에 고온습윤하고, 겨울에 한랭건조한 기후를 갖고 있어요. 베이징의 여름은 무덥고 비가 많이 오며, 평균 기온은 30℃ 안팎이지만 35℃를 넘는 고온현상이 며칠씩 계속되기도 해요. 동절기에는 강수량이 매우 적어서 눈도 많이 내리지 않아요. 봄에는 황사(沙尘暴 shāchénbào)가 심해요. 매우 심할 때는 눈도 뜨기 힘들 정도로 누런 모래바람이 일어나요. 중국 정부는 이런 황사 현상을 개선하기 위해 여러 가지 노력을 기울이고 있어요.

1 比

比는 두 사물의 성질이나 특징을 비교할 때 「A+比+B+술어」 형식으로 쓰입니다.

긍정문 A + 比 + B + 술어 : A는 B보다 ~합니다

今天比昨天热。 오늘은 어제보다 더워요.
Jīntiān bǐ zuótiān rè.

我哥哥比我高。 우리 형(오빠)은 나보다 (키가) 커요.
Wǒ gēge bǐ wǒ gāo.

비교문에서는 정도부사 很, 非常, 太 등은 사용할 수 없고, 정도의 비교를 나타내는 부사 还나 更을 사용해서 'A는 B보다 더 ~하다'라는 의미를 나타냅니다.

A + 比 + B + 还/更 + 술어 : A는 B보다 더 ~합니다

飞机比火车还快。 비행기는 기차보다 더 빨라요.
Fēijī bǐ huǒchē hái kuài.

我家比他家更远。 우리 집은 그의 집보다 더 멀어요.
Wǒ jiā bǐ tā jiā gèng yuǎn.

비교문을 부정할 때는 没有를 사용합니다. 이때 没有는 '없다'의 뜻이 아니라 '~만큼 ~하지 않다'라는 의미입니다.

부정문 A + 没有 + B + 술어 : A는 B만큼 ~하지 않습니다

这个没有那个好看。 이것은 저것만큼 예쁘지 않아요.
Zhège méiyǒu nàge hǎokàn.

首尔没有北京大。 서울은 베이징만큼 크지 않아요.
Shǒu'ěr méiyǒu Běijīng dà.

확인체크

♦ 다음 문장을 **보기**와 같이 比를 넣어 바꾸어 보세요.

보기 爸爸43岁。妈妈40岁。→ 爸爸比妈妈大。

❶ 昨天三十二度。今天二十八度。 ➡ ____________________

❷ 这个苹果五块一斤。那个苹果七块一斤。 ➡ ____________________

2 觉得

동사 觉得는 '~라고 느끼다', '~라고 생각하다'라는 의미를 나타냅니다.

我觉得这杯咖啡太甜了。 나는 이 커피가 너무 달게 느껴져요.
Wǒ juéde zhè bēi kāfēi tài tián le.

我觉得春天比秋天更漂亮。 나는 봄이 가을보다 더 예쁘다고 생각해요.
Wǒ juéde chūntiān bǐ qiūtiān gèng piàoliang.

부정형은 觉得 앞에 不를 써서 나타냅니다.

最近工作非常忙，但是我不觉得累。 요즘 일이 매우 바쁘지만, 나는 피곤하다고 느끼지 않습니다.
Zuìjìn gōngzuò fēicháng máng, dànshì wǒ bù juéde lèi.

확인체크

♦ 觉得와 제시된 단어를 넣어 다음 질문에 답하세요.

❶ A 你的房间大吗?

B ______________________(有点儿小)

❷ A 这次考试难不难?

B ______________________(容易)

단어 度 dù 양 도[온도, 농도 등을 재는 단위] | 春天 chūntiān 명 봄 | 秋天 qiūtiān 명 가을

3 跟…一样

「A+跟+B+一样」 형식은 'A는 B와 같다'라는 의미로, 두 대상의 비교 결과가 동일할 때 사용합니다. 두 대상이 동일하지 않을 때는 'A跟B不一样'이라고 합니다.

① 기본 형식 A + 跟 + B + 一样/不一样 : A는 B와 같습니다 / 다릅니다

她的衣服跟我的一样。 그녀의 옷은 내 것과 같아요.
Tā de yīfu gēn wǒ de yíyàng.

他的书跟我的不一样。 그의 책은 내 것과 달라요.
Tā de shū gēn wǒ de bù yíyàng.

② 비교 결과를 구체적으로 표현할 때 A+跟+B+一样+술어 : A는 B와 같이 ~합니다

今年夏天跟去年一样热。 올해 여름은 작년과 같이 더워요.
Jīnnián xiàtiān gēn qùnián yíyàng rè.

这本书跟那本书一样有意思。 이 책은 저 책과 같이 재미있어요.
Zhè běn shū gēn nà běn shū yíyàng yǒu yìsi.

확인체크

♦ 跟…一样을 써서 다음 문장을 중국어로 써 보세요.

❶ 이 글자의 발음(发音)은 그 글자와 달라요.

➡ ______________________

❷ 이 색깔(颜色)은 그 색깔과 같이 보기 좋아요.

➡ ______________________

단어 夏天 xiàtiān 명 여름

♦ 다음 문장을 따라 읽으며 중국어의 문장 구조를 익혀 보세요.

1

今天 比 昨天 冷。 Jīntiān bǐ zuótiān lěng.

今天 比 昨天 还冷。 Jīntiān bǐ zuótiān hái lěng.

今天 比 昨天 更冷。 Jīntiān bǐ zuótiān gèng lěng.

今天 没有 昨天 冷。 Jīntiān méiyǒu zuótiān lěng.

중작하기 올해는 작년보다 더 더워요. ➡ ____________________

2

我 觉得 今天比昨天冷。 Wǒ juéde jīntiān bǐ zuótiān lěng.

我 觉得 今天有点儿热。 Wǒ juéde jīntiān yǒudiǎnr rè.

我 觉得 这件毛衣很贵。 Wǒ juéde zhè jiàn máoyī hěn guì.

我 觉得 海鲜吃得太多了。 Wǒ juéde hǎixiān chī de tài duō le.

중작하기 나는 이 사과가 맛있다고 생각해요. ➡ ____________________

3

首尔 跟 北京 一样 冷 吗? Shǒu'ěr gēn Běijīng yíyàng lěng ma?

今天 跟 昨天 一样 热 吗? Jīntiān gēn zuótiān yíyàng rè ma?

你的汉语 跟 中国人 一样 好 吗? Nǐ de Hànyǔ gēn Zhōngguórén yíyàng hǎo ma?

你买的 跟 我的 一样 便宜 吗? Nǐ mǎi de gēn wǒ de yíyàng piányi ma?

중작하기 당신은 형(오빠)과 같이 (키가) 커요? ➡ ____________________

今年北京的冬天来得很早，常常下大雪，天气很冷。东民觉得北京的冬天比首尔更冷、更干燥。不过他现在穿的衣服跟在首尔一样❶，所以觉得特别冷。

Jīnnián Běijīng de dōngtiān lái de hěn zǎo, chángcháng xià dàxuě, tiānqì hěn lěng. Dōngmín juéde Běijīng de dōngtiān bǐ Shǒu'ěr gèng lěng、gèng gānzào. Búguò tā xiànzài chuān de yīfu gēn zài Shǒu'ěr yíyàng, suǒyǐ juéde tèbié lěng.

小英打算明天陪东民去买一件大衣❷。

Xiǎoyīng dǎsuan míngtiān péi Dōngmín qù mǎi yí jiàn dàyī.

1 본문의 내용에 근거하여 다음 질문에 중국어로 답하세요.

❶ 今年北京的冬天怎么样? ______________________
Jīnnián Běijīng de dōngtiān zěnmeyàng?

❷ 东民为什么觉得特别冷? ______________________
Dōngmín wèishénme juéde tèbié lěng?

❸ 小英打算明天做什么? ______________________
Xiǎoyīng dǎsuan míngtiān zuò shénme?

Track08-05

2 녹음을 듣고 본문과 일치하면 ○, 일치하지 않으면 ×를 표시한 후, 녹음 내용을 빈칸에 쓰세요.

❶ ☐ 北京天气很冷，______________。
Běijīng tiānqì hěn lěng

❷ ☐ 东民觉得首尔的冬天______________。
Dōngmín juéde Shǒu'ěr de dōngtiān

❸ ☐ 现在东民穿的衣服______________一样。
Xiànzài Dōngmín chuān de yīfu yíyàng.

단어

Track08-06

- ☐☐ 冬天 dōngtiān 명 겨울
- ☐☐ 早 zǎo 형 (때가) 이르다, 빠르다
- ☐☐ 常常 chángcháng 부 늘, 항상
- ☐☐ 大雪 dàxuě 명 큰 눈, 대설
- ☐☐ 干燥 gānzào 형 건조하다
- ☐☐ 不过 búguò 접 그러나, 그런데
- ☐☐ 穿 chuān 동 (옷, 신발 등을) 입다, 신다
- ☐☐ 特别 tèbié 부 특히, 특별히, 굉장히
- ☐☐ 陪 péi 동 동반하다, 함께 가다
- ☐☐ 大衣 dàyī 명 외투, 코트

플러스Tip

❶ 이 문장은 在首尔 뒤에 '穿的衣服'가 생략된 표현으로, 앞에 现在穿的衣服와 비교해서 동일한 부분이 생략된 거예요.

❷ 大衣는 '외투'라는 뜻으로 보통 코트를 의미하고, 外套(wàitào)라고도 해요. 겨울 외투 중 '다운재킷(패딩)'은 羽绒服(yǔróngfú)라고 해요.

◆ 다음 그림을 보고 보기 와 같이 문장을 만들어 보세요.

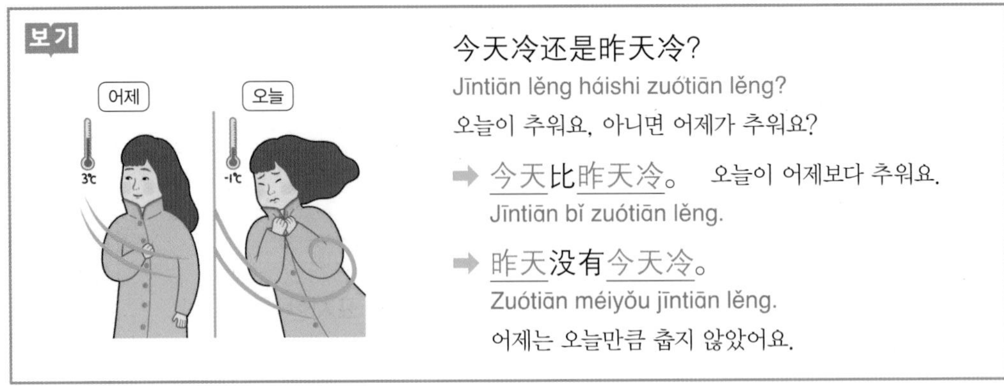

今天冷还是昨天冷?
Jīntiān lěng háishi zuótiān lěng?
오늘이 추워요, 아니면 어제가 추워요?

➡ 今天比昨天冷。 오늘이 어제보다 추워요.
Jīntiān bǐ zuótiān lěng.

➡ 昨天没有今天冷。
Zuótiān méiyǒu jīntiān lěng.
어제는 오늘만큼 춥지 않았어요.

1 东民高还是迈克高?

➡ ________比________。

➡ ________没有________。

2 爷爷胖还是奶奶胖?

➡ ________比________。

➡ ________没有________。

3 爸爸的钱多还是妈妈的钱多?

➡ ________比________。

➡ ________没有________。

1 녹음을 듣고 내용과 일치하는 것을 고르세요.

① 东民的朋友和迈克谁大?

A 东民的朋友比迈克大　　B 东民的朋友比迈克小
C 东民的朋友跟迈克一样大　　D 东民的朋友跟迈克一样小

② 东民的朋友和迈克谁高?

A 东民的朋友比迈克高　　B 东民的朋友比迈克矮
C 东民的朋友跟迈克一样高　　D 东民的朋友跟迈克一样矮

2 다음 문장을 바르게 고치세요.

① 北京没有上海不热。 ➡ ____________________

② 你的电脑跟我的电脑好看一样。 ➡ ____________________

③ 飞机比火车很快。 ➡ ____________________

3 제시된 단어를 이용하여 다음 문장을 중국어로 써 보세요.

① 오늘은 어제만큼 덥지 않습니다. (没有)

➡ ____________________

② 우리 엄마는 아빠보다 더 바쁩니다. (比, 更)

➡ ____________________

③ 한국 영화는 중국 영화와 똑같이 재미있습니다(有意思). (跟…一样)

➡ ____________________

④ 사과(苹果)는 바나나(香蕉)보다 더 비쌉니다. (比, 还)

➡ ____________________

중국의 지역별 기후 차이

중국은 땅이 넓기 때문에 지역별로 기후가 달라요. 베이징은 우리나라처럼 사계절이 뚜렷한 반면, 그렇지 않은 지역도 있어요. 중국의 북방 지역은 춥고 건조하지만, 남방 지역은 덥고 습해요. 상하이는 봄, 가을이 짧고 여름이 긴 편이며, 겨울에는 눈이 거의 오지 않고 기온도 많이 낮지 않아요. 하지만 실내에 난방 시설이 없어서 더 춥게 느껴져요. 하이난(海南 Hǎinán)은 열대 기후라서 야자수 나무가 있고, 연평균 24도 이상이라 추운 날이 없어요. 서부 지역은 건조해서 사막이 발달되어 있어요.

◆ 날씨 관련 단어

晴天 qíngtiān 맑은 날	阴天 yīntiān 흐린 날	刮风 guā fēng 바람이 불다

下雨 xià yǔ 비가 오다	下雪 xià xuě 눈이 오다	打雷 dǎ léi 천둥치다

请帮我们照一张相，好吗?

사진 한 장 찍어 주시겠어요?

▶ **표현** 추측, 비유 표현 익히기
감탄문 익히기

▶ **어법** 多…啊 | 好像 | 帮 | …，好吗?

핵심 패턴

25 多漂亮啊! 얼마나 예쁜가요!

26 好像是世界上最大的。 세계에서 가장 큰 것 같아요.

27 请帮我们照一张相，好吗? 사진 한 장 찍어 주시겠어요?

小英　东民，你快来看看，多漂亮啊❶！
Dōngmín, nǐ kuài lái kànkan, duō piàoliang a!

东民　真好看！我在韩国没见过冰灯。
Zhēn hǎokàn! Wǒ zài Hánguó méi jiànguo bīngdēng.

小英　哈尔滨的冰灯节很有名，好像❷是世界上最大的。
Hā'ěrbīn de Bīngdēng Jié hěn yǒumíng, hǎoxiàng shì shìjiè shang zuì dà de.

东民　小英，我们一起照相吧。
Xiǎoyīng, wǒmen yìqǐ zhào xiàng ba.

小英　先生，请帮❸我们照一张相，好吗❹？
Xiānsheng, qǐng bāng wǒmen zhào yì zhāng xiàng, hǎo ma?

□□ 多…啊	duō…a	얼마나 ~한가
□□ 见	jiàn	동 만나다, 보다, 보이다
□□ 冰灯	bīngdēng	명 얼음 등
□□ 冰灯节	Bīngdēng Jié	명 빙등제
□□ 哈尔滨	Hā'ěrbīn	고유 하얼빈
□□ 有名	yǒumíng	형 유명하다
□□ 好像	hǎoxiàng	부 마치 ~인 것 같다
□□ 世界	shìjiè	명 세계
□□ 照相	zhào xiàng	동 사진을 찍다
		* 照 zhào 동 (사진을) 찍다 | 照片 zhàopiàn 명 사진 | 照相机 zhàoxiàngjī 명 사진기
□□ 先生	xiānsheng	명 ~씨, 선생[성인 남성에 대한 존칭]
□□ 帮	bāng	동 돕다
□□ 张	zhāng	양 장[사진, 종이 등 평평한 것을 세는 단위]

중국 속으로

빙등제

빙등제(冰灯节 Bīngdēng Jié)는 매년 1월 5일에서 2월 말까지 중국 하얼빈에서 열리는 겨울 축제로, 매년 200만 명 이상이 방문하는 세계적인 축제예요. 일본의 삿포로 눈 축제, 캐나다의 퀘벡 윈터 카니발과 함께 세계 3대 겨울 축제로 꼽혀요. 이 축제는 빙등제와 빙설제 두 부분으로 나뉘어 개최되는데, 빙등제는 얼음 조각품을, 빙설제는 눈 조각품을 전시해요. 영하 20℃를 밑도는 혹한의 날씨에 얼어붙은 송화강(松花江 Sōnghuā Jiāng)의 얼음으로 유명 건축물이나 동물 등을 조각해서 보는 사람들의 감탄을 자아내요. 저녁이 되면 얼음 조각 안에 오색의 전등을 밝혀 더욱 신비롭고 아름다운 장면을 보여 줘요.

1 多…啊

부사 多는 啊와 함께 쓰여 '얼마나 ~한가'라는 의미로, 정도가 매우 높거나 심함을 나타내는 감탄문을 만듭니다. 여기서 啊는 감탄의 어기를 나타냅니다.

多 + 형용사 + 啊 : 얼마나 ~한가

这个公园多漂亮啊！ 이 공원이 얼마나 예뻐요!
Zhège gōngyuán duō piàoliang a!

你能去中国学汉语多好啊！ 당신은 중국에 가서 중국어를 배울 수 있다니 얼마나 좋아요!
Nǐ néng qù Zhōngguó xué Hànyǔ duō hǎo a!

TIP ❶ 多 대신 多么로 사용할 수 있습니다.

예 你住在这儿多么方便啊！ 당신이 여기에 사니까 얼마나 편해요!
Nǐ zhùzài zhèr duōme fāngbiàn a!

❷ 多와 啊 사이에는 간혹 심리나 감정을 나타내는 동사(喜欢, 想 등)가 오기도 합니다.

예 他多喜欢你啊！ 그가 당신을 얼마나 좋아하는데요!
Tā duō xǐhuan nǐ a!

확인체크

♦ 다음 중 多가 쓰인 용법이 다른 하나를 고르세요.

❶ 上次吃的火锅多好吃啊！ ❷ 坐出租车去多快啊！
❸ 他英语说得多好啊！ ❹ 多吃水果对身体好啊！

2 好像

好像은 '마치 ~와 같다', '마치 ~인 것 같다'라는 의미로 비유나 추측을 나타냅니다.

주어 + 好像 + 술어 + (목적어) : 마치 ~인 것 같다

他看起来好像是韩国人。 보아하니 그는 한국 사람인 것 같아요.
Tā kàn qǐlai hǎoxiàng shì Hánguórén.

这个菜我好像在日本吃过。 이 요리는 내가 일본에서 먹어 본 것 같아요.
Zhège cài wǒ hǎoxiàng zài Rìběn chīguo.

3 帮

帮은 '돕다', '도와주다'라는 의미의 동사로, 「A+帮+B+동사」 형식으로 쓰일 때는 '~를 도와 ~하다'라는 의미를 나타냅니다.

我来帮你。 내가 당신을 도와줄게요.
Wǒ lái bāng nǐ.

我帮你说。 내가 당신을 도와 말할게요.
Wǒ bāng nǐ shuō.

你能帮我做饭吗? 당신은 나를 도와 밥을 해 줄 수 있나요?
Nǐ néng bāng wǒ zuò fàn ma?

TIP 帮助와 帮忙

❶ 帮助(bāngzhù) : 동사로 쓰일 때는 「A+帮助+B」 형식으로 'A가 B를 도와주다'라는 의미를 나타내고, 명사로 쓰일 때는 '도움'이라는 의미를 나타냅니다.

예 谢谢你帮助我。 당신이 나를 도와줘서 고마워요.
Xièxie nǐ bāngzhù wǒ.

谢谢你的帮助。 당신의 도움 감사해요.
Xièxie nǐ de bāngzhù.

❷ 帮忙(bāng máng) : '일을 돕다', '도와주다'라는 뜻으로, 동사 帮과 명사 忙이 합쳐진 이합사이기 때문에 뒤에 목적어가 올 수 없습니다.

예 他帮了我(的)忙。 그가 나를 도와줬어요.
Tā bāngle wǒ (de) máng.

확인체크

♦ 다음 빈칸에 들어갈 알맞은 것을 고르세요.

❶ 你能______我吗? (帮助 / 帮忙)

❷ 我______你给老师打电话吧。(帮 / 帮忙)

❸ 你什么时候搬家? 我去______。(帮助 / 帮忙)

단어 上次 shàngcì 명 지난번 | 搬家 bān jiā 동 이사하다

4 …，好吗?

好吗는 상대방에게 부탁을 하거나 동의를 구할 때 사용하는 표현으로, 好吗 앞에 말하는 사람의 생각이나 의견을 넣어서 '~할래요?'라는 의미를 나타냅니다.

我们一起去看电影，好吗? 우리 같이 영화 보러 갈래요?
Wǒmen yìqǐ qù kàn diànyǐng, hǎo ma?

请你慢点儿说，好吗? 천천히 좀 말씀해 주시겠어요?
Qǐng nǐ màn diǎnr shuō, hǎo ma?

TIP 好吗 대신 行吗(xíng ma), 可以吗(kěyǐ ma)로 사용할 수 있습니다.

예 我们从明天开始学太极拳，行吗? 우리 내일부터 시작해서 태극권을 배울래요?
Wǒmen cóng míngtiān kāishǐ xué tàijíquán, xíng ma?

你帮我买一杯咖啡，可以吗? 당신이 나를 도와 커피 한 잔을 사다 줄래요?
Nǐ bāng wǒ mǎi yì bēi kāfēi, kěyǐ ma?

단어 慢 màn 뷔 천천히

♦ 다음 문장을 따라 읽으며 중국어의 문장 구조를 익혀 보세요.

1

冰灯 多 漂亮 啊!　Bīngdēng duō piàoliang a!

这儿的风景 多 美 啊!　Zhèr de fēngjǐng duō měi a!

这件毛衣 多 贵 啊!　Zhè jiàn máoyī duō guì a!

他的汉语 多 好 啊!　Tā de Hànyǔ duō hǎo a!

중작하기 오늘은 얼마나 추운가! ➡ ______

2

好像 在韩国 没见过。　Hǎoxiàng zài Hánguó méi jiànguo.

好像 在法国 没学过。　Hǎoxiàng zài Fǎguó méi xuéguo.

好像 在日本 看过一次。　Hǎoxiàng zài Rìběn kànguo yí cì.

好像 在北京 吃过几次。　Hǎoxiàng zài Běijīng chīguo jǐ cì.

중작하기 베이징에서 당신을 만난 적이 있는 것 같아요. ➡ ______

3

先生，帮 我照一张相，好吗?　Xiānsheng, bāng wǒ zhào yì zhāng xiàng, hǎo ma?

姐姐，帮 我做作业，好吗?　Jiějie, bāng wǒ zuò zuòyè, hǎo ma?

哥哥，帮 我拿东西，好吗?　Gēge, bāng wǒ ná dōngxi, hǎo ma?

姐姐，帮 我还书，好吗?　Jiějie, bāng wǒ huán shū, hǎo ma?

중작하기 나를 도와 물건을 사 줄래요? ➡ ______

단어 风景 fēngjǐng 명 풍경, 경치 | 美 měi 형 아름답다 | 拿 ná 동 (손으로) 잡다, (손으로) 쥐다 | 还 huán 동 돌려주다, 반납하다

哈尔滨的冰灯节很有名。小英和东民一起去哈尔滨看冰灯了。
Hā'ěrbīn de Bīngdēng Jié hěn yǒumíng. Xiǎoyīng hé Dōngmín yìqǐ qù Hā'ěrbīn kàn bīngdēng le.

哈尔滨非常冷，比北京更冷。
Hā'ěrbīn fēicháng lěng, bǐ Běijīng gèng lěng.

东民觉得哈尔滨的冰灯非常漂亮，而且听说好像是世界上最大的。所以他想照几张相[1]，给家人看看。
Dōngmín juéde Hā'ěrbīn de bīngdēng fēicháng piàoliang, érqiě tīng shuō hǎoxiàng shì shìjiè shang zuì dà de. Suǒyǐ tā xiǎng zhào jǐ zhāng xiàng, gěi jiārén kànkan.

1 본문의 내용에 근거하여 다음 질문에 중국어로 답하세요.

❶ 他们去哈尔滨干什么? ______________________
Tāmen qù Hā'ěrbīn gàn shénme?

❷ 哈尔滨的天气怎么样? ______________________
Hā'ěrbīn de tiānqì zěnmeyàng?

❸ 哈尔滨的冰灯怎么样? ______________________
Hā'ěrbīn de bīngdēng zěnmeyàng?

2 녹음을 듣고 본문과 일치하면 ○, 일치하지 않으면 ×를 표시한 후, 녹음 내용을 빈칸에 쓰세요.

❶ ☐ 东民和小英一起去______________。
Dōngmín hé Xiǎoyīng yìqǐ qù

❷ ☐ 哈尔滨______________北京冷。
Hā'ěrbīn Běijīng lěng.

❸ ☐ 东民想照几张相______________。
Dōngmín xiǎng zhào jǐ zhāng xiàng

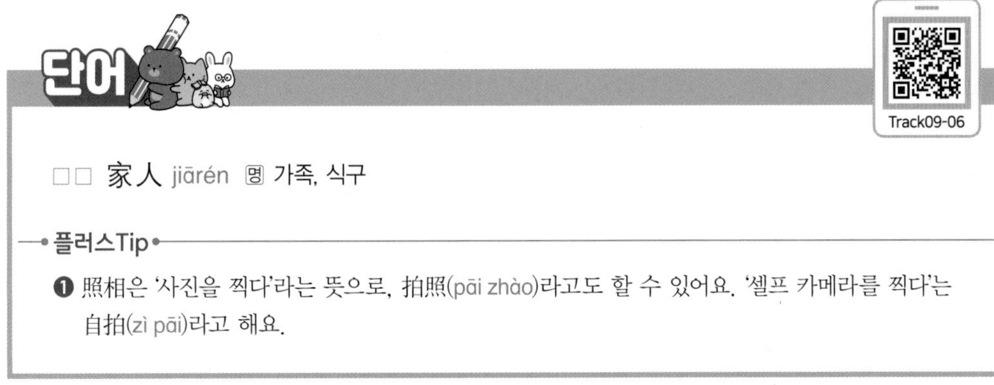

□□ 家人 jiārén 명 가족, 식구

플러스Tip

❶ 照相은 '사진을 찍다'라는 뜻으로, 拍照(pāi zhào)라고도 할 수 있어요. '셀프 카메라를 찍다'는 自拍(zì pāi)라고 해요.

♦ 다음 그림을 보고 보기 와 같이 문장을 만들어 보세요.

보기

听说你去市场，
Tīng shuō nǐ qù shìchǎng,
듣자 하니 당신은 시장에 간다고 하던데,
帮我买一斤苹果，好吗？
bāng wǒ mǎi yì jīn píngguǒ, hǎo ma?
저를 도와 사과 한 근을 사다 줄래요?

1

听说你＿＿＿＿＿＿＿＿＿＿＿＿＿，
帮我＿＿＿＿＿＿＿＿＿＿＿＿，好吗？

2

听说你＿＿＿＿＿＿＿＿＿＿＿＿＿，
帮我＿＿＿＿＿＿＿＿＿＿＿＿，好吗？

3

听说你＿＿＿＿＿＿＿＿＿＿＿＿＿，
帮我＿＿＿＿＿＿＿＿＿＿＿＿，好吗？

4

听说你＿＿＿＿＿＿＿＿＿＿＿＿＿，
帮我＿＿＿＿＿＿＿＿＿＿＿＿，好吗？

단어 市场 shìchǎng 명 시장 | 词典 cídiǎn 명 사전 | 寄 jì 동 (우편으로) 보내다, 부치다 | 包裹 bāoguǒ 명 소포

1 녹음을 듣고 내용과 일치하는 것을 고르세요.

① 东民星期五去哪儿?

A 美国　　B 北京　　C 上海　　D 哈尔滨

② 冰灯怎么样?

A 非常漂亮　　B 不太漂亮　　C 很有意思　　D 没有意思

2 제시된 단어를 배열하여 문장을 만드세요.

① 他 / 啊 / 多 / 字 / 的 / 漂亮 ➡ ____________________

② 是 / 他 / 好像 / 留学生 / 韩国 ➡ ____________________

③ 帮 / 我 / 请 / 一张 / 照 / 相 / 好吗 ➡ ____________________

3 제시된 단어를 이용하여 다음 문장을 중국어로 써 보세요.

① 오늘 날씨가 얼마나 좋은가요! (多…啊)

➡ ____________________

② 한국에서 만난 적이 있는 것 같습니다. (好像)

➡ ____________________

③ 저를 도와 왕 선생님께 전화해 줄래요? (帮, 好吗)

➡ ____________________

④ 그는 한국 사람이 아닌 것 같습니다. (好像)

➡ ____________________

중국의 지역별 축제

중국은 하얼빈의 빙등제 외에도 지역별로 기후와 자연환경의 특색을 살린 축제가 많이 있어요. 중국의 유명한 축제는 어떤 것들이 있을까요?

青岛国际啤酒节(Qīngdǎo Guójì Píjiǔ Jié)는 산둥성(山东省 Shāndōng Shěng)의 칭다오(青岛 Qīngdǎo)에서 매년 8월 중순부터 2주 정도 열리는 국제 맥주 축제예요. 1991년에 처음 개최되어 지금은 세계 4대 맥주 축제로 꼽혀요. 맥주 축제는 세계 각국의 다양한 맥주를 한 자리에서 다 먹어 볼 수 있고, 패션쇼, 해상불꽃놀이, 체육경기 등 다양한 볼거리도 있어요.

上海豫园元宵节灯会(Shànghǎi Yùyuán Yuánxiāo Jié Dēnghuì)의 元宵节는 정월 대보름을 뜻하는 것으로, 상하이의 위위안(豫园 Yùyuán)에서 매년 음력 1월 1일~18일까지 개최되는 등불 축제예요. 정월 대보름에 등불을 밝히는 풍습에서 비롯되어 이 축제에서는 각양각색의 화려한 등불을 감상할 수 있어요.

内蒙古那达慕(Nèiménggǔ Nàdámù)는 몽고족의 축제로, 네이멍구(内蒙古 Nèiménggǔ)에서 매년 7월에 열려요. 네이멍구의 초원을 배경으로 씨름, 승마, 활쏘기 등의 경기가 펼쳐지지요.

云南泼水节(Yúnnán Pōshuǐ Jié)는 윈난성(云南省 Yúnnán Shěng) 태족(傣族 Dǎizú)의 축제로, 매년 4월 중순에 3일간 열려요. 서로 물을 뿌리며 액운을 씻어내고 복을 기원하는 풍습에서 비롯되었어요. 700년이 넘는 역사를 지닌 전통 풍습으로 중국무형문화유산으로 지정되어 있어요.

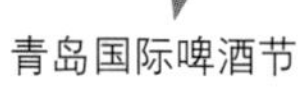
青岛国际啤酒节

上海豫园元宵节灯会

内蒙古那达慕

云南泼水节

这个又好看又便宜。

이것은 예쁘고 싸요.

▶ **표현** 인터넷 쇼핑에 대해 말하기
동작의 결과 표현 익히기

▶ **어법** 결과보어 | 又…又… | …极了

핵심 패턴

28 台灯买好了吗? 스탠드는 다 샀어요?

29 这个又好看又便宜。 이것은 예쁘고 싸요.

30 这个台灯好极了。 이 스탠드는 아주 좋아요.

迈克　你看什么呢？那么认真！
Nǐ kàn shénme ne? Nàme rènzhēn!

安娜　我在网上买台灯呢。
Wǒ zài wǎngshàng mǎi táidēng ne.

迈克　买好[1]了吗？
Mǎihǎo le ma?

安娜　还没买好呢。你帮我看看。
Hái méi mǎihǎo ne. Nǐ bāng wǒ kànkan.

迈克　这个怎么样？又好看又[2]便宜，挺不错的。
Zhège zěnmeyàng? Yòu hǎokàn yòu piányi, tǐng búcuò de.

安娜　好极了[3]！我就买它吧。
Hǎo jí le! Wǒ jiù mǎi tā ba.

단어

□□ 那么	nàme	대 그렇게, 저렇게, 그런, 저런
		* 这么 zhème 대 이렇게, 이런
□□ 认真	rènzhēn	형 성실하다, 착실하다
□□ 网上	wǎngshàng	명 온라인, 인터넷
		* 上网 shàng wǎng 동 인터넷을 하다
□□ 台灯	táidēng	명 탁상용 전등, 스탠드
□□ 又…又…	yòu…yòu…	~하기도 하고 ~하기도 하다
□□ 挺	tǐng	부 매우, 아주, 대단히
□□ 极了	jí le	극히, 매우, 아주

중국 속으로

중국의 온라인 쇼핑

중국은 2000년대 중반부터 인터넷 보급률이 지속적으로 상승하면서 온라인으로 물건을 구입하는 사람들이 급속도로 증가하고 있어요. 2013년도에는 미국을 제치고 세계 최대 전자상거래 시장으로 발돋움했어요. 중국의 온라인 쇼핑은 PC보다는 모바일 앱을 통한 구매 비중이 더 높고, 결제는 거의 알리페이(支付宝 zhīfù Bǎo)나 위챗페이(微信支付 Wēixìn zhīfù)를 사용해요. 온라인 쇼핑은 중국어로 网上购物(wǎngshàng gòuwù)라고 하고, 줄여서 网购(wǎng gòu)라고도 해요. 이때 购는 买와 같은 뜻으로 '사다', '구매하다'라는 의미예요.

1 결과보어

결과보어는 동사 뒤에 쓰여 동작의 결과를 설명합니다. 결과보어의 부정형은 '(결과가) ~하지 않다'라는 의미로, 동사 앞에 没(有)를 씁니다.

	긍정문 → 동사 + 결과보어	부정문 → 没(有) + 동사 + 결과보어
写 xiě 쓰다	写完 xiěwán (쓴 결과로) 다 썼다	没有写完 méiyǒu xiěwán (쓴 결과로) 다 쓰지 않았다
说 shuō 말하다	说错 shuōcuò (말한 결과로) 잘못 말했다	没有说错 méiyǒu shuōcuò (말한 결과로) 잘못 말하지 않았다

◆ **자주 쓰이는 결과보어**

① 好(hǎo) : '잘 마무리되다'라는 의미로 동작의 완성을 나타냅니다.

我准备好了。 나는 준비가 다 됐어요.
Wǒ zhǔnbèi hǎo le.

妈妈洗好衣服了。 엄마는 빨래를 다 했어요.
Māma xǐhǎo yīfu le.

② 见(jiàn) : 주로 시각이나 청각적인 부분에서 무의식적인 감지를 나타냅니다.

刚才我看见他了。 방금 나는 그를 봤어요.
Gāngcái wǒ kànjiàn tā le.

你听见了吗? 당신은 들렸어요?
Nǐ tīngjiàn le ma?

③ 完(wán) : '완료되다'의 의미로 어떠한 일이나 동작이 마무리된 것을 나타냅니다.

妈妈已经做完饭了。 엄마는 이미 밥을 다 했어요.
Māma yǐjīng zuòwán fàn le.

今天去上海的火车票卖完了。 오늘 상하이에 가는 기차표는 다 팔렸어요.
Jīntiān qù Shànghǎi de huǒchē piào màiwán le.

④ 懂(dǒng) : 이해하다

这本书你看懂了吗? 이 책을 당신은 보고 이해했나요?
Zhè běn shū nǐ kàndǒng le ma?

我没听懂。 나는 듣고 이해하지 못했어요.
Wǒ méi tīngdǒng.

⑤ 到(dào) : 목적 달성을 나타냅니다.

我买到了今天去北京的飞机票。 나는 오늘 베이징으로 가는 비행기표를 샀어요.
Wǒ mǎidàole jīntiān qù Běijīng de fēijī piào.

我没看到长城。 나는 만리장성을 보지 못했어요.
Wǒ méi kàndào Chángchéng.

⑥ 错(cuò) : 틀리다

那是我的书包，你拿错了。 그것은 내 책가방이에요. 당신이 잘못 가져갔어요.
Nà shì wǒ de shūbāo, nǐ nácuò le.

他不是王老师，你看错了。 그는 왕 선생님이 아니에요. 당신이 잘못 봤어요.
Tā bú shì Wáng lǎoshī, nǐ kàncuò le.

확인체크

♦ 우리말을 참고하여 빈칸에 알맞은 결과보어를 쓰세요.

❶ 不好意思，你打_______电话了。 죄송하지만, 당신이 전화를 잘못 걸었어요.

❷ 他说的话，你听_______了吗? 그가 한 말을 당신은 듣고 이해했어요?

❸ 今天的作业，我都做_______了。 오늘의 숙제를 나는 다 했어요.

단어 准备 zhǔnbèi 동 준비하다 | 洗 xǐ 동 씻다, 빨다 | 刚才 gāngcái 명 지금 막, 방금 | 票 piào 명 표 | 长城 Chángchéng 고유 창청, 만리장성 | 话 huà 명 말, 이야기

2 又…又…

又…又…는 '~하기도 하고 ~하기도 하다'라는 의미로, 두 가지 상황 혹은 성질이 동시에 존재하는 것을 나타냅니다. 又 뒤에는 동사나 형용사가 쓰입니다.

大家又说又笑。 모두들 말하기도 하고 웃기도 해요.
Dàjiā yòu shuō yòu xiào.

这本书又大又厚。 이 책은 크기도 하고 두껍기도 해요.
Zhè běn shū yòu dà yòu hòu.

TIP 又…又…와 一边…, 一边…의 비교

又…又…는 두 가지 동작이나 성질이 모두 존재함을 나타내고, 一边…, 一边…은 두 가지 이상의 동작이 같은 장소에서 동시에 진행됨을 나타냅니다.

예 我又学汉语又学英语。 나는 중국어도 배우고 영어도 배워요.
Wǒ yòu xué Hànyǔ yòu xué Yīngyǔ.
我一边吃面包，一边喝牛奶。 나는 빵을 먹으면서 우유를 마셔요.
Wǒ yìbiān chī miànbāo, yìbiān hē niúnǎi.
[빵 먹는 동작과 우유를 마시는 동작을 동시에 진행]

확인체크

♦ 又…又…를 넣어 다음 두 문장을 하나의 문장으로 만드세요.

❶ 这儿的菜好吃。这儿的菜便宜。 ➡ ____________________

❷ 妹妹喜欢听音乐。妹妹喜欢唱歌。 ➡ ____________________

❸ 妈妈每天工作。妈妈每天做饭。 ➡ ____________________

3 …极了

极了는 형용사 뒤에 쓰여 정도를 나타내는 정도보어로, 정도가 매우 심한 '아주 ~하다'라는 의미를 나타냅니다.

我女朋友漂亮极了！ 내 여자 친구는 아주 예뻐요!
Wǒ nǚpéngyou piàoliang jí le!

今天他高兴极了！ 오늘 그는 아주 기뻐요!
Jīntiān tā gāoxìng jí le!

단어 笑 xiào 동 웃다 | 厚 hòu 형 두껍다

♦ 다음 문장을 따라 읽으며 중국어의 문장 구조를 익혀 보세요.

1

台灯 买 好 了吗?	Táidēng mǎihǎo le ma?
还没 买 好 呢。	Hái méi mǎihǎo ne.
作业 做 完 了吗?	Zuòyè zuòwán le ma?
还没 做 完 呢。	Hái méi zuòwán ne.

중작하기 이 책을 다 봤어요? ➡ ______________________

2

这个 又 好看 又 便宜。	Zhège yòu hǎokàn yòu piányi.
这个苹果 又 大 又 好吃。	Zhège píngguǒ yòu dà yòu hǎochī.
我们 又 唱歌 又 跳舞。	Wǒmen yòu chàng gē yòu tiào wǔ.
我妹妹 又 漂亮 又 聪明。	Wǒ mèimei yòu piàoliang yòu cōngming.

중작하기 내 남자 친구는 키도 크고, 잘생겼어요. ➡ ______________________

3

这个台灯 好 极了!	Zhège táidēng hǎo jí le!
这双鞋 好看 极了!	Zhè shuāng xié hǎokàn jí le!
麻辣烫 好吃 极了!	Málàtàng hǎochī jí le!
风景 美 极了!	Fēngjǐng měi jí le!

중작하기 그의 누나(언니)는 아주 예뻐요! ➡ ______________________

단어 聪明 cōngming 형 똑똑하다 | 帅 shuài 형 멋있다, 잘생기다

昨天晚上，安娜的台灯突然坏了。她打算在网上
Zuótiān wǎnshang, Ānnà de táidēng tūrán huài le. Tā dǎsuan zài wǎngshàng

买一个新[1]台灯。安娜看到网上有各种各样的台灯，
mǎi yí ge xīn táidēng. Ānnà kàndào wǎngshàng yǒu gèzhǒng gèyàng de táidēng,

看了很长时间，可是不知道买哪个。最后迈克帮安娜
kànle hěn cháng shíjiān, kěshì bù zhīdào mǎi nǎge. Zuìhòu Màikè bāng Ānnà

选了一个又好看又便宜的台灯。安娜非常感谢迈克。
xuǎnle yí ge yòu hǎokàn yòu piányi de táidēng. Ānnà fēicháng gǎnxiè Màikè.

1 본문의 내용에 근거하여 다음 질문에 중국어로 답하세요.

❶ 安娜为什么打算买个新台灯? ________________
Ānnà wèishénme dǎsuan mǎi ge xīn táidēng?

❷ 安娜为什么看了很长时间? ________________
Ānnà wèishénme kànle hěn cháng shíjiān?

❸ 迈克选的台灯怎么样? ________________
Màikè xuǎn de táidēng zěnmeyàng?

2 녹음을 듣고 본문과 일치하면 ○, 일치하지 않으면 ×를 표시한 후,
녹음 내용을 빈칸에 쓰세요.

❶ ☐ ____________安娜的台灯突然坏了。
Ānnà de táidēng tūrán huài le.

❷ ☐ 安娜在网上看到____________台灯。
Ānnà zài wǎngshàng kàndào ____________ táidēng.

❸ ☐ 迈克帮安娜选了____________的台灯。
Màikè bāng Ānnà xuǎnle ____________ de táidēng.

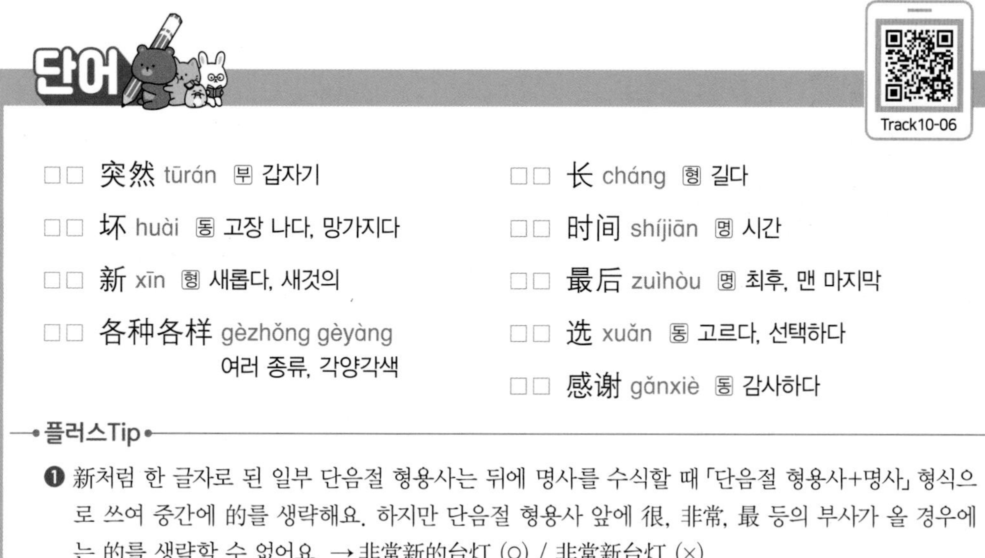

단어

- ☐☐ 突然 tūrán 부 갑자기
- ☐☐ 坏 huài 동 고장 나다, 망가지다
- ☐☐ 新 xīn 형 새롭다, 새것의
- ☐☐ 各种各样 gèzhǒng gèyàng 여러 종류, 각양각색
- ☐☐ 长 cháng 형 길다
- ☐☐ 时间 shíjiān 명 시간
- ☐☐ 最后 zuìhòu 명 최후, 맨 마지막
- ☐☐ 选 xuǎn 동 고르다, 선택하다
- ☐☐ 感谢 gǎnxiè 동 감사하다

플러스Tip

❶ 新처럼 한 글자로 된 일부 단음절 형용사는 뒤에 명사를 수식할 때 「단음절 형용사+명사」 형식으로 쓰여 중간에 的를 생략해요. 하지만 단음절 형용사 앞에 很, 非常, 最 등의 부사가 올 경우에는 的를 생략할 수 없어요. → 非常新的台灯 (○) / 非常新台灯 (×)

♦ 다음 그림을 보고 보기와 같이 문장을 만들어 보세요.

보기

[好]

饺子煮好了。 만두가 다 삶아졌습니다.
Jiǎozi zhǔhǎo le.

饺子没煮好。 만두가 아직 삶아지지 않았습니다.
Jiǎozi méi zhǔhǎo.

1

[错]

汉字＿＿＿＿＿＿＿＿了。

汉字＿＿＿＿＿＿＿＿。

2

[完]

作业＿＿＿＿＿＿＿＿了。

作业＿＿＿＿＿＿＿＿。

3

[懂]

中国电影＿＿＿＿＿＿＿＿了。

中国电影＿＿＿＿＿＿＿＿。

4

[好]

自行车＿＿＿＿＿＿＿＿了。

自行车＿＿＿＿＿＿＿＿。

단어 煮 zhǔ 동 삶다, 끓이다 | 修 xiū 동 수리하다

1 녹음을 듣고 내용과 일치하는 것을 고르세요.

❶ 东民在买什么?

A 台灯　　B 鞋　　C 衣服　　D 书

❷ 东民买的东西怎么样?

A 贵　　B 好看　　C 不好看　　D 小

2 제시된 단어를 배열하여 문장을 만드세요.

❶ 这 / 鞋 / 又 / 双 / 又 / 贵 / 不好看 ➡ ______________________

❷ 没 / 老师 / 懂 / 说 / 听 / 的 / 汉语 ➡ ______________________

❸ 好 / 她 / 发音 / 极了 / 汉语 / 的 ➡ ______________________

3 제시된 단어를 이용하여 다음 문장을 중국어로 써 보세요.

❶ 엄마는 이미 밥을 다 했습니다. (完)

➡ ______________________________________

❷ 당신은 내 사전을 봤습니까? (见)

➡ ______________________________________

❸ 내 남자 친구는 똑똑하고 잘생겼습니다. (又…又…)

➡ ______________________________________

❹ 그는 인터넷에서 각양각색(各种各样)의 핸드폰을 봤습니다. (到)

➡ ______________________________________

그림으로 배우는 단어 온라인 쇼핑

订单
dìngdān
주문서

付款
fù kuǎn
결제하기

发货
fā huò
상품 배송

收货
shōu huò
상품 수령

评价
píngjià
상품평, 후기

退款
tuì kuǎn
환불하기

购物车
gòuwùchē
장바구니

你们回来了!

당신들 돌아왔군요!

▶ **표현** 신년 인사 말하기
동작의 방향 표현 익히기

▶ **어법** 방향보어 | …的时候 |
축하와 기원의 표현

핵심 패턴

31 你们回来了! 당신들 돌아왔군요!

32 每年春节的时候，中国人都回故乡来过年。
매년 춘절 때, 중국 사람들은 모두 고향으로 돌아와서 설을 쇄요.

33 大家春节快乐! 여러분 새해 복 많이 받으세요!

妈妈　你们回来[1]了！快进来吧！
Nǐmen huílai le! Kuài jìnlai ba!

小英　妈，你听见了吗？外面都在放鞭炮呢。
Mā, nǐ tīngjiàn le ma? Wàimiàn dōu zài fàng biānpào ne.

妈妈　听见了，真热闹！
Tīngjiàn le, zhēn rènao!

你们多吃点儿饺子吧。
Nǐmen duō chī diǎnr jiǎozi ba.

东民　谢谢您，您做的菜真好吃。
Xièxie nín, nín zuò de cài zhēn hǎochī.

妈妈　每年春节的时候[2]，中国人都回故乡来过年。
Měi nián Chūn Jié de shíhou, Zhōngguórén dōu huí gùxiāng lái guò nián.

小英　大家春节快乐！恭喜发财！[3]
Dàjiā Chūn Jié kuàilè! Gōngxǐ fā cái!

□□	进来	jìnlai	동 들어오다
□□	外面	wàimiàn	명 밖, 바깥
□□	放鞭炮	fàng biānpào	폭죽을 터뜨리다 * 鞭炮 biānpào 명 폭죽
□□	热闹	rènao	형 떠들썩하다, 번화하다
□□	饺子	jiǎozi	명 (물)만두
□□	每年	měi nián	명 매년, 해마다
□□	春节	Chūn Jié	명 춘절, (음력) 설
□□	时候	shíhou	명 때, 무렵
□□	故乡	gùxiāng	명 고향
□□	过年	guò nián	동 설을 쇠다, 새해를 맞다 * 过春节 guò Chūn Jié 설을 쇠다
□□	春节快乐	Chūn Jié kuàilè	새해 복 많이 받으세요
□□	恭喜发财	gōngxǐ fā cái	부자 되세요[새해 인사로 많이 사용함] * 恭喜 gōngxǐ 동 축하하다 | 发财 fā cái 동 돈을 많이 벌다, 부자가 되다

중국 속으로

중국의 설, 春节

春节(Chūn Jié)는 중국의 (음력) 설 명절로, 우리나라와 같은 음력 1월 1일이에요. 양력 1월 1일은 元旦(Yuándàn)이라고 해요. 春节는 중국 최대의 명절로 모든 중국인이 고향으로 돌아가기 때문에 진정한 '민족 대이동'을 목격할 수 있어요. 이날 중국에서는 멀리 떨어져 있던 가족이 한데 모여 만두를 빚어 먹으며, 섣달그믐 밤은 잠을 자지 않고 새해 아침까지 밤새 이야기를 나누거나 중국 중앙방송에서 하는 설 특집 프로그램인 春节联欢晚会(Chūn Jié Liánhuān Wǎnhuì)를 시청하곤 해요.

1 방향보어

来와 去는 일부 동사의 뒤에서 보어로 쓰여 동작의 방향을 나타내며, 가볍게 경성으로 읽습니다. 동작이 말하는 사람을 향해 이루어지면 来를 쓰고, 그 반대 방향으로 이루어지면 去를 씁니다. 이와 같이 동작의 방향에 대해 보충해 주는 来와 去를 방향보어라고 합니다.

他不在家，已经出去了。 그는 집에 없고, 이미 나갔어요.
Tā bú zài jiā, yǐjīng chūqu le.

外边儿很冷，你快进来吧。 밖이 매우 추워요. 당신은 빨리 들어오세요.
Wàibianr hěn lěng, nǐ kuài jìnlai ba.

♦ 장소 목적어의 위치

목적어가 장소일 경우, 목적어는 방향보어 来와 去 앞에 위치해야 합니다.

동사 + 장소 목적어 + 방향보어 (来/去)

下个星期他回美国去。 다음 주에 그는 미국으로 돌아가요.
Xià ge xīngqī tā huí Měiguó qù.

已经上课了，快进教室来吧。 이미 수업이 시작됐어요. 빨리 교실로 들어오세요.
Yǐjīng shàng kè le, kuài jìn jiàoshì lái ba.

확인체크

♦ 다음 문장을 바르게 고치세요.

❶ 朋友回去韩国了。 ➡ ________________

❷ 他进来房间了。 ➡ ________________

❸ 我们在楼上呢，你也上去吧。 ➡ ________________

2 …的时候

…的时候는 '~할 때'라는 의미로, 어떤 상황이나 행위가 발생하는 특정한 시점을 나타냅니다.

A 春节的时候中国人干什么？ 춘절 때 중국 사람들은 무엇을 해요?
Chūn Jié de shíhou Zhōngguórén gàn shénme?

B 春节的时候中国人都回故乡去。 춘절 때 중국 사람들은 모두 고향으로 돌아가요.
Chūn Jié de shíhou Zhōngguórén dōu huí gùxiāng qù.

A 休息的时候你一般做什么？ 쉴 때 당신은 보통 무엇을 해요?
Xiūxi de shíhou nǐ yìbān zuò shénme?

B 休息的时候我一般见朋友。 쉴 때 나는 보통 친구를 만나요.
Xiūxi de shíhou wǒ yìbān jiàn péngyou.

확인체크

♦ 제시된 단어를 배열하여 문장을 만드세요.

❶ 他 / 在 / 休息 / 的时候 / 家 / 周末

➡ ______________________

❷ 买 / 去 / 牛奶 / 超市 / 点儿 / 的时候

➡ ______________________

단어 教室 jiàoshì 명 교실 | 一般 yìbān 형 보통이다, 일반적이다

3 축하와 기원의 표현

春节快乐!처럼 어떤 특별한 날을 축하하거나 좋을 일을 기원할 때는 …快乐, 恭喜…, 祝… 등을 넣어서 표현합니다.

…快乐 新年快乐! 새해 복 많이 받으세요!
Xīnnián kuàilè!

毕业快乐! 졸업을 축하해요!
Bì yè kuàilè!

恭喜… 恭喜恭喜! 축하해요!
Gōngxǐ gōngxǐ!

恭喜发财! 부자 되세요!
Gōngxǐ fā cái!

恭喜你结婚! 결혼을 축하해요!
Gōngxǐ nǐ jié hūn!

祝 祝你生日快乐! 생일 축하해요!
Zhù nǐ shēngrì kuàilè!

祝你一路顺风! 가시는 길이 순조롭길 바랄게요!
Zhù nǐ yílù shùnfēng!

祝您身体健康! 건강하시길 바랄게요!
Zhù nín shēntǐ jiànkāng!

단어 新年 xīnnián 명 신년, 새해 | 毕业 bì yè 동 졸업하다 | 结婚 jié hūn 동 결혼하다 | 一路顺风 yílù shùnfēng 가는 길이 순조롭다 | 健康 jiànkāng 형 건강하다

♦ 다음 문장을 따라 읽으며 중국어의 문장 구조를 익혀 보세요.

1 快 进 来 吧。 Kuài jìnlai ba.
快 进 去 吧。 Kuài jìnqu ba.
快 回 来 吧。 Kuài huílai ba.
快 回 去 吧。 Kuài huíqu ba.

중작하기 빨리 나가세요. ➡ ____________________

2 我们快 进 教室 去 吧。 Wǒmen kuài jìn jiàoshì qù ba.
我们快 上 二楼 去 吧。 Wǒmen kuài shàng èr lóu qù ba.
你们快 回 韩国 来 吧。 Nǐmen kuài huí Hánguó lái ba.
你们快 回 北京 来 吧。 Nǐmen kuài huí Běijīng lái ba.

중작하기 당신은 빨리 기숙사로 돌아가세요. ➡ ____________________

3 春节 的时候，她们回北京来。 Chūn Jié de shíhou, tāmen huí Běijīng lái.
放假 的时候，他们回故乡去。 Fàng jià de shíhou, tāmen huí gùxiāng qù.
上课 的时候，不要说韩语。 Shàng kè de shíhou, búyào shuō Hányǔ.
上课 的时候，多说汉语。 Shàng kè de shíhou, duō shuō Hànyǔ.

중작하기 밥 먹을 때, 나는 텔레비전을 봐요. ➡ ____________________

단어 放假 fàng jià 동 방학하다, 휴가로 쉬다 | 不要 búyào ~하지 마라 | 韩语 Hányǔ 명 한국어

今天是除夕，东民去小英家过年。很多人正在
Jīntiān shì Chúxī, Dōngmín qù Xiǎoyīng jiā guò nián. Hěn duō rén zhèng zài

外边儿放鞭炮呢，非常热闹。东民听说，每年春节
wàibianr fàng biānpào ne, fēicháng rènao. Dōngmín tīng shuō, měi nián Chūn Jié

的时候，中国人都回故乡来过年。
de shíhou, Zhōngguórén dōu huí gùxiāng lái guò nián.

小英的妈妈煮好了很多饺子[1]。饺子很好吃，大家
Xiǎoyīng de māma zhǔhǎole hěn duō jiǎozi. Jiǎozi hěn hǎochī, dàjiā

都吃了很多。十二点到了，大家一起说：“过年好![2]
dōu chīle hěn duō. Shí'èr diǎn dào le, dàjiā yìqǐ shuō: “Guò nián hǎo!

恭喜发财!”
Gōngxǐ fā cái!”

1 본문의 내용에 근거하여 다음 질문에 중국어로 답하세요.

❶ 小英的妈妈煮了什么?
Xiǎoyīng de māma zhǔle shénme? ________________

❷ 除夕大家都在外边儿做什么?
Chúxī dàjiā dōu zài wàibianr zuò shénme? ________________

❸ 十二点到了，大家一起说了什么?
Shí'èr diǎn dào le, dàjiā yìqǐ shuōle shénme? ________________

Track11-05

2 녹음을 듣고 본문과 일치하면 ○, 일치하지 않으면 ×를 표시한 후, 녹음 내용을 빈칸에 쓰세요.

❶ 今年小英和东民________________。
Jīnnián Xiǎoyīng hé Dōngmín

❷ 在中国过年________________。
Zài Zhōngguó guò nián

❸ 东民今天________________。
Dōngmín jīntiān

단어

Track11-06

□□ 除夕 Chúxī 명 섣달그믐

□□ 煮 zhǔ 동 삶다, 끓이다

플러스Tip

❶ 饺子는 생만두피에 소를 넣어 만든 후 끓이거나 쪄서 먹는 '(물)만두'이고, 包子(bāozi)는 발효시킨 만두피에 소를 넣어 만든 후 쪄서 먹는 '찐빵 만두'예요.

❷ 过年好!는 '새해 복 많이 받으세요!'라는 뜻으로, 춘절(음력 설)에 새해를 맞이해서 하는 인사 표현이고, 春节快乐!나 新年快乐!라고도 해요. 新年快乐!는 元旦(양력 1월 1일)에도 사용해요.

◆ 다음 그림을 보고 보기와 같이 문장을 만들어 보세요.

보기

过年的时候，中国人都回故乡去。
Guò nián de shíhou, Zhōngguórén dōu huí gùxiāng qù.
설을 쇨 때, 중국인들은 모두 고향으로 돌아갑니다.

1

迈克 ________________ 的时候，

安娜 ________________。

2

小英 ________________ 的时候，

爸爸 ________________。

3

老师 ________________ 的时候，

安娜 ________________。

단어 厨房 chúfáng 명 주방, 부엌

1 녹음을 듣고 내용과 일치하는 것을 고르세요.

① 现在小英为什么要出去?

A 见中国朋友　B 见日本朋友　C 看电影　D 跟朋友吃饭

② 妈妈说几点以前要回来?

A 今天八点　B 明天九点　C 今天十二点　D 明天十二点

2 다음 보기 중에서 빈칸에 들어갈 알맞은 단어를 고르세요.

보기	回来	出去	进来	下去	上去

① A 王老师在吗? B 他________了。他下午五点________。

② 外边儿很冷，你________玩儿吧。

③ 他们都在楼上，我们快________吧。

3 제시된 단어를 이용하여 다음 문장을 중국어로 써 보세요.

① 날씨가 정말 좋아, 우리 나가서 놀자. (出去)

➡ ________________________

② 내년 춘절(春节) 때, 나는 고향으로 돌아갈 계획입니다. (…的时候)

➡ ________________________

③ 당신 책은 여기 있습니다, 빨리 이리 오세요. (过来)

➡ ________________________

④ 모두 같이 "새해 복 많이 받으세요!"라고 말합니다. (春节快乐)

➡ ________________________

중국의 전통 명절

중국의 전통 명절은 춘절(음력 설) 외에 정월 대보름, 청명절, 단오, 추석 등이 있어요. 중국은 명절에 무엇을 먹을까요?

元宵节(Yuánxiāo Jié)는 정월 대보름으로 음력 1월 15일이에요. 이날은 위안샤오(元宵 yuánxiāo)를 먹고, 관등놀이를 하는 풍습이 있어요. 위안샤오는 찹쌀가루를 반죽하여 둥글게 만들고 그 속에 소를 넣은 음식인데, 끓이거나 튀기거나 쪄서 먹어요.

清明节(Qīngmíng Jié)는 청명절로 양력 4월 5일 전후예요. '봄빛이 완연하고 공기가 깨끗해지며 날이 화창해지는 시기'라고 해서 清明이라고 해요. 청명절에는 성묘(扫墓 sǎo mù)를 하고, 칭퇀(青团 qīngtuán)을 먹어요. 칭퇀은 쑥잎으로 즙을 내서 찹쌀가루와 섞은 후, 팥 등의 소를 넣어 동그랗게 빚은 음식이에요.

端午节(Duānwǔ Jié)는 단오절로 음력 5월 5일이에요. 초(楚)나라 애국 시인 굴원(屈原 Qū Yuán)을 기리며 용선경기(龙舟赛 lóngzhōusài)를 하고, 쭝쯔(粽子 zòngzi)를 먹어요. 쭝쯔는 대나무 잎에 찹쌀을 넣어 찐 음식이에요. 찹쌀 안의 소는 지역마다 다른데, 대추, 돼지고기, 팥, 밤 등을 넣어요.

中秋节(Zhōngqiū Jié)는 추석으로 음력 8월 15일이에요. 온 가족이 둘러앉아 식사를 하고, 달을 보며 소원을 빌어요. 이날은 둥근 달 모양의 위에빙(月饼 yuèbǐng)을 먹어요. 위에빙은 밀가루와 찹쌀, 설탕, 버터 등으로 만드는데, 지역마다 만드는 방법이나 재료가 조금씩 다르고, 소도 매우 다양해요.

你听得懂听不懂?

당신은 알아들을 수 있나요, 없나요?

▶ **표현** 수업 관련 대화하기
가능 표현 익히기

▶ **어법** 양사 | 가능보어 | 如果…就

핵심 패턴

34 这学期有几门课? 이번 학기에는 몇 과목이 있어요?

35 老师说的汉语，你听得懂听不懂?
선생님이 말하는 중국어를 당신은 알아들을 수 있어요, 없어요?

36 如果老师慢点儿说，我就听得懂。
만약 선생님이 좀 천천히 말씀하시면, 나는 알아들을 수 있어요.

小英 这学期有几门[1]课?
Zhè xuéqī yǒu jǐ mén kè?

东民 四门。听力、阅读、口语，还有作文。
Sì mén. Tīnglì、yuèdú、kǒuyǔ, hái yǒu zuòwén.

小英 你觉得听力课难还是阅读课难?
Nǐ juéde tīnglì kè nán háishi yuèdú kè nán?

东民 我觉得听力课比阅读课容易，而且很有意思。
Wǒ juéde tīnglì kè bǐ yuèdú kè róngyì, érqiě hěn yǒu yìsi.

小英 老师说的汉语，你听得懂听不懂[2]?
Lǎoshī shuō de Hànyǔ, nǐ tīng de dǒng tīng bu dǒng?

东民 如果老师慢点儿说，我就[3]听得懂。
Rúguǒ lǎoshī màn diǎnr shuō, wǒ jiù tīng de dǒng.

□□ 学期	xuéqī	명 학기
□□ 门	mén	양 과목
□□ 课	kè	명 수업, 과목
□□ 听力	tīnglì	명 듣기
□□ 阅读	yuèdú	명 독해
□□ 口语	kǒuyǔ	명 회화
□□ 作文	zuòwén	명 작문
□□ 难	nán	형 어렵다
□□ 容易	róngyì	형 쉽다
□□ 懂	dǒng	동 알다, 이해하다
□□ 如果	rúguǒ	접 만약 ~라면
□□ 慢	màn	형 느리다
		* 반의 快 kuài 형 빠르다

중국 속으로

중국어 표준어 능력 시험

중국에는 방언이 심해서 중국인들도 중국어 표준어 시험인 普通话水平测试(Pǔtōnghuà Shuǐpíng Cèshì)를 봐요. 이 시험은 말하기 형식의 시험으로 발음, 어휘, 어법의 정확도, 유창함 등을 테스트하는데, 1~3급(级)으로 나뉘고, 각 급은 갑등(甲等 jiǎděng), 을등(乙等 yǐděng)으로 나뉘어요. 1급 갑등이 가장 높은 등급이고, 3급 을등이 가장 낮은 등급이에요. 보통 초중고 교사, 사범대학교 문과 졸업생, 아나운서나 MC, 배우 등의 취업을 준비하는 사람들이 많이 봐요.

1 양사 (헷갈리기 쉬운 양사)

일부 양사는 명사 용법으로도 쓰이기 때문에 헷갈릴 수 있어요. 이런 양사들은 명사일 때와 의미나 쓰임이 어떻게 다른지 잘 구분해서 사용해야 돼요.

	양사	명사
门 mén	과목 예 一门课 yì mén kè 수업 한 과목	문 예 开门 kāi mén 문을 열다
家 jiā	집[가정, 가게, 기업 등을 세는 단위] 예 两家商店 liǎng jiā shāngdiàn 상점 두 곳	집, 가정 예 我家 wǒ jiā 우리 집
块 kuài	덩어리, 조각[덩어리 모양의 물건을 세는 단위] 예 三块面包 sān kuài miànbāo 빵 세 조각	덩어리, 조각 예 冰块 bīng kuài 얼음덩어리
把 bǎ	자루[손잡이가 있는 물건을 세는 단위] 예 四把椅子 sì bǎ yǐzi 의자 네 개	손잡이, 핸들 예 自行车把 zìxíngchē bǎ 자전거 핸들
碗 wǎn	공기, 그릇[그릇에 담긴 것을 세는 단위] 예 五碗饭 wǔ wǎn fàn 밥 다섯 공기	공기, 그릇 예 碗筷 wǎn kuài 공기와 젓가락
口 kǒu	식구[가족 수를 세는 단위] 예 六口人 liù kǒu rén 여섯 식구	입, 입맛 예 开口 kāi kǒu 입을 열다
头 tóu	마리[동물, 가축 등을 세는 단위] 예 七头牛 qī tóu niú 소 일곱 마리	머리, 꼭대기 예 头疼 tóu téng 머리가 아프다

확인체크

♦ 다음 **보기** 중에서 빈칸에 들어갈 알맞은 양사를 고르세요.

보기 块　家　把　门

❶ 这________蛋糕你吃吧。

❷ 下个学期我有七________课。

❸ 学校前边有两________银行。

2 가능보어

가능보어는「동사+得/不+결과보어/방향보어」 형식으로 쓰여 '~할 수 있다'는 가능, 혹은 '~할 수 없다'는 불가능의 의미를 나타냅니다.

	동사 + 결과/방향보어	가능보어 → 동사 + 得 + 결과/방향보어
听 tīng 듣다	예 听懂 tīngdǒng 알아듣다	예 听得懂 tīng de dǒng 알아들을 수 있다
回 huí 돌다	예 回来 huílai 돌아오다	예 回得来 huí de lái 돌아올 수 있다

긍정문 동사 + 得 + 결과/방향보어 : ~할 수 있습니다

作业我都做得完。 숙제를 나는 다 끝낼 수 있어요.
Zuòyè wǒ dōu zuò de wán.

부정문 동사 + 不 + 결과/방향보어 : ~할 수 없습니다

我听不见你的声音。 나는 당신의 목소리가 들리지 않아요.
Wǒ tīng bu jiàn nǐ de shēngyīn.

의문문
동사 + 得/不 + 결과/방향보어 + 吗? : ~할 수 있습니까 / 없습니까?
동사 + 得 + 결과/방향보어 + 동사 + 不 + 결과/방향보어?
: ~할 수 있습니까, 없습니까?

A 我的话你听得懂听不懂? 나의 말을 당신은 알아들을 수 있나요, 없나요?
Wǒ de huà nǐ tīng de dǒng tīng bu dǒng?

B 你的话，我听不懂。 당신의 말을 나는 알아들을 수 없어요.
Nǐ de huà, wǒ tīng bu dǒng.

확인체크

♦ 다음 문장을 보기 와 같이 가능보어 긍정문과 부정문으로 바꾸어 보세요.

〈긍정문〉 〈부정문〉
보기 我能听见。→ 我听得见。→ 我听不见。

❶ 我能买到票。 ➡ ________ ➡ ________

❷ 他能回来。 ➡ ________ ➡ ________

단어 冰 bīng 명 얼음 | 筷(子) kuài(zi) 명 젓가락 | 牛 niú 명 소[동물] | 声音 shēngyīn 명 소리, 목소리

3 如果…就

如果는 '만약 ~라면'이라는 뜻으로, 가정문을 만드는 접속사입니다. 뒷절에는 종종 부사 就가 함께 쓰입니다.

如果明天下雨，我们就后天去吧。 만약 내일 비가 오면, 우리 모레 가요.
Rúguǒ míngtiān xià yǔ, wǒmen jiù hòutiān qù ba.

如果有时间，我们就去看电影吧。 만약 시간이 있으면, 우리 영화 보러 가요.
Rúguǒ yǒu shíjiān, wǒmen jiù qù kàn diànyǐng ba.

확인체크

♦ 如果…就를 넣어 다음 두 문장을 하나의 문장으로 만드세요.

❶ 他不来。我不去。

➡ ________________________________

❷ 这件衣服非常便宜。我买两件。

➡ ________________________________

❸ 天气太冷了。我在家躺着休息。

➡ ________________________________

♦ 다음 문장을 따라 읽으며 중국어의 문장 구조를 익혀 보세요.

1

这学期有	几门	课?	Zhè xuéqī yǒu jǐ mén kè?
你家有	几口	人?	Nǐ jiā yǒu jǐ kǒu rén?
你家里有	几把	伞?	Nǐ jiā li yǒu jǐ bǎ sǎn?
你晚上吃了	几碗	饭?	Nǐ wǎnshang chīle jǐ wǎn fàn?

중작하기 학교 근처에 상점이 몇 곳 있어요? ➡ ____________________

2

老师说的汉语,	你	听得懂听不懂?	Lǎoshī shuō de Hànyǔ, nǐ tīng de dǒng tīng bu dǒng?
老师说的汉语,	我	听不懂。	Lǎoshī shuō de Hànyǔ, wǒ tīng bu dǒng.
晚上六点以前,	你	回得来回不来?	Wǎnshang liù diǎn yǐqián, nǐ huí de lái huí bu lái?
晚上六点以前,	我	回得来。	Wǎnshang liù diǎn yǐqián, wǒ huí de lái.

중작하기 이렇게 많은 숙제를 나는 다 할 수 없어요. ➡ ____________________

3

如果	老师慢点儿说,	我就听得懂。	Rúguǒ lǎoshī màn diǎnr shuō, wǒ jiù tīng de dǒng.
如果	老师快点儿说,	我就听不懂。	Rúguǒ lǎoshī kuài diǎnr shuō, wǒ jiù tīng bu dǒng.
如果	有很多钱,	我就去旅游。	Rúguǒ yǒu hěn duō qián, wǒ jiù qù lǚyóu.
如果	有时间,	我就多睡觉。	Rúguǒ yǒu shíjiān, wǒ jiù duō shuì jiào.

중작하기 만약 시간이 있으면, 우리 같이 차를 마셔요. ➡ ____________________

단어 伞 sǎn 명 우산

这学期东民有四门课，听力、阅读、口语和作文。
Zhè xuéqī Dōngmín yǒu sì mén kè, tīnglì、yuèdú、kǒuyǔ hé zuòwén.

作文课太难了，他觉得没有意思。阅读课也很难，
Zuòwén kè tài nán le, tā juéde méiyǒu yìsi. Yuèdú kè yě hěn nán,

有很多不认识[1]的字，他看不懂。听力课虽然比较难，
yǒu hěn duō bú rènshi de zì, tā kàn bu dǒng. Tīnglì kè suīrán bǐjiào nán,

但是[2]东民觉得很有意思。如果老师慢点儿说，他就
dànshì Dōngmín juéde hěn yǒu yìsi. Rúguǒ lǎoshī màn diǎnr shuō, tā jiù

听得懂。他最喜欢听力课。
tīng de dǒng. Tā zuì xǐhuan tīnglì kè.

1 본문의 내용에 근거하여 다음 질문에 중국어로 답하세요.

❶ 东民有几门课? ____________________
Dōngmín yǒu jǐ mén kè?

❷ 东民觉得作文课怎么样? ____________________
Dōngmín juéde zuòwén kè zěnmeyàng?

❸ 东民觉得听力课怎么样? ____________________
Dōngmín juéde tīnglì kè zěnmeyàng?

Track12-05

2 녹음을 듣고 본문과 일치하면 ○, 일치하지 않으면 ×를 표시한 후, 녹음 내용을 빈칸에 쓰세요.

❶ ☐ 东民喜欢______________，他觉得很有意思。
Dōngmín xǐhuan tā juéde hěn yǒu yìsi.

❷ ☐ 阅读课很难，________________________。
Yuèdú kè hěn nán,

❸ ☐ 如果老师______________，东民就听得懂。
Rúguǒ lǎoshī Dōngmín jiù tīng de dǒng.

단어

Track12-06

□□ 字 zì 명 글자, 문자

□□ 虽然…但是… suīrán…dànshì… 비록 ~하지만

플러스Tip

❶ 认识와 知道는 모두 '알다'라는 뜻이지만 쓰임이 달라요. 认识는 사람의 얼굴이나 사물, 글자 등을 식별해 낼 수 있는 정도로 아는 경우에 사용하고, 知道는 어떤 사람이나 사물에 대해 지식과 이해로 아는 경우에 사용해요.

❷「虽然+A+但是+B」 형식으로 쓰여 서로 상반되는 A와 B를 말하며 B를 강조할 때 '비록 A일지라도, 하지만 B하다'라는 의미를 나타내요.

♦ 다음 그림을 보고 보기와 같이 문장을 만들어 보세요.

보기

老师说的汉语，他们听得懂听不懂?
Lǎoshī shuō de Hànyǔ, tāmen tīng de dǒng tīng bu dǒng?
선생님이 말하는 중국어를 그들은 알아들을 수 있나요, 없나요?

➡ 老师说的汉语，安娜听得懂。
Lǎoshī shuō de Hànyǔ, Ānnà tīng de dǒng.
선생님이 말하는 중국어를 안나는 알아들을 수 있습니다.

➡ 老师说的汉语，迈克听不懂。
Lǎoshī shuō de Hànyǔ, Màikè tīng bu dǒng.
선생님이 말하는 중국어를 마이크는 알아듣지 못합니다.

1

妈妈做的菜，他们吃得完吃不完?

➡ ＿＿＿＿＿＿，小英＿＿＿＿＿＿。

➡ ＿＿＿＿＿＿，东民＿＿＿＿＿＿。

2

老师写的汉字，他们看得懂看不懂?

➡ ＿＿＿＿＿＿，迈克＿＿＿＿＿＿。

➡ ＿＿＿＿＿＿，东民＿＿＿＿＿＿。

3

晚上十点，他们回得来回不来?

➡ ＿＿＿＿＿＿，东民＿＿＿＿＿＿。

➡ ＿＿＿＿＿＿，安娜＿＿＿＿＿＿。

1 녹음을 듣고 내용과 일치하는 것을 고르세요.

❶ 迈克觉得学汉语怎么样?

A 很难　　B 不太难　　C 有点儿难　　D 不难

❷ 迈克＿＿＿＿＿汉语书，也＿＿＿＿＿中国人说的话。

A 看不懂，听得懂　　B 看得懂，听不懂
C 看得懂，听得懂　　D 看不懂，听不懂

2 다음 문장을 읽고 둘 중 알맞은 것을 고르세요.

❶ 生词很多，今天 (学得完 / 学不完)。

❷ 我看不见前边儿，你 (看得见 / 看不见) 吗?

❸ 你说得非常快，我 (听得懂 / 听不懂)。

3 제시된 단어를 이용하여 다음 문장을 중국어로 써 보세요.

❶ 나는 듣기 과목이 작문 과목보다 어렵다고 생각합니다. (听力, 作文)

➡ ＿＿＿＿＿＿＿＿＿＿＿＿＿＿＿＿＿＿＿＿

❷ 이 옷은 비록 비싸지만, 매우 예쁩니다. (虽然…但是…)

➡ ＿＿＿＿＿＿＿＿＿＿＿＿＿＿＿＿＿＿＿＿

❸ 그 사람의 키(个子)가 너무 커서 나는 앞이 안 보입니다. (看不见)

➡ ＿＿＿＿＿＿＿＿＿＿＿＿＿＿＿＿＿＿＿＿

❹ 나는 이 글자(字)를 보고 이해할 수 없습니다. (看不懂)

➡ ＿＿＿＿＿＿＿＿＿＿＿＿＿＿＿＿＿＿＿＿

단어 生词 shēngcí 명 새 단어

중국의 대학 입학 시험

중국의 대입 열기는 우리나라 못지 않아요. 오히려 중국은 인구가 많기 때문에 경쟁률이 우리나라보다 더 심하다고도 할 수 있죠. 중국의 대학 입학 시험은 高考(gāokǎo)라고 하는데요, 보통 매년 6월 7일, 8일 이틀에 걸쳐 시행돼요. 7일에는 어문(국어), 수학 시험을 보고, 8일에는 문과종합(정치, 역사, 지리), 이과종합(화학, 생물, 물리), 외국어 시험을 봐요. 지역마다 시험 문제의 유형과 난이도가 조금씩 달라요.

시험 응시자는 호적상의 지역에서만 응시할 수 있어서 가족들이 이틀 동안 주변 숙박업소에서 같이 지내기도 해요. 시험장 입구에는 금속탐지기를 설치하여 핸드폰이나 무전기 등을 반입할 수 없게 통제하고, 소지품 검사도 철저히 해요.

♦ 과목 관련 단어

语文课
yǔwén kè
국어 과목

英语课
Yīngyǔ kè
영어 과목

数学课
shùxué kè
수학 과목

音乐课
yīnyuè kè
음악 과목

美术课
měishù kè
미술 과목

体育课
tǐyù kè
체육 과목

你快把包裹打开吧!

당신은 빨리 소포를 열어 보세요!

▶ **표현** 소포 관련 표현 익히기
반어법 익히기

▶ **어법** 결과보어 给 | 哪儿有…啊 |
把자문

핵심 패턴

37 这是女朋友寄给你的吧? 이것은 여자 친구가 당신에게 보낸 거지요?

38 我哪儿有女朋友啊! 내가 여자 친구가 어디 있어요!

39 你快把包裹打开吧! 당신은 빨리 소포를 열어 보세요.

迈克 你的包裹这么重！这是女朋友寄给[1]你的吧？
Nǐ de bāoguǒ zhème zhòng! Zhè shì nǚpéngyou jìgěi nǐ de ba?

东民 我哪儿有女朋友啊[2]！是妈妈寄给我的。
Wǒ nǎr yǒu nǚpéngyou a! Shì māma jìgěi wǒ de.

迈克 哈哈！那里面一定是好吃的吧？
Hāhā! Nà lǐmiàn yídìng shì hǎochī de ba?

东民 那当然了。
Nà dāngrán le.

迈克 你快把[3]包裹打开吧！
Nǐ kuài bǎ bāoguǒ dǎkāi ba!

东民 好，你等一下。
Hǎo, nǐ děng yíxià.

단어

□□ 包裹	bāoguǒ	명 소포
		* 快递 kuàidì 명 택배
□□ 重	zhòng	형 무겁다
		* 반의 轻 qīng 형 가볍다
□□ 寄	jì	동 (우편으로) 보내다, 부치다
		* 寄包裹 jì bāoguǒ 소포를 부치다
□□ 哈哈	hāhā	의성 하하[웃는 소리]
□□ 里面	lǐmiàn	명 안, 속
		* 반의 外面 wàimiàn 명 밖, 바깥
□□ 一定	yídìng	부 분명히, 반드시, 꼭
□□ 当然	dāngrán	형 당연하다 부 당연히, 물론
□□ 把	bǎ	개 목적어를 동사 앞에 두어 동작을 강조하는 개사
□□ 打开	dǎkāi	동 열다, 펼치다, 풀다

중국 속으로

무인 택배 보관함, 菜鸟驿站

菜鸟驿站(càiniǎo yìzhàn)은 무인 택배 보관함으로, 무료로 이용할 수 있어요. 菜鸟驿站은 주로 대학교나 주거 단지 등의 주변 상점에 있어요. 2019년에는 무인 택배 보관함을 통해 배송 완료한 건수가 40만 건을 넘어 전년 대비 49% 증가했다고 해요. 보통 택배 송장 번호만 있으면 바로 찾을 수 있는데, 요즘에는 '안면 인식 수령 기능(刷脸取件功能 shuāliǎn qǔjiàn gōngnéng)이 개통되어 보관함에서 안면 인식으로 바로 택배를 찾을 수도 있어요.

1 결과보어 给

결과보어 给는 동사 뒤에 놓여 '~에게 ~을 주다'라는 의미를 나타냅니다. 给 앞에 자주 쓰이는 동사로는 还(huán 돌려주다), 借(jiè 빌리다), 寄(jì 부치다), 交(jiāo 제출하다), 送(sòng 선물하다) 등이 있습니다.

我一会儿就还给你。 내가 곧 돌려줄게요.
Wǒ yíhuìr jiù huángěi nǐ.

你能借给我你的词典吗？ 당신은 나에게 당신의 사전을 빌려줄 수 있나요?
Nǐ néng jiègěi wǒ nǐ de cídiǎn ma?

확인체크

♦ 우리말을 참고하여 결과보어 给를 써서 문장을 만드세요.

❶ 이것은 선생님께 제출하세요.

➡ ____________________

❷ 누나(언니)가 나에게 외투 하나를 선물해 줬어요.

➡ ____________________

2 哪儿有…啊

哪儿有는 '~가 어디 있겠느냐'라는 의미로, 반문을 하며 '없음'을 강조하는 표현입니다.

学生哪儿有钱啊！ 학생이 돈이 어디 있겠어요!(학생은 돈이 없다)
Xuésheng nǎr yǒu qián a!

你看他，他哪儿有女朋友啊！ 당신이 그를 봐요. 그가 여자 친구가 어디 있겠어요!(그는 여자 친구가 없다)
Nǐ kàn tā, tā nǎr yǒu nǚpéngyou a!

단어 一会儿 yíhuìr 명 잠시, 곧 | 丢 diū 동 잃어버리다 | 干净 gānjìng 형 깨끗하다 | 整理 zhěnglǐ 동 정리하다

3 把자문

把자문은 동작이 어떤 특정한 대상을 어떻게 처리했는지, 그 처리 결과가 어떠한지를 강조하여 설명합니다. 把자문을 쓸 때는 동사 뒤에 了, 보어 등의 기타 성분을 반드시 붙여야 합니다.

긍정문 주어 + 把 + 목적어 + 동사 + 기타 성분

小李带来词典了。 ➡ 小李把词典带来了。
Xiǎo Lǐ dàilai cídiǎn le. Xiǎo Lǐ bǎ cídiǎn dàilai le.
샤오리는 사전을 가지고 왔어요.

他打开门了。 ➡ 他把门打开了。
Tā dǎkāi mén le. Tā bǎ mén dǎkāi le.
그는 문을 열었어요.

我要还给他这本书。 ➡ 我要把这本书还给他。
Wǒ yào huángěi tā zhè běn shū. Wǒ yào bǎ zhè běn shū huángěi tā.
나는 이 책을 그에게 돌려줘야 해요.

부정문 주어 + 不/没 + 把 + 목적어 + 동사 + 기타 성분

小李没把词典带来。 샤오리는 사전을 가지고 오지 않았어요.
Xiǎo Lǐ méi bǎ cídiǎn dàilai.

他没把门打开。 그는 문을 열지 않았어요.
Tā méi bǎ mén dǎkāi.

我不想把这本书还给他。 나는 이 책을 그에게 돌려주고 싶지 않아요.
Wǒ bù xiǎng bǎ zhè běn shū huángěi tā.

TIP ❶ 동사 뒤에 오는 기타 성분으로는 了, 결과보어, 방향보어, 정도보어, 동사 중첩 등이 있습니다.

예 我把钱包丢了。 나는 지갑을 잃어버렸어요. [了]
Wǒ bǎ qiánbāo diū le.
她把作业做完了。 그녀는 숙제를 다 했어요. [결과보어]
Tā bǎ zuòyè zuòwán le.
他把车开来了。 그는 차를 운전해서 왔어요. [방향보어]
Tā bǎ chē kāilai le.
她把衣服洗得很干净。 그녀는 옷을 깨끗하게 빨았어요. [정도보어]
Tā bǎ yīfu xǐ de hěn gānjìng.
你把房间整理整理。 당신은 방 좀 정리하세요. [동사 중첩]
Nǐ bǎ fángjiān zhěngli zhěngli.

TIP ❷ 把자문에서 시간부사, 조동사, 부정부사(不, 没)는 반드시 把 앞에 써야 합니다.

예 妈妈已经把饭做好了。 엄마는 이미 밥을 다 했어요.
Māma yǐjīng bǎ fàn zuòhǎo le.

你能把它吃完吗? 당신은 그것을 다 먹을 수 있어요?
Nǐ néng bǎ tā chīwán ma?

확인체크

♦ 다음 문장을 把자문으로 바꾸세요.

❶ 请打开电视。 ➡ ______________________

❷ 他没喝完咖啡。 ➡ ______________________

❸ 我不想借给你笔记本电脑。 ➡ ______________________

단어 笔记本电脑 bǐjìběn diànnǎo 명 노트북

◆ 다음 문장을 따라 읽으며 중국어의 문장 구조를 익혀 보세요.

1 这是妈妈 寄 给 我的。 Zhè shì māma jìgěi wǒ de.
这是朋友 借 给 我的词典。 Zhè shì péngyou jiègěi wǒ de cídiǎn.
这是哥哥 还 给 我的钱。 Zhè shì gēge huángěi wǒ de qián.
这是老师 买 给 我的书。 Zhè shì lǎoshī mǎigěi wǒ de shū.

중작하기 이것은 아빠가 나에게 사 주신 옷이에요. ➡ ______________________

2 我 哪儿有 女朋友 啊! Wǒ nǎr yǒu nǚpéngyou a!
我 哪儿有 钱 啊! Wǒ nǎr yǒu qián a!
我 哪儿有 时间 啊! Wǒ nǎr yǒu shíjiān a!
我 哪儿有 房子 啊! Wǒ nǎr yǒu fángzi a!

중작하기 내가 남자 친구가 어디 있겠어요! ➡ ______________________

3 你快 把 包裹 打开吧! Nǐ kuài bǎ bāoguǒ dǎkāi ba!
你 把 护照 带来了吗? Nǐ bǎ hùzhào dàilai le ma?
你 把 作业 做完了吗? Nǐ bǎ zuòyè zuòwán le ma?
我没 把 作业 做完。 Wǒ méi bǎ zuòyè zuòwán.

중작하기 형(오빠)이 내 책을 가져오지 않았어요. ➡ ______________________

단어 护照 hùzhào 명 여권

妈妈从韩国寄来了一个包裹。听妈妈说[1]，里面有很多好吃的，辛奇[2]、方便面、饼干等等。东民最喜欢吃辛奇。如果没有辛奇，他就不想吃饭。

Māma cóng Hánguó jìlaile yí ge bāoguǒ. Tīng māma shuō, lǐmiàn yǒu hěn duō hǎochī de, xīnqí、fāngbiànmiàn、bǐnggān děngděng. Dōngmín zuì xǐhuan chī xīnqí. Rúguǒ méiyǒu xīnqí, tā jiù bù xiǎng chī fàn.

今天东民收到了包裹，很开心。听迈克说，他也喜欢吃辛奇。所以东民把包裹打开后，送给了迈克辛奇。

Jīntiān Dōngmín shōudàole bāoguǒ, hěn kāixīn. Tīng Màikè shuō, tā yě xǐhuan chī xīnqí. Suǒyǐ Dōngmín bǎ bāoguǒ dǎkāi hòu, sònggěile Màikè xīnqí.

1 본문의 내용에 근거하여 다음 질문에 중국어로 답하세요.

❶ 包裹里面有什么? ________________
Bāoguǒ lǐmiàn yǒu shénme?

❷ 如果没有辛奇，东民就怎么样? ________________
Rúguǒ méiyǒu xīnqí, Dōngmín jiù zěnmeyàng?

❸ 东民送给了迈克什么? ________________
Dōngmín sònggěile Màikè shénme?

2 녹음을 듣고 본문과 일치하면 ○, 일치하지 않으면 ×를 표시한 후, 녹음 내용을 빈칸에 쓰세요.

Track13-05

❶ □ 妈妈________东民一个包裹。
Māma ________ Dōngmín yí ge bāoguǒ.

❷ □ 东民非常喜欢________。
Dōngmín fēicháng xǐhuan

❸ □ 今天东民收到了包裹后，________。
Jīntiān Dōngmín shōudàole bāoguǒ hòu,

단어

Track13-06

□□ 辛奇 xīnqí 명 김치
□□ 方便面 fāngbiànmiàn 명 라면
□□ 饼干 bǐnggān 명 과자
□□ 收到 shōudào 동 받다, 수령하다, 얻다
□□ 开心 kāixīn 형 즐겁다, 유쾌하다
□□ 后 hòu 명 (시간상으로) 뒤, 후, 나중
□□ 送 sòng 동 주다, 선물하다

플러스Tip

❶ 听说는 '듣자 하니'라는 뜻으로, 들은 내용의 출처를 밝히고자 할 때는 听과 说 사이에 넣어요.
❷ 김치는 2013년에 한국 농림축산식품부에서 중국어 표기를 辛奇(xīnqí)로 상표를 출원했어요.

♦ 다음 그림을 보고 보기 와 같이 문장을 만들어 보세요.

보기

[打开]

东民把包裹打开了吗?

Dōngmín bǎ bāoguǒ dǎkāi le ma?

동민이는 소포를 열었습니까?

➡ 东民把包裹打开了。

Dōngmín bǎ bāoguǒ dǎkāi le.

동민이는 소포를 열었습니다.

1

[喝完]

哥哥________________?

➡ 哥哥________________。

2

[带来]

迈克________________?

➡ 迈克________________。

3

[卖]

王老师________________?

➡ 王老师________________。

1 녹음을 듣고 내용과 일치하는 것을 고르세요.

① 这个包裹是谁寄给东民的?

A 妈妈　　B 朋友　　C 爸爸　　D 不知道

② 包裹里面是什么?

A 书　　B 吃的　　C 穿的　　D 钱

2 제시된 단어를 배열하여 문장을 만드세요.

① 你 / 手机 / 把 / 带来 / 吗 / 了 ➡ ____________________

② 哪儿 / 时间 / 我 / 有 / 啊 ➡ ____________________

③ 是 / 给 / 我妈妈 / 这 / 我的 / 寄 / 包裹 ➡ ____________________

3 제시된 단어를 이용하여 다음 문장을 중국어로 써 보세요.

① 그가 중국 여자 친구가 어디 있겠어요! (哪儿…啊)

➡ ____________________

② 나는 그 커피(那杯咖啡)를 다 마시지 않았습니다. (没, 把)

➡ ____________________

③ 이것은 내 중국 친구가 나에게 빌려 준 것입니다. (借给)

➡ ____________________

④ 나는 이미 집(房子)을 팔았습니다. (已经, 把)

➡ ____________________

그림으로 배우는 단어 택배

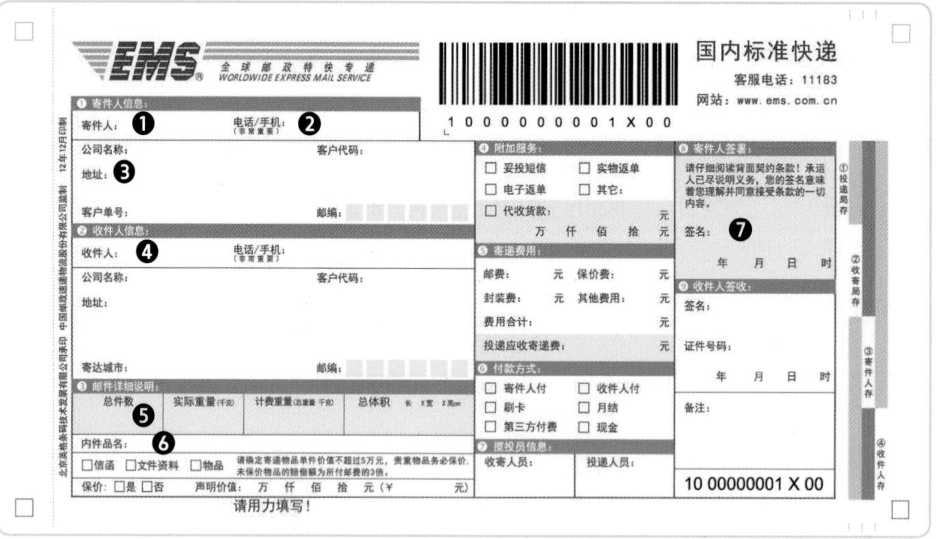

EMS 全球邮政特快专递 WORLDWIDE EXPRESS MAIL SERVICE

国内标准快递

客服电话：11183

网站：www. ems. com. cn

1 0 0 0 0 0 0 0 0 1 X 0 0

① 寄件人信息：

寄件人：❶ 电话/手机：（非常重要）❷

公司名称： 客户代码：

地址：❸

客户单号： 邮编：

② 收件人信息：

收件人：❹ 电话/手机：（非常重要）

公司名称： 客户代码：

地址：

寄达城市： 邮编：

③ 邮件详细说明：

总件数 ❺	实际重量(千克)	计费重量(总重量 千克)	总体积 长 X宽 X高cm

内件品名：❻

□信函 □文件资料 □物品 请确定寄递物品单件价值不超过5万元，贵重物品务必保价，未保价物品的赔偿额为所付邮费的3倍。

保价：□是 □否 声明价值： 万 仟 佰 拾 元（¥ 元）

请用力填写！

④ 附加服务：

□ 妥投短信 □ 实物返单

□ 电子返单 □ 其它：

□ 代收货款： 元

万 仟 佰 拾 元

⑤ 寄递费用：

邮费： 元 保价费： 元

封装费： 元 其他费用： 元

费用合计： 元

投递应收寄递费： 元

⑥ 付款方式：

□ 寄件人付 □ 收件人付

□ 刷卡 □ 月结

□ 第三方付费 □ 现金

⑦ 揽投员信息：

收寄人员： 投递人员：

⑧ 寄件人签署：

请仔细阅读背面契约条款！承运人已尽说明义务，您的签名意味着您理解并同意接受条款的一切内容。

签名：❼

年 月 日 时

⑨ 收件人签收：

签名：

证件号码：

年 月 日 时

备注：

10 00000001 X 00

①投递局存 ②收寄局存 ③寄件人存 ④收件人存

北京英格条码技术发展有限公司承印 中国邮政速递物流股份有限公司监制 12年12月印制

❶ 寄件人 jìjiànrén 보내는 사람

❷ 电话/手机 diànhuà / shǒujī 전화 / 핸드폰

❸ 地址 dìzhǐ 주소

❹ 收件人 shōujiànrén 받는 사람

❺ 总件数 zǒng jiànshù 총 개수

❻ 内件品名 nèijiàn pǐnmíng 내용품명

❼ 签名 qiānmíng 서명

快放假了。

곧 방학이에요.

▶ **표현** 형용사 중첩 표현 익히기
동작과 상태의 변화 말하기

▶ **어법** 어기조사 了(2) | 형용사 중첩 |
快…了

핵심 패턴

40 北京的留学生活你习惯了吗?
베이징의 유학 생활에 당신은 익숙해졌어요?

41 现在慢慢儿习惯了。 지금은 서서히 익숙해졌어요.

42 快放假了。 곧 방학이에요.

安娜　北京的留学生活你习惯了❶吗？
Běijīng de liúxué shēnghuó nǐ xíguàn le ma?

东民　开始不习惯，现在慢慢儿❷习惯了。
Kāishǐ bù xíguàn, xiànzài mànmānr xíguàn le.

安娜　快放假了❸，你打算做什么？
Kuài fàng jià le, nǐ dǎsuan zuò shénme?

东民　我打算跟朋友去上海旅游。
Wǒ dǎsuan gēn péngyou qù Shànghǎi lǚyóu.

安娜　听说上海的外滩很漂亮。
Tīng shuō Shànghǎi de Wàitān hěn piàoliang.

东民　你也去吧。我们一起去上海玩儿吧！
Nǐ yě qù ba. Wǒmen yìqǐ qù Shànghǎi wánr ba!

□□ 留学生活 liúxué shēnghuó 유학 생활

* 留学 liú xué 동 유학하다 | 日常生活 rìcháng shēnghuó 일상생활

□□ 习惯 xíguàn 명 습관, 버릇
동 습관이 되다, 적응하다, 익숙해지다

□□ 慢慢儿 mànmānr 부 천천히, 서서히

□□ 快…了 kuài…le 곧 ~하려고 하다

□□ 放假 fàng jià 동 방학하다, 휴가로 쉬다

* 暑假 shǔjià 명 여름 방학 | 寒假 hánjià 명 겨울 방학

□□ 上海 Shànghǎi 고유 상하이, 상해

□□ 旅游 lǚyóu 동 여행하다

* 동의 旅行 lǚxíng 동 여행하다

□□ 外滩 Wàitān 고유 와이탄

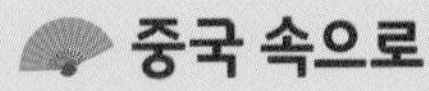

와이탄

와이탄(外滩 Wàitān)은 상하이의 대표적인 관광 명소로 황포강(黄浦江 Huángpǔ Jiāng)의 강변을 따라 형성된 거리예요. 와이탄 부근에는 유럽풍 건물들이 많이 있어서 이국적인 분위기를 느낄 수 있고, 황포강 건너편에는 동방명주(东方明珠 Dōngfāng Míngzhū) 등 현대식 고층 건물들이 많이 있어요. 밤에는 야경이 무척 아름다워요.

1 어기조사 了(2)

어기조사 了가 문장 끝에 오면 상황에 변화가 생겼음을 나타냅니다. 여기서 了는 동작의 완료와는 관계가 없습니다.

我走了。 나 갈게요. [가는 동작이 완료된 것은 아님]
Wǒ zǒu le.

他又哭了。 그는 또 울어요. [우는 동작이 완료된 것은 아님]
Tā yòu kū le.

刮风了。 바람이 불어요. [바람이 불지 않다가 불기 시작함]
Guā fēng le.

他以前喜欢喝酒，现在不喝了。 그는 예전에는 술 마시는 것을 좋아했지만, 지금은 안 마셔요.
Tā yǐqián xǐhuan hē jiǔ, xiànzài bù hē le.

TIP ❶ 형용사 뒤에 어기조사 了가 오는 경우에도 '~해졌다'라는 의미로 상황의 변화를 나타냅니다.

예 天气冷了。 날씨가 추워졌어요.
Tiānqì lěng le.

❷ 어기조사 了 앞에 수량사, 나이, 시간 등이 오는 경우에는 수량의 변화를 나타냅니다.

예 妹妹今年十五岁了。 여동생은 올해 15살이 됐어요.
Mèimei jīnnián shíwǔ suì le.

확인체크

♦ 다음 문장 중 了의 용법이 다른 하나를 고르세요.

❶ 我现在不工作了。 ❷ 我睡了，明天再说吧。

❸ 奶奶的身体好了。 ❹ 他寄来了一个包裹。

단어 又 yòu 부 또, 다시 | 哭 kū 동 울다 | 刮风 guā fēng 동 바람이 불다 | 鼻子 bízi 명 코 | 眼睛 yǎnjing 명 눈[신체] | 脸 liǎn 명 얼굴 | 白 bái 형 희다, 하얗다

2 형용사 중첩

일부 형용사는 중첩하여 성질이나 정도가 심함을 나타낼 수 있습니다. 형용사를 중첩하면 이미 강조의 의미가 있기 때문에 앞에 很, 非常과 같은 정도부사를 붙일 수 없습니다.

단음절 형용사 (AA)	일부 형용사는 두 번째 음절이 제1성으로 바뀌고 뒤에 儿이 붙기도 합니다. 예 大 dà ➡ 大大 dàdà 很大大 (X) 好 hǎo ➡ 好好儿 hǎohāor 很好好儿 (X) 慢 màn ➡ 慢慢儿 mànmānr 非常慢慢儿 (X)
이음절 형용사 (AABB)	두 번째 음절은 가볍게 경성으로 읽고 강세는 끝에 둡니다. 예 高兴 gāoxìng ➡ 高高兴兴 gāogaoxìngxìng 很高高兴兴 (X) 漂亮 piàoliang ➡ 漂漂亮亮 piàopiaoliàngliàng 非常漂漂亮亮 (X)

你好好儿休息。 당신은 푹 쉬세요.
Nǐ hǎohāor xiūxi.

她穿得漂漂亮亮。 그녀는 예쁘게 입었어요.
Tā chuān de piàopiaoliàngliàng.

형용사의 중첩이 명사를 수식하거나 술어로 쓰일 때는 뒤에 的를 붙입니다.

他鼻子高高的，眼睛大大的，很帅。 그는 코가 높고, 눈이 커서 아주 잘생겼어요.
Tā bízi gāogāo de, yǎnjing dàdà de, hěn shuài.

TIP 동사 중첩

동사를 중첩하면 형용사 중첩과 반대로 동작이 가벼움을 의미합니다.

예 你听听吧。 당신이 좀 들어 보세요.
Nǐ tīngting ba.

你尝尝吧。 당신이 맛 좀 보세요.
Nǐ chángchang ba.

▶ 동사 중첩 → 78쪽 참고

확인체크

♦ 다음 밑줄 친 형용사를 중첩시켜 문장을 바꾸어 보세요.

❶ 他的脸很<u>白</u>。 ➡ ____________________

❷ 我喜欢吃<u>甜</u>的水果。 ➡ ____________________

❸ 弟弟学游泳学得很<u>认真</u>。 ➡ ____________________

3 快…了

快…了는 '곧 ~하려고 하다'라는 의미로, 상황이 곧 발생할 것임을 나타냅니다. 이때의 了는 상황 변화를 나타내는 어기조사입니다.

火车快开了。 기차가 곧 떠나요.
Huǒchē kuài kāi le.

我快毕业了。 나는 곧 졸업해요.
Wǒ kuài bì yè le.

快到妈妈的生日了，给她买什么呢? 곧 엄마 생일이 다가오는데, 무엇을 사 드릴 거예요?
Kuài dào māma de shēngrì le, gěi tā mǎi shénme ne?

TIP 快…了 대신 要…了, 就要…了, 快要…了를 사용할 수 있습니다.

확인체크

♦ 다음 문장 중 快의 용법이 다른 하나를 고르세요.

❶ 姐姐快结婚了。

❷ 冬天快要来了。

❸ 我快要回故乡去了。

❹ 快回来吧，就要下雨了。

단어 开 kāi 동 (자동차 등을) 운전하다, (기계 등을) 돌리다

◆ 다음 문장을 따라 읽으며 중국어의 문장 구조를 익혀 보세요.

1

北京的留学生活你	习惯	了吗?	Běijīng de liúxué shēnghuó nǐ xíguàn le ma?
我已经	习惯	了。	Wǒ yǐjīng xíguàn le.
你开始	上课	了吗?	Nǐ kāishǐ shàng kè le ma?
我开始	上课	了。	Wǒ kāishǐ shàng kè le.

중작하기 새 일은 익숙해졌어요? ➡ ____________________

2

我	慢慢儿	习惯了。	Wǒ mànmānr xíguàn le.
你	慢慢儿	喝茶吧。	Nǐ mànmānr hē chá ba.
我们	好好儿	学汉语吧。	Wǒmen hǎohāor xué Hànyǔ ba.
你要	好好儿	休息。	Nǐ yào hǎohāor xiūxi.

중작하기 당신은 천천히 말하세요. ➡ ____________________

3

快	放假	了。	Kuài fàng jià le.
快	要开车	了。	Kuài yào kāi chē le.
快	到国庆节	了。	Kuài dào Guóqìng Jié le.
快	到吃饭的时间	了。	Kuài dào chī fàn de shíjiān le.

중작하기 곧 퇴근이에요. ➡ ____________________

东民来北京已经一年了。他慢慢儿习惯了在中国的留学生活。他在中国认真学习汉语，而且常常去旅游。

Dōngmín lái Běijīng yǐjīng yì nián le. Tā mànmānr xíguànle zài Zhōngguó de liúxué shēnghuó. Tā zài Zhōngguó rènzhēn xuéxí Hànyǔ, érqiě chángcháng qù lǚyóu.

快放假了，东民打算跟朋友去上海玩儿玩儿❶。安娜一次也没去过上海，她也很想去上海看看。

Kuài fàng jià le, Dōngmín dǎsuan gēn péngyou qù Shànghǎi wánrwanr. Ānnà yí cì yě méi qùguo Shànghǎi, tā yě hěn xiǎng qù Shànghǎi kànkan.

1 본문의 내용에 근거하여 다음 질문에 중국어로 답하세요.

❶ 东民来中国多长时间了? 🎙 ______________________
Dōngmín lái Zhōngguó duō cháng shíjiān le?

❷ 东民在中国干什么? 🎙 ______________________
Dōngmín zài Zhōngguó gàn shénme?

❸ 放假的时候，东民打算去哪儿? 🎙 ______________________
Fàng jià de shíhou, Dōngmín dǎsuan qù nǎr?

2 녹음을 듣고 본문과 일치하면 ○, 일치하지 않으면 ×를 표시한 후,
녹음 내용을 빈칸에 쓰세요.

❶ ☐ 东民__________在中国的留学生活。
Dōngmín zài Zhōngguó de liúxué shēnghuó.

❷ ☐ 东民打算__________上海玩儿。
Dōngmín dǎsuan Shànghǎi wánr.

❸ ☐ 安娜__________去过上海。
Ānnà qùguo Shànghǎi.

□□ 学习 xuéxí 동 학습하다, 공부하다

플러스Tip

❶ 玩儿玩儿은 단음절 동사 玩儿이 중첩돼서 '좀 놀다'라는 뜻을 나타내요. 玩一玩이라고도 할 수 있어요.

♦ 다음 그림을 보고 보기와 같이 문장을 만들어 보세요.

보기

快放假了，我要去上海玩儿。
Kuài fàng jià le, wǒ yào qù Shànghǎi wánr.
곧 방학입니다. 나는 상하이에 놀러 가려고 합니다.

1

快________________了，

我要________________。

2

11:55

快________________了，

我要________________。

3

周末

快________________了，

我要________________。

4

6:00

快________________了，

我要________________。

1 녹음을 듣고 내용과 일치하는 것을 고르세요.

① 安娜什么时候去旅游?

A 国庆节　　B 母亲节　　C 教师节　　D 儿童节

② 安娜打算去哪儿旅游?

A 上海　　B 香港　　C 美国　　D 韩国

2 了에 유의하여 아래 문장을 해석하세요.

① 爸爸有钱了。 ➡ ____________________

② 现在下雨了。 ➡ ____________________

③ 天气热了。 ➡ ____________________

3 제시된 단어를 이용하여 다음 문장을 중국어로 써 보세요.

① 곧 춘절이어서, 그는 귀국(回国)할 계획입니다. (快…了)

➡ ____________________

② 기차가 곧 도착합니다. (快…了)

➡ ____________________

③ 당신은 천천히 식사하세요. (慢慢儿)

➡ ____________________

④ 결혼 생활에 당신은 익숙해졌습니까? (了)

➡ ____________________

게임으로 즐기는 중국어 퍼즐

◆ 가로세로 열쇠를 풀어 중국어로 퍼즐을 완성하세요.

➡ 가로 열쇠

1 시간

2 폭죽을 터뜨리다

5 갑자기

6 습관이 되다, 익숙해지다

8 그러나, 그런데

10 빙등제

⬇ 세로 열쇠

1 때, 무렵

2 방학하다, 휴가로 쉬다

3 당연하다, 당연히, 물론

4 학습하다, 공부하다

7 춘절, (음력) 설

9 설을 쇠다, 새해를 맞다

▶ 정답 → 220쪽

1 녹음을 듣고 내용과 관련 있는 사진을 고르세요.

A 

B 

C 

D 

E 

F 

2 녹음을 듣고 질문에 알맞은 답을 고르세요.

❶ A 听力 B 阅读 C 作文 D 口语

❷ A 好吃的 B 韩国书 C 衣服 D 面包

❸ A 商店 B 医院 C 教室 D 公园

❹ A 首尔比上海冷 B 上海比首尔还冷
C 上海没有首尔冷 D 上海跟首尔一样冷

❺ A 鸡肉 B 猪肉 C 饺子 D 火锅

3 녹음을 듣고 내용에 이어지는 말을 고르세요.

❶ A 这位是我的汉语老师。 B 银行离这儿不太远。
C 下个星期一有考试。 D 去天安门怎么走?

❷ A 我学习很认真。 B 请多关照。
C 今年的雪比去年还大。 D 我去图书馆复习。

❸ A 不快也不慢，挺好的。 B 不错，就是有点儿吵。
C 我要去医院看病。 D 我哪儿有钱啊!

4 다음 빈칸에 조동사 能 또는 会를 넣어 문장을 완성하세요.

❶ 他喜欢喝啤酒，一次(　　　　)喝两瓶酒。

❷ 听说你(　　　　)游泳，教教我，好吗?

5 다음 빈칸에 들어갈 알맞은 조사를 고르세요.

❶ 我一次也没吃(　　　　)，我们去尝尝吧! (了 / 过)

❷ 昨天你打电话的时候，我在床上躺(　　　　)呢。(了 / 着)

❸ 你听，他唱歌唱得多好听(　　　　)! (吧 / 啊)

❹ 快要下雨(　　　　)，我们坐出租车回去吧。(了 / 呢)

6 다음 빈칸에 공통으로 들어갈 알맞은 개사를 고르세요.

你家(　　　)这儿远吗?	(　　　)国庆节还有一个星期。

A 离　　B 从　　C 往　　D 跟

7 다음 명사와 어울리는 양사끼리 연결하세요.

❶ 饭 •　　• A 头

❷ 银行 •　　• B 把

❸ 伞 •　　• C 碗

❹ 牛 •　　• D 家

8 빈칸에 들어갈 알맞은 단어를 고르세요.

보기	A 习惯　B 当然　C 时候　D 暖和　E 照相

❶ 每年春节的(　　　)，我都给爸爸、妈妈买衣服和袜子。

❷ 这儿真漂亮，我们在这儿(　　　)吧。

❸ 我最喜欢春天，春天不冷也不热，很(　　　)。

❹ 我来中国已经一年了，现在慢慢儿(　　　)了在中国的生活。

❺ A 这个饼干这么好吃，一定是你做的吧?

B 那(　　　)了! 你多吃点儿!

9 보기 의 문장을 자연스럽게 연결되도록 배열하세요.

보기
A 十二点到了，大家一起说：“过年好!”
B 今天是除夕，我跟家人一起过年。
C 晚上我们一边吃饺子，一边看电视。

10 다음 문장이 빈칸에 들어갈 알맞은 위치를 고르세요.

如果他说得很快

我今年20岁，是韩国留学生，(A)在北京学汉语。我有一个北京朋友，他很亲切。(B)跟我说话的时候，(C)他常常说得很慢，我都听得懂。不过(D)，我就听不懂了。

11 서로 대화가 어울리는 것끼리 연결하세요.

❶ 工作都做得怎么样? • • A 不，朋友寄给我的。

❷ 你来看看这个台灯。 • • B 有的人做完了，有的人没做完。

❸ 去地铁站怎么走? • • C 一直往前走。

❹ 这是你买的? • • D 他比我矮。

❺ 你哥哥高还是你高? • • E 好极了，多少钱?

12 다음 질문에 부정문으로 대답해 보세요.

❶ 他打篮球打得怎么样? ➡ ______________

❷ 你看得懂那个电影吗? ➡ ______________

❸ 你看见王老师了吗? ➡ ______________

❹ 你把作业带来了吗? ➡ ______________

13 다음 단문을 읽고 질문에 답하세요.

> 我中国朋友的故乡是哈尔滨。哈尔滨的冰灯节很有名，每年冬天很多人都去哈尔滨看冰灯。不过很多人不知道哈尔滨每年夏天都有啤酒节。朋友很喜欢喝哈尔滨啤酒，他说，哈尔滨啤酒(　　　　　)。

❶ 빈칸에 들어갈 알맞은 문장을 고르세요.

A 跟咖啡一样　　B 又便宜又好吃

C 没有青岛啤酒好喝　　D 比青岛啤酒还好喝

❷ 단문의 내용과 같은 것을 고르세요.

A 中国朋友喜欢夏天　　B 哈尔滨的冬天很冷

C 哈尔滨的冰灯很有名　　D 很多人不知道哈尔滨

단어 青岛啤酒 Qīngdǎo píjiǔ 고유 칭다오 맥주

14 제시된 단어를 배열하여 문장을 만드세요.

❶ 他 / 学校 / 在 / 住 / 宿舍

➡ ______________________________

❷ 我 / 书 / 还 / 图书馆 / 给 / 把

➡ ______________________________

❸ 个 / 是 / 好像 / 人 / 韩国人 / 那

➡ ______________________________

❹ 一下 / 请 / 帮 / 拿 / 我

➡ ______________________________

15 그림을 보고 제시된 단어를 사용하여 문장을 만드세요.

❶ 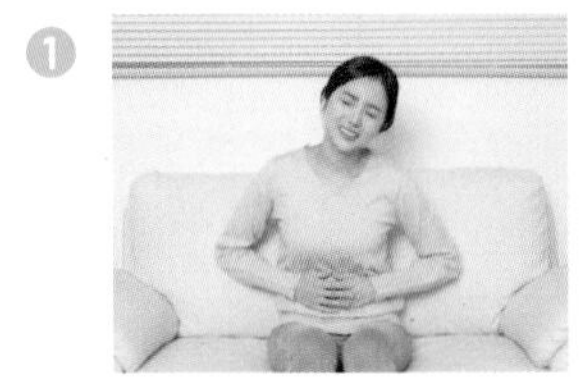

舒服

➡ ______________________________

❷ 

拐

➡ ______________________________

▸ 정답 → 221쪽

- 정답 및 해석
- 찾아보기

정답 및 해석

1과 请多关照。
잘 부탁드립니다.

맛있는 회화 ➔26쪽

왕 선생님 여러분, 안녕하세요! 나는 왕밍이라고 해요. 여러분의 중국어 선생님이에요.

학생들 왕 선생님, 안녕하세요!

왕 선생님 여러분 자기소개 좀 해 보세요. 이쪽의 학우, 먼저 하세요.

안나 저는 안나라고 해요. 미국인이에요. 만나서 반갑습니다.

동민 저는 이씨고, 이동민이라고 해요. 한국인이에요. 잘 부탁드립니다.

맛있는 어법 ➔28~30쪽

1 ③

2 ❶ 位 ❷ 个 ❸ 位 / 个

3 ❶ A ❷ B

맛있는 문장 연습 ➔31쪽

1 내가 소개 좀 할게요.
내가 좀 볼게요.
당신이 좀 말해 보세요.
당신이 좀 들어 보세요.
중작 你来写一下。

2 이 분은 누구세요?
이 분은 저의 중국어 선생님이세요.
그 분은 누구세요?
그 분은 우리 아빠예요.
중작 这位是我妈妈。

3 잘 부탁드립니다.
많이 가르쳐 주세요.(잘 부탁드립니다.)
많이 좀 드세요.
많이 좀 입으세요.
중작 请多听，多说。

맛있는 이야기 해석 ➔32쪽

나는 동민이라고 합니다. 올해 스물두 살이고, 한국인입니다. 베이징에 중국어를 배우러 왔습니다.

오늘은 수업 첫 날입니다. 나와 한 학우가 자기소개를 합니다. 나의 학우는 안나라고 합니다. 미국 여자아이인데, 예쁩니다.

우리들의 중국어 선생님은 왕밍이라고 합니다. 올해 마흔 살입니다. 보아하니 그는 매우 친절한 것 같습니다.

맛있는 이야기 정답 ➔33쪽

1 ❶ 他今年二十二岁。
❷ 她是美国人。
❸ 他看起来很亲切。

2 ❶ ○ 安娜是东民的同学，很漂亮。
❷ ○ 王老师很亲切。
❸ × 东民是韩国人，来北京玩儿。

그림 보고 말하기 ➔34쪽

1 他今年二十二岁。
2 他坐飞机来北京。
3 他来北京学汉语。
4 现在他在机场。

연습 문제 ➔35쪽

1 ❶ D ❷ B

녹음 원문

东民 你好！我叫李东民。
认识你，很高兴。
安娜 认识你，我也很高兴。
我叫安娜。你是哪国人？
东民 我是韩国人。你是英国人吧？
安娜 不，我不是英国人，是美国人。
东民 你来中国做什么？
安娜 我来中国学汉语。

동민 안녕! 나는 이동민이라고 해.
만나서 반가워.
안나 나도 만나서 반가워.
나는 안나라고 해. 너는 어느 나라 사람이니?
동민 나는 한국인이야. 너는 영국인이지?
안나 아니, 나는 영국인이 아니야. 미국인이야.
동민 너는 중국에 뭐 하러 왔어?
안나 나는 중국에 중국어를 배우러 왔어.

2 ❶ 这位是我爷爷。
❷ 我来介绍一下我的中国朋友。
❸ 你多喝点儿水。

3 ❶ 请多关照。
❷ 那位老师不是韩国人，是中国人。
❸ 我来自我介绍一下。
❹ 请多听，多写。

你现在住在哪儿?
당신은 지금 어디에 살아요?

맛있는 회화 ➔38쪽

샤오잉 너는 지금 어디에 사니?
동민 나는 유학생 기숙사에 살아.
샤오잉 조건이 어때?
동민 조건은 괜찮아. 방은 크지도 작지도 않아.
샤오잉 생활하기 편하니, 편하지 않니?
동민 편해. 상점, 은행이 모두 근처에 있는데, 단지 조금 시끄러워.

맛있는 어법 ➔40~42쪽

1 ❶ B ❷ C ❸ C
2 ❶ 这件衣服不大也不小。
❷ 她男朋友不高也不矮。
4 ❶ 有点儿
❷ 有点儿 / 一点儿

맛있는 문장 연습 ➔43쪽

1 나는 학교 근처에 살아요.
나는 한국 서울에 살아요.
나는 학교 친구 뒤쪽에 앉아 있어요.
선생님은 내 옆에 앉아 계세요.
중작 妈妈坐在我前边儿。

2 방이 크지도 작지도 않아요.
키가 크지도 작지도 않아요.
영어는 어렵지도 쉽지도 않아요.
이 옷은 비싸지도 싸지도 않아요.
중작 我买的电视不大也不小。

3 생활은 편한데, 단지 조금 시끄러워요.
그의 키는 큰데, 단지 조금 뚱뚱해요.
내 핸드폰은 좋은데, 단지 조금 비싸요.
중국어를 배우는 것은 재미있는데, 단지 조금 어려워요.
중작 这件衣服很漂亮，就是有点儿贵。

정답 및 해석

맛있는 이야기 해석 ➔44쪽

동민이는 학교 기숙사에 삽니다. 그는 2인실에 사는데, 조건이 꽤 괜찮습니다. 방은 크지도 작지도 않습니다. 안에는 침대, 텔레비전, 냉장고, 그리고 에어컨이 있습니다. 기숙사 근처에는 은행, 상점, 식당이 있어 매우 편리합니다.

동민이는 룸메이트가 한 명 있는데, 마이크라고 합니다. 마이크는 영국인이고, 키가 크며, 중국어를 매우 잘합니다. 그들은 모두 베이징에 사는 것을 좋아합니다.

맛있는 이야기 정답 ➔45쪽

1 ❶ 房间里有床、电视、冰箱，还有空调。
❷ 宿舍附近有银行、商店、饭店。
❸ 迈克是英国人，个子很高，他的汉语很不错。

2 ❶ × 东民住在朋友家。
❷ × 东民住的房间很大。
❸ ○ 迈克喜欢住在北京。

그림 보고 말하기 ➔46쪽

1 很不错，不冷也不热。
2 很不错，不长也不短。
3 很不错，不高也不矮。
4 很不错，不便宜也不贵。

연습 문제 ➔47쪽

1 ❶ C ❷ A

녹음 원문

安娜 东民，你在中国的生活方便吗?
东民 很方便。商店、银行、书店都在留学生宿舍附近。
安娜 在中国学汉语怎么样?
东民 很有意思。我有很多中国朋友，就是……
安娜 就是什么?
东民 就是我没有女朋友。

안나 동민, 너는 중국에서의 생활이 편해?
동민 매우 편해. 상점, 은행, 서점 모두 유학생 기숙사 근처에 있어.
안나 중국에서 중국어 배우는 게 어때?
동민 매우 재미있어. 나는 중국 친구가 많이 있는데, 단지…
안나 단지 뭐?
동민 단지 나는 여자 친구가 없어.

2 ❶ 住在
❷ 有点儿
❸ 不 / 也不

3 ❶ 我住在学校附近。
❷ 我们学校不大也不小。
❸ 今天天气很好，就是有点儿热。
❹ 你们公司的条件怎么样?

一边做作业，一边听音乐。
숙제를 하면서 음악을 들어요.

맛있는 회화 ➔50쪽

동민 너는 지금 무엇을 하고 있니?
샤오잉 숙제를 하면서 음악을 들어.
동민 네가 듣는 것은 고전음악이니, 아니면 대중음악이니?
샤오잉 대중음악이야. 나는 중국 대중음악 듣는 것을 좋아하거든.
동민 듣자 하니 많은 중국 젊은이들이 한국 음악 듣는 것을 좋아한다던데, 그래?
샤오잉 어떤 사람은 좋아하고, 어떤 사람은 안 좋아해. 나는, 한 번도 들어 본 적이 없어.

맛있는 어법 ➔52~54쪽

1 ❶ 我一边写汉字，一边说汉语。
❷ 妹妹早上一边喝牛奶，一边吃面包。
2 ③
3 ❶ 有的人喝啤酒，有的人喝可乐。
❷ 有的人坐公共汽车，有的人坐地铁。
4 ❶ 我一次也没听说过。
❷ 他一次也没吃过麻辣烫。
❸ 弟弟一次也没见过熊猫。

맛있는 문장 연습 ➔55쪽

1 숙제를 하면서 음악을 들어요.
콜라를 마시면서 햄버거를 먹어요.
차를 마시면서 이야기를 해요.
노래를 부르면서 춤을 춰요.
중작 一边看电视，一边吃饭。

2 당신이 듣는 것은 고전음악이에요, 아니면 대중음악이에요?
당신이 보는 것은 영화예요, 아니면 드라마예요?
당신이 배우는 것은 중국어예요, 아니면 일본어예요?
당신은 커피 마시는 것을 좋아해요, 아니면 중국차 마시는 것을 좋아해요?
중작 你坐飞机还是(坐)船?

3 나는 한 번도 중국 음악을 들어 본 적이 없어요.
나는 한 번도 훠궈를 먹어 본 적이 없어요.
나는 한 번도 미국에 가 본 적이 없어요.
나는 한 번도 미국 영화를 본 적이 없어요.
중작 我一次也没骑过自行车。

맛있는 이야기 해석 ➔56쪽

오늘은 일요일입니다. 동민이는 샤오잉 집에 놀러 갔습니다. 샤오잉은 숙제를 하면서 중국 대중음악을 듣고 있습니다.

많은 중국 젊은이들이 한국 대중음악 듣는 것을 좋아합니다. 하지만 샤오잉은 한 번도 들어 본 적이 없습니다. 그래서 동민이는 샤오잉에게 한국 대중음악을 좀 소개해 주고 싶습니다.

맛있는 이야기 정답 ➔57쪽

1 ❶ 她一边做作业，一边听中国流行音乐。
❷ 很多中国年轻人都喜欢听韩国流行音乐。
❸ 她一次也没听过韩国流行音乐。

2 ❶ ○ 小英一边做作业，一边听音乐。
❷ ○ 小英没听过韩国流行音乐。
❸ × 东民想跟小英一起听中国流行音乐。

그림 보고 말하기 ➔58쪽

1 爸爸一边吃饭，一边看书。
2 妈妈一边洗碗，一边唱歌。
3 爷爷一边看电视，一边打电话。
4 奶奶一边吃面包，一边喝茶。

정답 및 해석

연습 문제 ➔59쪽

1 ❶ C ❷ B

녹음 원문

东民 听说很多中国人喜欢红色，是吗？
小英 有的人喜欢，有的人不喜欢。
东民 小英，你喜欢什么颜色？
小英 我喜欢白色，我的很多衣服和鞋都是白色的。
东民 我呢，一次也没穿过白色的鞋。

동민 듣자 하니 많은 중국인이 빨간색을 좋아한다던데, 그래?
샤오잉 어떤 사람은 좋아하고, 어떤 사람은 안 좋아해.
동민 샤오잉, 너는 무슨 색깔을 좋아해?
샤오잉 나는 흰색을 좋아해. 내 많은 옷과 신발들이 모두 흰색이야.
동민 나는, 한 번도 흰색 신발을 신어 본 적이 없어.

2 ❶ 我们坐地铁还是骑自行车？ 또는 我们骑自行车还是坐地铁？
❷ 爸爸一边吃饭，一边看电视。 또는 爸爸一边看电视，一边吃饭。
❸ 有的人喝咖啡，有的人喝茶。 또는 有的人喝茶，有的人喝咖啡。

3 ❶ 我们明天去还是后天去？
❷ 来韩国以后，我一次也没见过他。
❸ 有的人喜欢看电影，有的人喜欢看电视。
❹ 我喜欢一边听音乐，一边学习。

4과 我买了两件毛衣。
나는 스웨터 두 벌을 샀어요.

맛있는 회화 ➔62쪽

마이크 주말에 너는 나와 함께 백화점에 갈 수 있어?
동민 미안해, 어제 나는 이미 갔었어.
마이크 너는 무엇을 샀어?
동민 나는 스웨터 두 벌을 샀어.
마이크 그럼, 이번 주 주말에 너는 뭐 할 계획이니?
동민 다음 주 월요일에 시험이 있어서, 나는 기숙사에서 복습할 계획이야.

맛있는 어법 ➔64~66쪽

1 ❶ 能 ❷ 会 ❸ 能
2 ❶ A ❷ C ❸ B
3 ❶ 明年你打算去哪儿？
❷ 晚上你打算吃什么？

맛있는 문장 연습 ➔67쪽

1 당신은 어제 옷 몇 벌을 샀어요?
나는 어제 스웨터 두 벌을 샀어요.
당신은 오늘 몇 시간 기다렸어요?
나는 오늘 세 시간 기다렸어요.
중작 我今天喝了三杯咖啡。

2 당신은 밥 먹었어요?
나는 아직 안 먹었어요.
당신은 수업이 끝났어요?
나는 이미 수업이 끝났어요.
중작 你爸爸下班了吗？ 또는 你爸爸下班了没有？

3 내년에 당신은 어디에 갈 계획이에요?
내년에 나는 베이징에 중국어를 배우러 갈 계획이에요.
누나(언니)는 상하이에 무엇을 하러 갈 계획이에요?
누나(언니)는 상하이에 여행 갈 계획이에요.

중작 明天我打算看电影。

맛있는 이야기 해석 →68쪽

요즘 날씨가 비교적 추워서, 동민이는 따뜻한 옷을 몇 벌 사고 싶었습니다. 어제 그는 백화점에 가서 스웨터 두 벌을 샀습니다.

마이크는 주말에 동민이와 함께 백화점에 가려고 합니다. 아쉽게도 동민이는 이미 갔습니다. 게다가 다음 주 월요일에 시험이 있어서, 동민이는 주말에 기숙사에서 복습할 계획입니다.

맛있는 이야기 정답 →69쪽

1 ❶ 他买了两件毛衣。
❷ 他打算去百货商店。
❸ 他打算在宿舍复习。

2 ❶ × 天气很冷，东民想买一件大衣。
❷ O 昨天东民去百货商店买了两件毛衣。
❸ × 下个星期三有考试，东民打算在家复习。

그림 보고 말하기 →70쪽

1 安娜打算下个星期一跟王老师学汉语。
2 东民打算今天下午去百货商店买衣服。
3 迈克打算明天去动物园看熊猫。
4 小英打算明年去美国学英语。

연습 문제 →71쪽

1 ❶ C ❷ C

녹음 원문

东民 小英，你吃饭了没有？
小英 我已经吃了。
东民 你吃了什么？
小英 我在学校附近的饭馆儿吃了麻辣烫。
东民 我也打算去那儿吃。
小英 好，你快去吃吧。

동민 샤오잉, 너 밥 먹었어?
샤오잉 이미 먹었어.
동민 뭐 먹었어?
샤오잉 학교 근처의 식당에서 마라탕을 먹었어.
동민 나도 거기에 가서 먹으려고 해.
샤오잉 응, 빨리 가서 먹어.

2 ❶ 了 ❷ 了 ❸ 过

3 ❶ 今天早上我喝了一杯牛奶。
❷ 我给朋友写信了。
❸ 你打算在哪儿买手机？
❹ 昨天我去百货商店买了一件衣服。

정답 및 해석

5과 我正在打太极拳。
나는 태극권을 하고 있어요.

맛있는 회화 ➔74쪽

샤오잉 문이 왜 열려 있지? 너는 무엇을 하고 있니?
동민 나는 태극권을 하고 있어.
샤오잉 정말 대단하다! 너는 태극권을 배우고 있구나, 그렇지?
동민 맞아! 매주 세 번 배워.
샤오잉 공연 좀 해 봐, 내가 볼게.
동민 좋아. 그럼, 지금 시작한다.

맛있는 어법 ➔76~78쪽

2 ❶ 我没在上课。
❷ 他在门口站着(呢)。
❸ 房间的门开着，他在玩儿电脑呢。
4 ❶ 汉语太难了，你能教教我吗?
❷ 你来尝尝我做的菜。
❸ 我们认识认识吧。

맛있는 문장 연습 ➔79쪽

1 문이 왜 열려 있어요?
당신은 보고 있어요, 내가 쓸게요.
당신은 왜 서 있나요, 앉으세요.
그는 침대에 누워서 음악을 듣고 있어요.
중작 妈妈坐着看书。

2 나는 태극권을 하고 있어요.
선생님은 중국어를 가르치고 계세요.
형(오빠)은 전화를 하고 있어요.
남동생은 컴퓨터를 하고 있어요.
중작 爸爸正在做菜呢。

3 당신은 공연 좀 해 보세요, 내가 볼게요.
당신은 (노래를) 좀 불러 보세요, 내가 들어 볼게요.
당신은 좀 만들어 보세요, 내가 맛볼게요.
당신은 들어 보세요, 내가 말할게요.
중작 你穿一下，我看看。

맛있는 이야기 해석 ➔80쪽

태극권은 중국의 전통 무술입니다. 매일 이른 아침 많은 중국인이 모두 공원에서 태극권을 합니다.

듣자 하니 태극권을 하면 건강에 매우 좋다고 합니다. 그래서 동민이는 요즘 태극권을 배우고 있습니다. 수업 전에, 왕 선생님은 먼저 그들에게 태극권을 가르쳐 주십니다. 매주 세 번 배웁니다. 지금 동민이는 태극권을 할 수 있습니다. 그러나 안나는 그다지 잘 못합니다.

맛있는 이야기 정답 ➔81쪽

1 ❶ 很多中国人都在公园打太极拳。
❷ 他听说打太极拳对身体很好。
❸ 他先教学生们打太极拳。

2 ❶ × 每天早晨很多学生在公园打太极拳。
❷ × 东民每天都学打太极拳。
❸ × 安娜喜欢打太极拳。

그림 보고 말하기 ➔82쪽

1 东民正在站着唱歌。
2 迈克正在趴着睡觉。
3 安娜正在坐着吃三明治。
4 日本同学正在坐着玩儿电脑。
5 法国同学正在站着听音乐。
6 德国同学正在站着打电话。

연습 문제 ➔83쪽

1 ❶ D ❷ B

녹음 원문

东民 姐，你在睡觉吗?
姐姐 我没在睡觉，我在做作业呢。
东民 妈妈呢?
姐姐 妈妈在做饭呢。
东民 哥哥在玩儿电脑吗?
姐姐 他没在玩儿电脑，他正在玩儿手机呢。

동민 누나, 자고 있어?
누나 아직 안 자, 나는 숙제하고 있어.
동민 엄마는?
누나 엄마는 밥을 하고 계셔.
동민 형은 컴퓨터를 하고 있어?
누나 그는 컴퓨터를 하지 않고, 핸드폰을 하고 있어.

2 ❶ 她正在骑自行车呢。
❷ 他在门口等着你。 또는 你在门口等着他。
❸ 请给我看看。

3 ❶ 你在书上写一下，我看看。
❷ 电脑关着，手机也关着。
❸ 我正在打电话呢。
❹ 我们没在上课。

6과 我肚子疼得很厉害。
저는 배가 너무 아파요.

맛있는 회화 ➔86쪽

의사 어디가 안 좋으세요?
동민 배가 아파요.
의사 언제부터 배가 아프기 시작했나요?
동민 어제저녁이요. 지금은 더 심하게 아파요.
의사 어제저녁에 뭐 먹었어요?
동민 해산물을 먹었어요. 게다가 많이 먹었어요.

맛있는 어법 ➔88~90쪽

2 ❶ 他写得好吗? / 他写得不好。
❷ 朋友玩儿得高兴吗? / 朋友玩儿得不高兴。
❸ 哥哥吃饭吃得多吗? / 哥哥吃饭吃得不多。

3 ❶ 王老师太亲切了。
❷ 他做菜做得太好吃了。

맛있는 문장 연습 ➔91쪽

1 어제부터 더 심하게 아프기 시작했어요.
작년부터 중국어를 배우기 시작했어요.
지난달부터 일을 하기 시작했어요.
내년부터 수영을 배우기 시작할 거예요.
중작 我从明年开始学开车。

2 지금 심하게 아프나요?
지금 더 심하게 아파요.
누나(언니)는 중국어를 잘해요, 못해요?
그녀는 중국어를 잘해요.
중작 弟弟吃得很快。

3 나는 너무 많이 먹었어요.
나는 너무 배부르게 먹었어요.
당신은 (요리를) 정말 맛있게 만드네요.
당신은 너무 비싸게 팔아요.
중작 老师说得太快了。

정답 및 해석

맛있는 이야기 해석 ➔92쪽

어제저녁에, 동민이는 학교 친구들과 왕 선생님 댁에 밥을 먹으러 갔습니다. 왕 선생님은 닭고기, 돼지고기, 해산물 등등 많은 요리를 했습니다.

왕 선생님이 요리를 매우 맛있게 만드셔서, 학우들이 모두 좋아했습니다. 동민이는 해산물 먹는 것을 가장 좋아해서 많이 먹었습니다. 결국 배가 심하게 아팠습니다. 그래서 오늘 아침에 그는 병원에 진료를 받으러 갔습니다.

맛있는 이야기 정답 ➔93쪽

1 ❶ 他做的菜有鸡肉、猪肉、海鲜等等。
❷ 他最喜欢吃海鲜。
❸ 他今天去医院了。

2 ❶ × 昨天晚上东民去同学家吃饭了。
❷ O 王老师做菜做得很好吃。
❸ × 东民吃得不多，所以今天肚子不疼。

그림 보고 말하기 ➔94쪽

1 妈妈做菜做得很好吃。
但是爸爸做菜做得不好吃。

2 东民游泳游得很好。
但是小英游泳游得不好。

3 安娜说汉语说得很好。
但是东民说汉语说得不好。

연습 문제 ➔95쪽

1 ❶ D ❷ C

녹음 원문

小英 东民，你周末过得怎么样?
东民 我周末过得不太好。
小英 怎么了?
东民 我晚上睡觉睡得不好。
小英 你哪儿不舒服?
东民 我头疼得太厉害了。

샤오잉 동민, 주말 어떻게 보냈어?
동민 나는 주말을 그다지 잘 못 보냈어.
샤오잉 왜?
동민 저녁에 잠을 잘 못 잤어.
샤오잉 어디가 안 좋았어?
동민 머리가 너무 심하게 아팠어.

2 ❶ 我从昨天晚上开始肚子疼。
❷ 爸爸车开得很快。
❸ 你姐姐太漂亮了。

3 ❶ 你爸爸哪儿不舒服?
❷ 我(说)汉语说得不太好。
❸ 中国人(骑)自行车骑得很好。
❹ 从昨天晚上开始下雨。

去颐和园怎么走?
이허위안에 어떻게 가나요?

맛있는 회화 ➔98쪽

동민 말씀 좀 묻겠습니다. 이허위안에 어떻게 가요?
행인 곧장 앞으로 가다가 신호등에 도착해서 좌회전 하세요.
동민 여기에서 멀어요, 안 멀어요?
행인 별로 안 멀어요. 걸어서 10분이면 바로 도착 해요.
동민 고맙습니다.
행인 저도 이허위안에 가요. 제가 데리고 갈게요.

맛있는 어법 ➔100~102쪽

2 ❶ 去 ❷ 去 / 走 ❸ 走
3 ❶ 他还没到家。
❷ 爷爷到公园打太极拳。
4 ❶ 离这儿近不近?
❷ 从你家到学校远吗?
❸ 离明年还有一个月。

맛있는 문장 연습 ➔103쪽

1 이허위안에 어떻게 가요?
서점에 어떻게 가요?
지하철역에 어떻게 가요?
공원에 어떻게 가요?
중작 去王老师家怎么走?

2 신호등에 도착해서 좌회전하세요.
사거리에 도착해서 우회전하세요.
은행에 도착해서 좌회전하세요.
커피숍에 도착해서 우회전하세요.
중작 到便利店往左拐。

3 이허위안은 여기에서 멀어요, 안 멀어요?
이허위안은 여기에서 멀지 않아요.
기차역은 당신 집에서 멀어요?
기차역은 우리 집에서 멀지 않아요, 가까워요.
중작 学校离我家很远。

맛있는 이야기 해석 ➔104쪽

국경절에 동민이와 안나는 함께 이허위안에 놀러 갈 계획입니다. 하지만 그들은 모두 이허위안에 어떻게 가는지 모릅니다.

그들 앞쪽에 한 여학생이 있어서, 동민이는 그녀에게 어떻게 가는지 물어보았습니다. 그녀는 동민이에게 곧장 앞으로 가다가 신호등에 도착해서 좌회전해야 되고, 10분 걸으면 바로 도착한다고 알려 주었습니다. 그 여학생은 또한 그들을 데리고 갔습니다. 그들은 정말 운이 좋았습니다.

맛있는 이야기 정답 ➔105쪽

1 ❶ 他们计划一起去颐和园玩儿。
❷ 他们前边的一个女生告诉他们。
❸ 一直往前走，到红绿灯往左拐。

2 ❶ O 东民不知道去颐和园怎么走。
❷ × 从这儿到颐和园非常远。
❸ O 一个女生带东民去了颐和园。

그림 보고 말하기 ➔106쪽

1 一直往前走，到十字路口往左拐。
2 一直往前走，到书店往右拐。
3 一直往前走，到红绿灯往右拐。
4 一直往前走，到十字路口往右拐。

연습 문제 ➔107쪽

1 ❶ D ❷ B

녹음 원문
女的 请问，去电视台怎么走?
行人 一直往前走，到百货商店……我想想……往右拐。不对，往左拐。
女的 离这儿远不远?
行人 有点儿远。
女的 谢谢。

여자 말씀 좀 묻겠습니다. 방송국에 어떻게 가요?
행인 곧장 앞으로 가다가 백화점에 도착해서…
생각 좀 해 볼게요. 우회전하세요. 아니에요, 좌회전하세요.
여자 여기에서 멀어요, 안 멀어요?
행인 조금 멀어요.
여자 감사합니다.

2 ❶ 到 ❷ 从 ❸ 离

3 ❶ 去天安门怎么走?
❷ 我家离地铁站不远。
❸ 一直往前走，到医院往左拐。
❹ 走二十分钟就到了。

퍼즐 ➔108쪽

8과 首尔跟北京一样冷吗?
서울은 베이징과 같이 춥나요?

맛있는 회화 ➔110쪽

샤오잉 오늘 날씨가 정말 춥네, 어제보다 춥지?
동민 나도 오늘이 어제보다 춥다고 생각해.
샤오잉 듣자 하니 서울은 작년에 눈이 많이 내렸다던데, 올해는?
동민 올해 눈은 작년보다 더 많이 내렸어.
샤오잉 서울은 베이징과 같이 추워?
동민 아니, 서울은 베이징만큼 춥지 않아.

맛있는 어법 ➔112~114쪽

1 ❶ 昨天比今天热。
❷ 这个苹果比那个苹果便宜。
2 ❶ 我觉得有点儿小。
❷ 我觉得很容易。
3 ❶ 这个字的发音跟那个字不一样。
❷ 这个颜色跟那个颜色一样好看。

맛있는 문장 연습 ➔115쪽

1 오늘은 어제보다 추워요.
오늘은 어제보다 더 추워요.
오늘은 어제보다 더 추워요.
오늘은 어제만큼 춥지 않아요.
중작 今年比去年更热。 또는
今年比去年还热。

2 나는 오늘이 어제보다 춥다고 생각해요.
나는 오늘이 조금 덥다고 생각해요.
나는 이 스웨터가 비싸다고 생각해요.
나는 해산물을 너무 많이 먹었다고 생각해요.
중작 我觉得这个苹果很好吃。

3 서울은 베이징과 같이 추워요?
오늘은 어제와 같이 더워요?
당신의 중국어는 중국인과 같이 잘해요?
당신이 산 것은 내 것과 같이 싸요?

중작 你跟哥哥一样高吗?

맛있는 이야기 해석 ➔116쪽

올해 베이징의 겨울은 일찍 왔습니다. 자주 눈이 많이 내리고, 날씨가 춥습니다. 동민이는 베이징의 겨울이 서울보다 더 춥고, 더 건조하다고 생각합니다. 그런데 그가 지금 입은 옷은 서울에서와 같아서 특히 더 춥다고 느낍니다.

샤오잉은 내일 동민이와 함께 외투 한 벌을 사러 갈 계획입니다.

맛있는 이야기 정답 ➔117쪽

1 ❶ 今年北京的冬天来得很早，常常下大雪，天气很冷。
❷ 北京的冬天比首尔更冷，不过他现在穿的衣服跟在首尔一样。
❸ 她打算明天陪东民去买一件大衣。

2 ❶ × 北京天气很冷，不下雪。
❷ O 东民觉得首尔的冬天没有北京冷。
❸ O 现在东民穿的衣服跟在首尔一样。

그림 보고 말하기 ➔118쪽

1 迈克比东民高。
东民没有迈克高。
2 奶奶比爷爷胖。
爷爷没有奶奶胖。
3 爸爸的钱比妈妈的钱多。
妈妈的钱没有爸爸的钱多。

연습 문제 ➔119쪽

1 ❶ B ❷ C

녹음 원문

小英 东民，他是谁?
东民 他是我的朋友。
小英 他比迈克大吗?
东民 他没有迈克大。
小英 他比迈克高吗?
东民 他跟迈克一样高。

샤오잉 동민, 그는 누구야?
동민 그는 내 친구야.
샤오잉 그는 마이크보다 나이가 많아?
동민 그는 마이크만큼 나이가 많지 않아.
샤오잉 그는 마이크보다 (키가) 커?
동민 그는 마이크와 같이 (키가) 커.

2 ❶ 北京没有上海热。
❷ 你的电脑跟我的电脑一样好看。
❸ 飞机比火车更快。 또는 飞机比火车还快。

3 ❶ 今天没有昨天热。
❷ 我妈妈比爸爸更忙。
❸ 韩国电影跟中国电影一样有意思。
❹ 苹果比香蕉还贵。

정답 및 해석

请帮我们照一张相，好吗?
사진 한 장 찍어 주시겠어요?

맛있는 회화 ➔122쪽

샤오잉 동민, 빨리 와서 좀 봐. 얼마나 예쁜가!
동민 정말 예쁘다! 나는 한국에서 빙등을 본 적이 없어.
샤오잉 하얼빈의 빙등제는 매우 유명해. 세계에서 가장 큰 것 같아.
동민 샤오잉, 우리 같이 사진 찍자.
샤오잉 선생님, 저희 사진 한 장 찍어 주시겠어요?

맛있는 어법 ➔124~126쪽

1 ④
3 ❶ 帮助 ❷ 帮 ❸ 帮忙

맛있는 문장 연습 ➔127쪽

1 빙등이 얼마나 예쁜가!
이곳의 풍경이 얼마나 아름다운가!
이 스웨터는 얼마나 비싼가!
그의 중국어는 얼마나 잘하는가!
중작 今天多冷啊!

2 한국에서 만난 적이 없는 것 같아요.
프랑스에서 배운 적이 없는 것 같아요.
일본에서 한 번 본 적이 있는 것 같아요.
베이징에서 몇 번 먹어 본 것 같아요.
중작 好像在北京见过你。

3 선생님, 저를 도와 사진 한 장 찍어 주시겠어요?
누나(언니), 나를 도와 숙제해 줄래?
형(오빠), 나를 도와 물건을 좀 들어 줄래?
누나(언니), 나를 도와 책을 반납해 줄래?
중작 帮我买东西，好吗?

맛있는 이야기 해석 ➔128쪽

하얼빈의 빙등제는 매우 유명합니다. 샤오잉과 동민이는 함께 하얼빈에 빙등을 보러 갔습니다. 하얼빈은 굉장히 추운데, 베이징보다 더 춥습니다. 동민이는 하얼빈의 빙등이 굉장히 예쁘다고 느꼈습니다. 게다가 듣자 하니 세계에서 가장 크다고 합니다. 그래서 그는 사진을 몇 장 찍어서 가족들에게 보여 주고 싶었습니다.

맛있는 이야기 정답 ➔129쪽

1 ❶ 他们去哈尔滨看冰灯。
❷ 哈尔滨的天气非常冷。
❸ 哈尔滨的冰灯非常漂亮，而且听说好像是世界上最大的。

2 ❶ O 东民和小英一起去看冰灯了。
❷ × 哈尔滨没有北京冷。
❸ O 东民想照几张相给家人看看。

그림 보고 말하기 ➔130쪽

1 听说你去书店，帮我买一本词典，好吗?
2 听说你去咖啡店，帮我买一杯咖啡，好吗?
3 听说你去邮局，帮我寄包裹，好吗?
4 听说你去图书馆，帮我还书，好吗?

연습 문제 ➔131쪽

1 ❶ D ❷ A

녹음 원문

安娜 东民，这个星期五你做什么?
东民 我要跟美国朋友去哈尔滨。
安娜 你们去哈尔滨做什么?
东民 我们一起去看冰灯。
安娜 听说哈尔滨的冰灯特别漂亮，你多照几张相，我想看看。

안나 동민, 이번 주 금요일에 뭐 해?
동민 나는 미국 친구와 하얼빈에 가려고 해.
안나 너희는 하얼빈에 뭐 하러 가는 거야?
동민 우리는 같이 빙등을 보러 갈 거야.
안나 듣자 하니 하얼빈의 빙등은 특히 예쁘다던데, 사진 많이 좀 찍어, 나 보고 싶어.

2 ❶ 他的字多漂亮啊!
❷ 他好像是韩国留学生。
❸ 请帮我照一张相，好吗?

3 ❶ 今天天气多好啊!
❷ 好像在韩国见过。
❸ 请帮我给王老师打电话，好吗?
❹ 他好像不是韩国人。

这个又好看又便宜。
이것은 예쁘고 싸요.

맛있는 회화 ➔134쪽

마이크 너는 뭐 보고 있어? 그렇게 열심히!
안나 나는 인터넷에서 스탠드를 사고 있어.
마이크 다 샀어?
안나 아직 못 샀어. 너가 나를 도와 좀 봐줘.
마이크 이거 어때? 예쁘고 싸서, 매우 괜찮아.
안나 아주 좋아! 나는 그거 살게.

맛있는 어법 ➔136~138쪽

1 ❶ 错 ❷ 懂 ❸ 完 (또는) 好
2 ❶ 这儿的菜又好吃又便宜。
❷ 妹妹又喜欢听音乐又喜欢唱歌。
❸ 妈妈每天又工作又做饭。

맛있는 문장 연습 ➔139쪽

1 스탠드 다 샀어요?
아직 다 못 샀어요.
숙제 다 했어요?
아직 다 못했어요.
중작 这本书看完了吗? (또는)
这本书看好了吗?

2 이것은 예쁘고 싸요.
이 사과는 크고 맛있어요.
우리는 노래도 부르고 춤도 춰요.
내 여동생은 예쁘고 똑똑해요.
중작 我(的)男朋友又高又帅。

3 이 스탠드는 아주 좋아요!
이 신발은 아주 예뻐요!
마라탕은 아주 맛있어요!
경치가 아주 아름다워요!
중작 他姐姐漂亮极了!

정답 및 해석

맛있는 이야기 해석 ➔140쪽

어젯밤, 안나의 스탠드가 갑자기 고장 났습니다. 그녀는 인터넷에서 새 스탠드를 사려고 합니다. 안나는 인터넷에서 각양각색의 스탠드를 봤습니다. 오랫동안 봤지만, 어떤 것을 살지 모르겠습니다. 마지막에 마이크가 안나를 도와 예쁘고 싼 스탠드를 선택해 줬습니다. 안나는 마이크에게 매우 고마웠습니다.

맛있는 이야기 정답 ➔141쪽

1 ❶ 昨天晚上她的台灯突然坏了。
❷ 网上有各种各样的台灯，她不知道买哪个。
❸ 他选的台灯又好看又便宜。

2 ❶ × 昨天早上安娜的台灯突然坏了。
❷ ○ 安娜在网上看到各种各样的台灯。
❸ ○ 迈克帮安娜选了又好看又便宜的台灯。

그림 보고 말하기 ➔142쪽

1 汉字写错了。汉字没写错。
2 作业做完了。作业没做完。
3 中国电影看懂了。中国电影没看懂。
4 自行车修好了。自行车没修好。

연습 문제 ➔143쪽

1 ❶ C ❷ B

녹음 원문

小英	东民，你在干什么呢?
东民	我在网上买衣服呢。
小英	买好了吗?
东民	买好了。这件又好看又便宜。
小英	我看看。真不错!

샤오잉	동민, 너는 무엇을 하고 있어?
동민	나는 인터넷에서 옷을 사고 있어.
샤오잉	다 샀어?
동민	다 샀어. 이 옷이 예쁘고 싸.
샤오잉	봐봐. 정말 괜찮다!

2 ❶ 这双鞋又贵又不好看。(또는) 这双鞋又不好看又贵。
❷ 没听懂老师说的汉语。(또는) 老师说的汉语，没听懂。
❸ 她的汉语发音好极了!

3 ❶ 妈妈已经做完饭了。
❷ 你看见我的词典了吗?
❸ 我(的)男朋友又聪明又帅。
❹ 他在网上看到各种各样的手机。

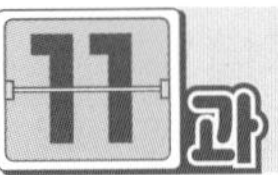

你们回来了!
당신들 돌아왔군요!

맛있는 회화 ➔146쪽

엄마 너희들 돌아왔구나! 어서 들어오렴!
샤오잉 엄마, 들리세요? 밖에서 모두 폭죽을 터뜨리고 있어요.
엄마 들려, 정말 떠들썩하구나!
너희들 만두 많이 좀 먹으렴.
동민 고맙습니다. 만드신 요리가 정말 맛있어요.
엄마 매년 춘절 때, 중국인은 모두 고향으로 돌아와서 설을 쉰단다.
샤오잉 모두 새해 복 많이 받으세요! 부자 되세요!

맛있는 어법 ➔148~150쪽

1 ❶ 朋友回韩国去了。
❷ 他进房间来了。
❸ 我们在楼上呢，你也上来吧。
2 ❶ 周末的时候他在家休息。
❷ 去超市的时候买点儿牛奶。

맛있는 문장 연습 ➔151쪽

1 빨리 들어오세요.
빨리 들어가세요.
빨리 돌아오세요.
빨리 돌아가세요.
중작 快出去吧。

2 우리 빨리 교실로 들어가요.
우리 빨리 2층으로 올라가요.
당신들은 빨리 한국으로 돌아오세요.
당신들은 빨리 베이징으로 돌아오세요.
중작 你快回宿舍去吧。

3 춘절 때, 그녀들은 베이징으로 돌아와요.
방학 때, 그들은 고향으로 돌아가요.
수업할 때, 한국어를 말하지 마세요.
수업할 때, 중국어를 많이 말하세요.
중작 吃饭的时候，我看电视。

맛있는 이야기 해석 ➔152쪽

오늘은 섣달그믐입니다. 동민이는 샤오잉 집에 가서 설을 쉽니다. 많은 사람들이 밖에서 폭죽을 터뜨리고 있어서 매우 떠들썩합니다. 동민이는 듣자 하니, 매년 춘절 때 중국인은 모두 고향으로 돌아와서 설을 쉰다고 합니다.

샤오잉의 어머니는 만두를 많이 삶았습니다. 만두가 맛있어서 다들 많이 먹었습니다. 12시가 되자 모두들 함께 말합니다. "새해 복 많이 받으세요! 부자 되세요!"

맛있는 이야기 정답 ➔153쪽

1 ❶ 她煮了饺子。
❷ 除夕大家都在外边儿放鞭炮。
❸ 大家一起说: "过年好! 恭喜发财!"

2 ❶ O 今年小英和东民一起过年。
❷ × 在中国过年不热闹。
❸ O 东民今天吃了很多饺子。

그림 보고 말하기 ➔154쪽

1 迈克玩儿电脑的时候，安娜上二楼去。
2 小英做菜的时候，爸爸进厨房来。
3 老师打太极拳的时候，安娜进房间来。

연습 문제 ➔155쪽

1 ❶ B ❷ C

녹음 원문
小英 妈，我的日本朋友后天回日本去。我要去看看她。
妈妈 现在已经晚上八点了。你什么时候回来?
小英 我九点回来。
妈妈 九点?
小英 明天早上九点。

妈妈	不行，你今天晚上十二点以前要回来。

샤오잉 엄마, 제 일본 친구가 모레 일본으로 돌아가요. 저는 그녀를 좀 보러 가려고 해요.
엄마 지금 이미 저녁 8시야. 언제 돌아오려고?
샤오잉 9시에 돌아올게요.
엄마 9시?
샤오잉 내일 아침 9시요.
엄마 안 돼, 너는 오늘 밤 12시 전에 돌아와야 해.

2 ❶ 出去 / 回来
❷ 进来 (또는) 回来
❸ 上去

3 ❶ 天气真好，我们出去玩儿吧。
❷ 明年春节的时候，我打算回故乡去。
❸ 你的书在这儿，快过来吧。
❹ 大家一起说: “春节快乐!”

12과 你听得懂听不懂?
당신은 알아들을 수 있나요, 없나요?

맛있는 회화 ➔158쪽

샤오잉 이번 학기에 몇 과목의 수업이 있어?
동민 네 과목. 듣기, 독해, 회화 그리고 작문이 있어.
샤오잉 너는 듣기 과목이 어렵다고 생각하니, 아니면 독해 과목이 어렵다고 생각하니?
동민 나는 듣기 과목이 독해 과목 보다 쉽다고 생각해. 게다가 재미있어.
샤오잉 선생님이 말하는 중국어를 너는 알아듣니, 못 알아듣니?
동민 만약 선생님이 좀 천천히 말씀하시면, 알아들을 수 있어.

맛있는 어법 ➔160~162쪽

1 ❶ 块 ❷ 门 ❸ 家
2 ❶ 我买得到票。/ 我买不到票。
❷ 他回得来。/ 他回不来。
3 ❶ 如果他不来，我就不去。
❷ 如果这件衣服非常便宜，我就买两件。
❸ 如果天气太冷了，我就在家躺着休息。

맛있는 문장 연습 ➔163쪽

1 이번 학기에 몇 과목의 수업이 있어요?
당신 집에 식구가 몇 명 있어요?
당신 집에 우산이 몇 자루 있어요?
당신은 저녁에 밥을 몇 그릇 먹었어요?
중작 学校附近有几家商店?

2 선생님이 말하는 중국어를 당신은 알아들을 수 있어요, 없어요?
선생님이 말하는 중국어를 나는 알아듣지 못해요.
저녁 6시 전에 당신은 돌아올 수 있어요, 없어요?

저녁 6시 전에 나는 돌아올 수 있어요.

중작 这么多的作业，我做不完。

3 만약 선생님이 좀 천천히 말씀하시면, 나는 알아들을 수 있어요.
만약 선생님이 좀 빨리 말씀하시면, 나는 알아들을 수 없어요.
만약 돈이 많이 있으면, 나는 여행을 가요.
만약 시간이 있으면, 나는 잠을 많이 자요.

중작 如果有时间，我们就一起喝茶吧。

맛있는 이야기 해석 ➔164쪽

이번 학기에 동민이는 듣기, 독해, 회화와 작문, 네 과목의 수업이 있습니다.

작문 과목은 너무 어려워서, 그는 재미없다고 느낍니다. 독해 과목도 어렵습니다. 모르는 글자가 많이 있어서 그는 보고 이해하지 못합니다. 듣기 과목은 비록 비교적 어렵지만, 동민이는 재미있다고 느낍니다. 만약 선생님이 좀 천천히 말씀하시면, 그는 알아들을 수 있습니다. 그는 듣기 과목을 가장 좋아합니다.

맛있는 이야기 정답 ➔165쪽

1 ❶ 他有四门课。
❷ 作文课太难了，他觉得没有意思。
❸ 听力课虽然比较难，但是他觉得很有意思。

2 ❶ × 东民喜欢作文课，他觉得很有意思。
❷ ○ 阅读课很难，有不认识的字。
❸ ○ 如果老师慢点儿说，东民就听得懂。

그림 보고 말하기 ➔166쪽

1 妈妈做的菜，小英吃得完。
妈妈做的菜，东民吃不完。

2 老师写的汉字，迈克看得懂。
老师写的汉字，东民看不懂。

3 晚上十点，东民回得来。
晚上十点，安娜回不来。

연습 문제 ➔167쪽

1 ❶ C ❷ D

녹음 원문

安娜 迈克，你觉得汉语难不难？
迈克 虽然有点儿难，但是很有意思。
安娜 中国人说的话，你听得懂听不懂？
迈克 我还听不懂。
安娜 那么，你看得懂汉语书吗？
迈克 也看不懂。

안나 마이크, 너는 중국어가 어렵다고 생각하니, 안 어렵다고 생각하니?
마이크 비록 조금 어렵지만, 매우 재미있어.
안나 중국인이 하는 말을 너는 알아들어, 못 알아들어?
마이크 나는 아직 못 알아들어.
안나 그럼, 너는 중국어 책은 보고 이해해?
마이크 보고 이해하는 것도 못해.

2 ❶ 学不完
❷ 看得见
❸ 听不懂

3 ❶ 我觉得听力课比作文课难。
❷ 这件衣服虽然很贵，但是很漂亮。
❸ 那个人的个子太高，我看不见前边儿。
❹ 我看不懂这个字。 또는 这个字我看不懂。

정답 및 해석

13과 你快把包裹打开吧!
당신은 빨리 소포를 열어 보세요!

맛있는 회화 ➜170쪽

마이크　네 소포 이렇게 무거워! 이거 여자 친구가 너한테 보내 준 거지?
동민　내가 여자 친구가 어디 있어! 엄마가 보내 주신 거야.
마이크　하하! 그 안에는 분명히 맛있는 것이겠네?
동민　그야 당연하지.
마이크　빨리 소포 열어 봐!
동민　좋아, 좀 기다려봐.

맛있는 어법 ➜172~174쪽

1 ❶ 这个交给老师吧。
❷ 姐姐送给我一件大衣。

3 ❶ 请把电视打开。
❷ 他没把咖啡喝完。
❸ 我不想把笔记本电脑借给你。

맛있는 문장 연습 ➜175쪽

1 이것은 엄마가 나에게 보내 주신 거예요.
이것은 친구가 나에게 빌려 준 사전이에요.
이것은 형(오빠)이 나에게 돌려준 돈이에요.
이것은 선생님이 나에게 사 주신 책이에요.
중작 这是爸爸买给我的衣服。

2 내가 여자 친구가 어디 있겠어요!
내가 돈이 어디 있겠어요!
내가 시간이 어디 있겠어요!
내가 집이 어디 있겠어요!
중작 我哪儿有男朋友啊!

3 당신은 빨리 소포를 열어 보세요!
당신은 여권을 가지고 왔어요?
당신은 숙제를 다 했어요?
나는 숙제를 다 하지 못했어요.
중작 哥哥没把我的书带来。

맛있는 이야기 해석 ➜176쪽

엄마가 한국에서 소포 하나를 보냈습니다. 엄마한테 듣기로는 안에 김치, 라면, 과자 등 맛있는 것이 많이 있다고 합니다. 동민이는 김치 먹는 것을 가장 좋아합니다. 만약 김치가 없으면, 그는 밥을 먹고 싶지 않습니다.

오늘 동민이는 소포를 받아서 매우 기쁩니다. 듣자 하니 마이크도 김치 먹는 것을 좋아한다고 합니다. 그래서 동민이는 소포를 연 후에 마이크에게 김치를 선물해 줬습니다.

맛있는 이야기 정답 ➜177쪽

1 ❶ 包裹里面有很多好吃的，辛奇、方便面、饼干等等。
❷ 如果没有辛奇，他就不想吃饭。
❸ 他送给了迈克辛奇。

2 ❶ O　妈妈寄给了东民一个包裹。
❷ O　东民非常喜欢吃辛奇。
❸ ×　今天东民收到了包裹后，没打开。

그림 보고 말하기 ➜178쪽

1 哥哥把咖啡喝完了吗?
哥哥把咖啡喝完了。
2 迈克把汉语书带来了吗?
迈克没把汉语书带来。
3 王老师把自行车卖了吗?
王老师把自行车卖了。

연습 문제 ➜179쪽

1 ❶ B　❷ A

녹음 원문

安娜　东民，这是什么? 你买的吗?
东民　我哪儿有钱啊! 这是朋友寄给我的包裹。
安娜　这里面是吃的吗?
东民　这里面不是吃的，是汉语书。

安娜	你把汉语书借给我，好吗?
东民	好。

안나 동민, 이게 뭐야? 너가 산 거야?
동민 내가 돈이 어디 있어! 이건 친구가 나한테 보내 준 소포야.
안나 이 안에는 먹을 거야?
동민 이 안에는 먹을 것이 아니고, 중국어 책이야.
안나 너는 중국어 책을 나한테 빌려 줄래?
동민 그래.

2 ❶ 你把手机带来了吗?
❷ 我哪儿有时间啊!
❸ 这是我妈妈寄给我的包裹。

3 ❶ 他哪儿有中国女朋友啊!
❷ 我没把那杯咖啡喝完。
❸ 这是我的中国朋友借给我的。
❹ 我已经把房子卖了。

14과 快放假了。
곧 방학이에요.

맛있는 회화 ➜182쪽

안나 베이징의 유학 생활에 익숙해졌니?
동민 처음에는 익숙하지 않았는데, 지금은 서서히 익숙해졌어.
안나 곧 방학인데, 너는 무엇을 할 계획이니?
동민 나는 친구와 상하이에 여행 가려고 해.
안나 듣자 하니 상하이의 와이탄은 매우 예쁘다더라.
동민 너도 가자. 우리 함께 상하이에 놀러 가자!

맛있는 어법 ➜184~186쪽

1 ④
2 ❶ 他的脸白白的。
❷ 我喜欢吃甜甜的水果。
❸ 弟弟学游泳学得认认真真。
3 ④

맛있는 문장 연습 ➜187쪽

1 베이징의 유학 생활에 당신은 익숙해졌어요?
나는 이미 익숙해졌어요.
당신은 수업을 시작했어요?
나는 수업을 시작했어요.
중작 新工作习惯了吗?

2 나는 서서히 익숙해졌어요.
당신은 천천히 차를 드세요.
우리 열심히 중국어를 배워요.
당신은 푹 쉬어야 해요.
중작 你慢慢儿说(吧)。

3 곧 방학이에요.
곧 차가 떠나요.
곧 국경절이에요.
곧 밥 먹을 시간이에요.
중작 快下班了。

정답 및 해석

맛있는 이야기 해석 ➔188쪽

동민이는 베이징에 온 지 이미 1년이 되었습니다. 그는 서서히 중국에서의 유학 생활에 익숙해졌습니다. 그는 중국에서 열심히 중국어를 공부하면서, 자주 여행을 갔습니다.

곧 방학이라, 동민이는 친구와 함께 상하이로 놀러 갈 계획입니다. 안나는 한 번도 상하이에 가 본 적이 없어서, 그녀도 상하이에 매우 가 보고 싶어 합니다.

맛있는 이야기 정답 ➔189쪽

1 ❶ 他来中国已经一年了。
❷ 他在中国认真学习汉语，而且常常去旅游。
❸ 他打算去上海。

2 ❶ × 东民很快习惯了在中国的留学生活。
❷ × 东民打算一个人去上海玩儿。
❸ O 安娜一次也没去过上海。

그림 보고 말하기 ➔190쪽

1 快下雨了，我要回家。
2 快十二点了，我要睡觉。
3 快周末了，我要看电影。
4 快下班了，我要吃饭。

연습 문제 ➔191쪽

1 ❶ A　❷ B

녹음 원문

东民	快国庆节了，我打算回国。安娜，你呢?
安娜	我不回国。我打算去香港。
东民	你去那儿干什么?
安娜	我打算去香港旅游。
东民	一定很有意思!
동민	곧 국경절이야. 나는 귀국할 계획이야. 안나, 너는?
안나	나는 귀국하지 않아. 나는 홍콩에 갈 계획이야.
동민	너는 거기 뭐 하러 가?
안나	나는 홍콩에 여행 가려고.
동민	분명히 재미있겠다!

2 ❶ 아빠는 돈이 생겼습니다.
❷ 지금 비가 내리기 시작했습니다.
❸ 날씨가 더워졌습니다.

3 ❶ 快春节了，他打算回国。
❷ 火车快到了。
❸ 你慢慢儿吃饭(吧)。
❹ 结婚生活你习惯了吗?

퍼즐 ➔192쪽

종합 평가 ➔193~198쪽

1 ❶ D ❷ A ❸ C ❹ F ❺ B

녹음 원문

❶ A 你在做什么呢?
B 我在一边听音乐，一边看书呢。

❷ A 你每天都打太极拳吗?
B 不，我每星期打三次。

❸ A 你看什么呢? 那么认真!
B 我在网上买电脑呢，我的电脑坏了。

❹ A 您好，您的快递到了。
B 好的，我下去拿。

❺ A 我最喜欢吃海鲜了。
B 那你多吃点儿。

❶ A 너는 뭐 하고 있어?
B 나는 음악을 들으면서 책을 보고 있어.
❷ A 너는 매일 태극권을 하니?
B 아니, 나는 매주 세 번 해.
❸ A 너는 뭐 보고 있어? 그렇게 열심히!
B 나는 인터넷에서 컴퓨터를 사고 있어, 내 컴퓨터가 고장 났거든.
❹ A 안녕하세요, 택배 왔습니다.
B 네, 가지러 내려갈게요.
❺ A 나는 해산물 먹는 것을 가장 좋아해.
B 그럼 많이 좀 먹어.

2 ❶ C ❷ A ❸ B ❹ D ❺ C

녹음 원문

❶ 我的同屋这学期有三门课，听力、阅读和口语。
질문 同屋这学期没有什么课?

❷ 妈妈从韩国寄来了一个包裹，里边有饼干、方便面等等。我打算送给朋友们尝尝。
질문 包裹里是什么?

❸ A 医生，我从今天早上开始头疼得很厉害。
B 你最近休息得怎么样?
질문 他们现在在哪儿?

❹ A 上海冷还是首尔冷?
B 虽然上海冬天很少下雪，但是我觉得上海跟首尔一样冷。
질문 首尔冷还是上海冷?

❺ A 小王，我做菜做得怎么样?
B 太好吃了!
A 你最喜欢的是哪个菜?
B 鸡肉、猪肉都很好吃，不过我最喜欢的是饺子。
질문 小王最喜欢的菜是什么?

❶ 내 룸메이트는 이번 학기에 듣기, 독해와 회화 세 과목이 있습니다.
질문 룸메이트가 이번 학기에 없는 과목은 무엇인가요?

❷ 엄마가 한국에서 소포 하나를 보냈습니다. 안에는 과자, 라면 등이 있습니다. 나는 친구들에게 맛보라고 선물하려고 합니다.
질문 소포 안은 무엇인가요?

❸ A 의사 선생님, 저는 오늘 아침부터 머리가 심하게 아파요.
B 요즘 어떻게 쉬어요?
질문 그들은 지금 어디에 있나요?

❹ A 상하이가 추워, 아니면 서울이 추워?
B 비록 상하이는 겨울에 눈이 적게 오지만, 나는 상하이가 서울과 같이 춥게 느껴져.
질문 서울이 춥나요, 아니면 상하이가 춥나요?

❺ A 샤오왕, 내가 만든 요리 어때?
B 매우 맛있어.
A 네가 가장 좋아하는 것은 어떤 요리야?
B 닭고기, 돼지고기 모두 맛있지만, 내가 가장 좋아하는 것은 만두야.
질문 샤오왕이 가장 좋아하는 요리는 무엇인가요?

정답 및 해석

3 ❶A ❷D ❸B

녹음 원문

❶ 小张，你过来，我来给你介绍一下。
❷ 这个周末你有什么打算？
❸ 听说你住在宿舍，条件怎么样？

❶ 샤오장, 이리 와봐, 내가 너에게 소개 좀 시켜줄게.
❷ 이번 주 주말에 어떤 계획이 있어?
❸ 듣자 하니 너는 기숙사에 산다던데, 조건이 어때?

4 ❶能 ❷会

5 ❶过 ❷着 ❸啊 ❹了

6 A

7 ❶C ❷D ❸B ❹A

8 ❶C ❷E ❸D ❹A ❺B

9 B → C → A

10 D

나는 올해 20살이고, 한국 유학생입니다. 베이징에서 중국어를 배웁니다. 나는 베이징 친구가 한 명 있는데, 그는 매우 친절합니다. 나와 대화를 할 때, 그가 항상 천천히 말해서 나는 알아들을 수 있습니다. 그러나 (만약 그가 빨리 말하면), 나는 알아듣지 못합니다.

11 ❶B ❷E ❸C ❹A ❺D

12 ❶他打篮球打得不好。
❷我看不懂那个电影。
❸我没看见王老师。
❹我没把作业带来。

13 ❶D ❷C

내 중국 친구의 고향은 하얼빈입니다. 하얼빈의 빙등제는 유명합니다. 매년 겨울 많은 사람들이 하얼빈의 빙등을 보러 갑니다. 그러나 많은 사람들이 하얼빈에서 여름에 맥주 축제가 있는 것을 모릅니다. 친구는 하얼빈 맥주 마시는 것을 매우 좋아합니다. 그가 말하길 하얼빈 맥주는 (칭다오 맥주보다 더 맛있다)고 합니다.

14 ❶他住在学校宿舍。
❷我把书还给图书馆。
❸那个人好像是韩国人。
❹请帮我拿一下。

15 참고 답안
❶我肚子不舒服，疼得很厉害。
❷一直往前走，到十字路口往左拐。

찾아보기

A

B

C

자르는 선

찾아보기

G

H

자르는 선

찾아보기

J

K

L

M

N

P

자르는 선

찾아보기

W

X

찾아보기

Y

Z

고유명사

자르는 선

최신 개정

맛있는 중국어 Level ③ 초급 패턴1

핵심 문장 카드

001

请大家来介绍一下自己。

Qǐng dàjiā lái jièshào yíxià zìjǐ.

여러분 자기소개 좀 해 보세요.

003

请多关照。

Qǐng duō guānzhào.

잘 부탁드립니다.

005

房间不大也不小。

Fángjiān bú dà yě bù xiǎo.

방은 크지도 작지도 않아요.

007

一边做作业，一边听音乐。

Yìbiān zuò zuòyè, yìbiān tīng yīnyuè.

숙제를 하면서 음악을 들어요.

009

有的人喜欢，有的人不喜欢。

Yǒude rén xǐhuan, yǒude rén bù xǐhuan.

어떤 사람은 좋아하고, 어떤 사람은 안 좋아해요.

011

周末你能跟我一起去百货商店吗？

Zhōumò nǐ néng gēn wǒ yìqǐ qù bǎihuò shāngdiàn ma?

주말에 당신은 나와 함께 백화점에 갈 수 있어요?

013

我买了两件毛衣。

Wǒ mǎile liǎng jiàn máoyī.

나는 스웨터 두 벌을 샀어요.

015

门怎么开着？

Mén zěnme kāizhe?

문이 왜 열려 있지요?

017

每星期学三次。

Měi xīngqī xué sān cì.

매주 세 번 배워요.

019

你哪儿不舒服？

Nǐ nǎr bù shūfu?

당신은 어디가 안 좋으세요?

021

现在疼得更厉害。

Xiànzài téng de gèng lìhai.

지금은 더 심하게 아파요.

023

去颐和园怎么走？

Qù Yíhéyuán zěnme zǒu?

이허위안에 어떻게 가나요?

025

离这儿远不远？

Lí zhèr yuǎn bu yuǎn?

여기에서 멀어요, 안 멀어요?

자르는 선

014 □□

这个周末你打算干什么?

Zhège zhōumò nǐ dǎsuan gàn shénme?

이번 주 주말에 당신은 뭐 할 계획이에요?

016 □□

我正在打太极拳。

Wǒ zhèngzài dǎ tàijíquán.

나는 태극권을 하고 있어요.

018 □□

表演一下，我看看。

Biǎoyǎn yíxià, wǒ kànkan.

공연 좀 해 보세요. 내가 볼게요.

020 □□

从什么时候开始肚子疼?

Cóng shénme shíhou kāishǐ dùzi téng?

언제부터 배가 아프기 시작했어요?

022 □□

我吃得太多了。

Wǒ chī de tài duō le.

나는 너무 많이 먹었어요.

024 □□

一直往前走，到红绿灯往左拐。

Yìzhí wǎng qián zǒu, dào hónglǜdēng wǎng zuǒ guǎi.

곧장 앞으로 가다가 신호등에 도착해서 좌회전하세요.

026 □□

不太远，走十分钟就到了。

Bú tài yuǎn, zǒu shí fēnzhōng jiù dào le.

별로 안 멀어요. 걸어서 10분이면 바로 도착해요.

* 핵심 문장 카드 활용법

1 『최신 개정 맛있는 중국어 Level ③ 초급 패턴1』의 핵심 문장만 정리해 놓았습니다.

2 「중국어-한국어-중국어」로 구성된 녹음을 들으며 중국어가 자연스럽게 나올 때까지 연습해 보세요.

3 중국어 문장이 익숙해지면 한국어 문장을 보고 중국어로 말해 보세요.

002 □□

这位同学，你先来吧。

Zhè wèi tóngxué, nǐ xiān lái ba.

이쪽의 학우, 먼저 하세요.

004 □□

你现在住在哪儿?

Nǐ xiànzài zhùzài nǎr?

당신은 지금 어디에 살아요?

006 □□

就是有点儿吵。

Jiùshì yǒudiǎnr chǎo.

단지 좀 시끄러워요.

008 □□

你听的是古典音乐还是流行音乐?

Nǐ tīng de shì gǔdiǎn yīnyuè háishi liúxíng yīnyuè?

당신이 듣는 것은 고전음악이에요, 아니면 대중음악이에요?

010 □□

我一次也没听过韩国音乐。

Wǒ yí cì yě méi tīngguo Hánguó yīnyuè.

나는 한 번도 한국 음악을 들어본 적이 없어요.

012 □□

不好意思，昨天我已经去了。

Bù hǎoyìsi, zuótiān wǒ yǐjīng qù le.

미안해요. 어제 나는 이미 갔었어요.

맛있는 중국어 회화 시리즈 ❸

최신 개정

맛있는 중국어 Level ❸ 초급 패턴1

워크북

JRC 중국어연구소 기획·저

부록 ▶ MP3 파일 무료 다운로드

맛있는 books

최신 개정

맛있는 중국어 Level ③ 초급 패턴1

워크북

JRC 중국어연구소 기획·저

맛있는 books

请多关照。

잘 부탁드립니다.

맛있는 단어

1 다음 빈칸을 알맞게 채우세요.

한자	병음	뜻
❶	dàjiā	여러분
来	❷	오다, 동작의 적극적인 어감을 나타냄
介绍	❸	소개하다
自己	zìjǐ	❹
位	❺	분[사람을 세는 단위]
❻	tóngxué	학우, 학교 친구
先	xiān	❼
❽	duō	많이
关照	❾	돌보다, 보살피다

2 다음 보기에서 알맞은 단어를 골라 써 보세요.

보기	位	介绍	关照	先

❶ 请你来____________一下自己。

Qǐng nǐ lái ____________ yíxià zìjǐ.

❷ 我____________去。

Wǒ ____________ qù.

❸ 这____________是我的老师。

Zhè ____________ shì wǒ de lǎoshī.

❹ 请多____________。

Qǐng duō ____________.

맛있는 회화

Track01

1 녹음을 듣고 빈칸을 채운 후, 말해 보세요.

王老师　❶ ______好！我叫王明，

______ hǎo! Wǒ jiào Wáng Míng,

是你们的❷ ______老师。

shì nǐmen de ______ lǎoshī.

同学们　王老师好！

Wáng lǎoshī hǎo!

王老师　请大家❸ ______介绍❹ ______自己。

Qǐng dàjiā ______ jièshào ______ zìjǐ.

❺ ______，你先来吧。

______, nǐ xiān lái ba.

安娜　我叫安娜，是❻ ______。认识大家，很高兴。

Wǒ jiào Ānnà, shì ______. Rènshi dàjiā, hěn gāoxìng.

东民　我❼ ______李，叫李东民，是韩国人。请❽ ______关照。

Wǒ ______ Lǐ, jiào Lǐ Dōngmín, shì Hánguórén. Qǐng ______ guānzhào.

2 위의 회화를 보고 다음 질문에 중국어로 대답해 보세요.

❶ 安娜是哪国人？ ______

Ānnà shì nǎ guó rén?

❷ 谁先介绍？ ______

Shéi xiān jièshào?

❸ 他们的汉语老师叫什么名字？ ______

Tāmen de Hànyǔ lǎoshī jiào shénme míngzi?

❹ 东民是美国人吗？ ______

Dōngmín shì Měiguórén ma?

맛있는 어법

1 다음을 해석하세요.

❶ 我来介绍一下。 ➡ ______________________

Wǒ lái jièshào yíxià.

❷ 你休息一下，我来。 ➡ ______________________

Nǐ xiūxi yíxià, wǒ lái.

❸ 有五位客人。 ➡ ______________________

Yǒu wǔ wèi kèrén.

❹ 多吃点儿！ ➡ ______________________

Duō chī diǎnr!

2 다음을 중작하세요.

❶ 당신이 하세요.(来) ➡ ______________________

❷ 이 분은 누구세요? ➡ ______________________

❸ 중국어를 많이 말하세요. ➡ ______________________

❹ 당신은 밥을 좀 적게 먹어야 해요. ➡ ______________________

3 틀린 문장을 바르게 고치세요.

❶ 来再一点儿吧。 ➡ ______________________

❷ 那个是哪国人? ➡ ______________________

❸ 请你喝少酒，喝多水。 ➡ ______________________

❹ 谁告诉我来? ➡ ______________________

Track02

1 녹음을 듣고 빈칸을 채운 후, 읽어 보세요.

我❶______东民，今年22岁，❷______韩国人，来北京❸______汉语。

Wǒ _____ Dōngmín, jīnnián èrshí'èr suì, _____ Hánguórén, lái Běijīng _____ Hànyǔ.

今天第一天❹__________，我和一个同学自我❺__________。我的同学

Jīntiān dì-yī tiān __________, wǒ hé yí ge tóngxué zìwǒ __________. Wǒ de tóngxué

❻______安娜，❼______一个美国女孩儿，很❽__________。

_______ Ānnà, _______ yí ge Měiguó nǚháir, hěn __________.

我们的汉语老师❾______王明，今年四十岁。他❿__________很亲切。

Wǒmen de Hànyǔ lǎoshī _______ Wáng Míng, jīnnián sìshí suì. Tā _______ hěn qīnqiè.

2 자기의 상황에 맞게 빈칸을 채워 문장을 완성해 보세요.

我叫__________，今年__________岁，是__________人。
我的同学叫__________，是__________人，很__________。

你现在住在哪儿?

당신은 지금 어디에 살아요?

맛있는 단어

1 다음 빈칸을 알맞게 채우세요.

한자	병음	뜻
❶	zhù	살다, 거주하다
留学生	liúxuéshēng	❷
宿舍	❸	숙소, 기숙사
❹	tiáojiàn	조건
房间	fángjiān	❺
生活	❻	생활, 생활하다
❼	fāngbiàn	편하다, 편리하다
银行	yínháng	❽
吵	❾	시끄럽다, 떠들썩하다

2 다음 보기에서 알맞은 단어를 골라 써 보세요.

보기	住	留学生	吵	生活

❶ 我__________在学校附近。

Wǒ __________ zài xuéxiào fùjìn.

❷ 这儿的__________很方便。

Zhèr de __________ hěn fāngbiàn.

❸ 我的朋友是美国__________。

Wǒ de péngyou shì Měiguó __________.

❹ 外边有点儿__________。

Wàibian yǒudiǎnr __________.

맛있는 회화

Track03

1 녹음을 듣고 빈칸을 채운 후, 말해 보세요.

小英 你现在住在❶________?
Nǐ xiànzài zhùzài ________?

东民 我住在留学生❷________。
Wǒ zhùzài liúxuéshēng ________.

小英 条件❸________?
Tiáojiàn ________?

东民 条件❹________，房间不❺________也不❻________。
Tiáojiàn ________, fángjiān bú ________ yě bù ________.

小英 ❼________方便不方便?
________ fāngbiàn bu fāngbiàn?

东民 很方便。商店、银行都在附近，❽________吵。
Hěn fāngbiàn. Shāngdiàn、yínháng dōu zài fùjìn, ________ chǎo.

2 위의 회화를 보고 다음 질문에 중국어로 대답해 보세요.

❶ 东民现在住在哪儿? ________
Dōngmín xiànzài zhùzài nǎr?

❷ 东民的房间大不大? ________
Dōngmín de fángjiān dà bu dà?

❸ 宿舍的生活方便吗? ________
Sùshè de shēnghuó fāngbiàn ma?

❹ 宿舍附近都有什么? ________
Sùshè fùjìn dōu yǒu shénme?

맛있는 어법

1 다음을 해석하세요.

❶ 她坐在我的旁边儿。 ➡ ______________________
Tā zuòzài wǒ de pángbiānr.

❷ 今天不冷也不热。 ➡ ______________________
Jīntiān bù lěng yě bú rè.

❸ 这件衣服很好看，就是不太便宜。 ➡ ______________________
Zhè jiàn yīfu hěn hǎokàn, jiùshì bú tài piányi.

❹ 今天我有点儿累。 ➡ ______________________
Jīntiān wǒ yǒudiǎnr lèi.

2 다음을 중작하세요.

❶ 나는 학교 근처에 살아요. ➡ ______________________

❷ 이 옷은 비싸지도 싸지도 않아요. ➡ ______________________

❸ 이 식당은 좋은데, 단지 작아요. ➡ ______________________

❹ 이 신발은 조금 커요. ➡ ______________________

3 틀린 문장을 바르게 고치세요.

❶ 他银行前边儿站在。 ➡ ______________________

❷ 他最近忙有点儿。 ➡ ______________________

❸ 小狗没在睡沙发上。 ➡ ______________________

❹ 今天不热也冷。 ➡ ______________________

Track04

1 녹음을 듣고 빈칸을 채운 후, 읽어 보세요.

东民住在学校宿舍。他住的是❶__________，条件很不错。

Dōngmín zhùzài xuéxiào sùshè. Tā zhù de shì __________, tiáojiàn hěn búcuò.

房间❷__________，里边儿有床、电视、冰箱，❸__________。

Fángjiān __________, lǐbianr yǒu chuáng、diànshì、bīngxiāng, __________.

宿舍附近有银行、商店、饭店，❹__________。

Sùshè fùjìn yǒu yínháng、shāngdiàn、fàndiàn, __________.

东民有一个❺__________，叫迈克。迈克是❻__________，❼__________

Dōngmín yǒu yí ge __________, jiào Màikè. Màikè shì __________, __________

很高，他的汉语很不错。他们都喜欢❽__________。

hěn gāo, tā de Hànyǔ hěn búcuò. Tāmen dōu xǐhuan __________.

2 자기의 상황에 맞게 빈칸을 채워 문장을 완성해 보세요.

> 我的房间__________，里边有__________、__________，还有__________。
> 附近有__________、__________，生活__________。

一边做作业，一边听音乐。

숙제를 하면서 음악을 들어요.

맛있는 단어

1 다음 빈칸을 알맞게 채우세요.

한자	병음	뜻
❶	yìbiān···, yìbiān···	(한편으로) ~하면서 (한편으로) ~하다
作业	zuòyè	❷
音乐	❸	음악
古典音乐	gǔdiǎn yīnyuè	❹
❺	A háishi B	A 아니면 B이다
流行音乐	❻	대중음악, 유행음악
❼	niánqīngrén	젊은이, 젊은 사람
有的人	yǒude rén	❽
次	❾	번, 회[동작의 횟수를 세는 단위]

2 다음 보기에서 알맞은 단어를 골라 써 보세요.

보기	还是	有的人	一边	次

❶ 我__________做作业，__________听音乐。

Wǒ __________ zuò zuòyè, __________ tīng yīnyuè.

❷ __________喜欢，__________不喜欢。

__________ xǐhuan, __________ bù xǐhuan.

❸ 一__________也没听过。

Yí __________ yě méi tīngguo.

❹ 你喜欢看中国电影__________韩国电影？

Nǐ xǐhuan kàn Zhōngguó diànyǐng __________ Hánguó diànyǐng?

맛있는 회화

Track05

1 녹음을 듣고 빈칸을 채운 후, 말해 보세요.

东民 你现在做什么呢?
Nǐ xiànzài zuò shénme ne?

小英 一边❶__________，一边听音乐。
Yìbiān __________, yìbiān tīng yīnyuè.

东民 你❷__________古典音乐❸__________流行音乐?
Nǐ __________ gǔdiǎn yīnyuè __________ liúxíng yīnyuè?

小英 流行音乐。我喜欢听中国流行音乐。
Liúxíng yīnyuè. Wǒ xǐhuan tīng Zhōngguó liúxíng yīnyuè.

东民 ❹__________很多中国❺__________喜欢听韩国音乐，是吗?
__________ hěn duō Zhōngguó __________ xǐhuan tīng Hánguó yīnyuè, shì ma?

小英 有的人喜欢，有的人不喜欢。
Yǒude rén xǐhuan, yǒude rén bù xǐhuan.

我❻__________，❼__________听过。
Wǒ __________, __________ tīngguo.

2 위의 회화를 보고 다음 질문에 중국어로 대답해 보세요.

❶ 小英在做什么? __________
Xiǎoyīng zài zuò shénme?

❷ 小英喜欢听什么音乐? __________
Xiǎoyīng xǐhuan tīng shénme yīnyuè?

❸ 中国年轻人喜欢听韩国音乐吗? __________
Zhōngguó niánqīngrén xǐhuan tīng Hánguó yīnyuè ma?

❹ 小英听过韩国音乐吗? __________
Xiǎoyīng tīngguo Hánguó yīnyuè ma?

맛있는 어법

1 다음을 해석하세요.

❶ 她一边吃饭，一边看电视。 ➡ ______________________

Tā yìbiān chī fàn, yìbiān kàn diànshì.

❷ 你要吃饭还是喝茶？ ➡ ______________________

Nǐ yào chī fàn háishi hē chá?

❸ 有的人喝果汁，有的人喝可乐。 ➡ ______________________

Yǒude rén hē guǒzhī, yǒude rén hē kělè.

❹ 他一次也没来我家。 ➡ ______________________

Tā yí cì yě méi lái wǒ jiā.

2 다음을 중작하세요.

❶ 어떤 사람은 텔레비전을 보고, 어떤 사람은 음악을 들어요.

➡ ______________________

❷ 그는 중국인이에요, 아니면 한국인이에요? ➡ ______________________

❸ 그들은 커피를 마시면서 영화를 봐요. ➡ ______________________

❹ 나는 한 번도 홍콩에 가 본 적이 없어요. ➡ ______________________

3 틀린 문장을 바르게 고치세요.

❶ 你喝咖啡还是可乐吗？ ➡ ______________________

❷ 我写一边汉字，说一边汉语。 ➡ ______________________

❸ 我一次也不看过中国电影。 ➡ ______________________

❹ 有的人回家，有去饭馆儿。 ➡ ______________________

맛있는 이야기

1 녹음을 듣고 빈칸을 채운 후, 읽어 보세요.

今天是❶__________，东民去小英家❷________。小英一边做作业，

Jīntiān shì __________, Dōngmín qù Xiǎoyīng jiā ________. Xiǎoyīng yìbiān zuò zuòyè,

一边听中国❸__________。

yìbiān tīng Zhōngguó __________.

很多中国年轻人都❹__________韩国流行音乐，❺________小英

Hěn duō Zhōngguó niánqīngrén dōu __________ Hánguó liúxíng yīnyuè, ________ Xiǎoyīng

一次也没听过。❻________东民想给小英❼________一下韩国流行音乐。

yí cì yě méi tīngguo. ________ Dōngmín xiǎng gěi Xiǎoyīng ________ yíxià Hánguó liúxíng yīnyuè.

2 자기의 상황에 맞게 빈칸을 채워 문장을 완성해 보세요.

今天是__________，我去朋友家__________。朋友一边__________，一边__________。朋友喜欢__________。

我买了两件毛衣。

나는 스웨터 두 벌을 샀어요.

맛있는 단어

1 다음 빈칸을 알맞게 채우세요.

한자	병음	뜻
❶	zhōumò	주말
不好意思	❷	부끄럽다, 쑥스럽다, 미안하다
打算	❸	~할 계획이다, ~하려고 하다
考试	❹	시험, 시험을 보다
❺	néng	~할 수 있다, ~할 줄 알다
❻	yǐjīng	이미, 벌써
件	❼	벌, 건[옷, 일 등을 세는 단위]
毛衣	máoyī	❽
复习	fùxí	❾

2 다음 보기에서 알맞은 단어를 골라 써 보세요.

보기　件　周末　复习　能

❶ 明天有考试，我要__________。

Míngtiān yǒu kǎoshì, wǒ yào __________.

❷ 这个__________你打算干什么?

Zhège __________ nǐ dǎsuan gàn shénme?

❸ 姐姐给我买了一__________毛衣。

Jiějie gěi wǒ mǎile yí __________ máoyī.

❹ 你__________跟我一起去吃比萨吗?

Nǐ __________ gēn wǒ yìqǐ qù chī bǐsà ma?

맛있는 회화

Track07

1 녹음을 듣고 빈칸을 채운 후, 말해 보세요.

迈克 周末你能跟我一起去❶ __________ 吗?
Zhōumò nǐ néng gēn wǒ yìqǐ qù __________ ma?

东民 ❷ __________，昨天我已经去了。
__________, zuótiān wǒ yǐjīng qù le.

迈克 你❸ ______ 什么?
Nǐ ______ shénme?

东民 我买了❹ ______ 件毛衣。
Wǒ mǎile ______ jiàn máoyī.

迈克 ❺ ______，这个周末你❻ ______ 干什么?
______, zhège zhōumò nǐ ______ gàn shénme?

东民 下个星期一❼ __________，我打算❽ __________ 复习。
Xià ge xīngqīyī __________, wǒ dǎsuan __________ fùxí.

2 위의 회화를 보고 다음 질문에 중국어로 대답해 보세요.

❶ 迈克周末想去哪儿? __________________
Màikè zhōumò xiǎng qù nǎr?

❷ 昨天东民买了什么? __________________
Zuótiān Dōngmín mǎile shénme?

❸ 这个周末东民打算干什么? __________________
Zhège zhōumò Dōngmín dǎsuan gàn shénme?

❹ 东民什么时候有考试? __________________
Dōngmín shénme shíhou yǒu kǎoshì?

맛있는 어법

1 다음을 해석하세요.

❶ 明天他能来。 ➡ ____________________

Míngtiān tā néng lái.

❷ 他喝了一瓶啤酒。 ➡ ____________________

Tā hēle yì píng píjiǔ.

❸ 这个星期六我们打算去天安门。 ➡ ____________________

Zhège xīngqīliù wǒmen dǎsuan qù Tiān'ānmén.

❹ 他没出去，在家呢。 ➡ ____________________

Tā méi chūqu, zài jiā ne.

2 다음을 중작하세요.

❶ 당신은 많은 책을 봤나요? ➡ ____________________

❷ 내일 그는 바빠서, 올 수 없어요. ➡ ____________________

❸ 나는 밥을 먹었어요. ➡ ____________________

❹ 내년에 당신은 무엇을 할 계획이에요? ➡ ____________________

3 틀린 문장을 바르게 고치세요.

❶ 他没回家了。 ➡ ____________________

❷ 明天他能来不来? ➡ ____________________

❸ 你明天有打算什么? ➡ ____________________

❹ 他去洗手间了没有吗? ➡ ____________________

맛있는 이야기

1 녹음을 듣고 빈칸을 채운 후, 읽어 보세요.

Track08

最近❶ __________ 比较冷，东民想买几件❷ __________ 的衣服。昨天他去百货商店买了两件❸ __________。

Zuìjìn __________ bǐjiào lěng, Dōngmín xiǎng mǎi jǐ jiàn __________ de yīfu. Zuótiān tā qù bǎihuò shāngdiàn mǎile liǎng jiàn __________.

迈克打算❹ __________ 跟东民去百货商店。很❺ __________，东民昨天已经去了。❻ __________ ❼ __________ 星期一有考试，东民打算周末在宿舍❽ __________。

Màikè dǎsuan __________ gēn Dōngmín qù bǎihuò shāngdiàn. Hěn __________, Dōngmín zuótiān yǐjīng qù le. __________ __________ xīngqīyī yǒu kǎoshì, Dōngmín dǎsuan zhōumò zài sùshè __________.

2 자기의 상황에 맞게 빈칸을 채워 문장을 완성해 보세요.

> 昨天我跟__________去__________买了__________。
> 下个星期__________，周末我打算__________。

我正在打太极拳。

나는 태극권을 하고 있어요.

맛있는 단어

1 다음 빈칸을 알맞게 채우세요.

한자	병음	뜻
❶	mén	문
❷	zěnme	왜, 어째서
打太极拳	❸	태극권을 하다
厉害	❹	대단하다, 심하다
没问题	méi wèntí	❺
❻	měi	각, ~마다
表演	❼	공연하다, 상연하다, 공연
❽	kāi	열다, (텔레비전, 전등 등을) 켜다
开始	kāishǐ	❾

2 다음 보기에서 알맞은 단어를 골라 써 보세요.

보기　开始　厉害　每　开

❶ 电视怎么__________着?

Diànshì zěnme __________zhe?

❷ 你会说英语，还会说日语，真__________!

Nǐ huì shuō Yīngyǔ, hái huì shuō Rìyǔ, zhēn __________!

❸ 今天几点__________上课?

Jīntiān jǐ diǎn __________ shàng kè?

❹ 他__________星期去三次图书馆。

Tā __________ xīngqī qù sān cì túshūguǎn.

맛있는 회화

Track09

1 녹음을 듣고 빈칸을 채운 후, 말해 보세요.

小英　门❶______开着?
Mén ______ kāizhe?
你在❷______什么呢?
Nǐ zài ______ shénme ne?

东民　我❸______打太极拳。
Wǒ ______ dǎ tàijíquán.

小英　真厉害！你在学太极拳，❹______?
Zhēn lìhai! Nǐ zài xué tàijíquán, ______?

东民　❺______！每星期学三次。
______! Měi xīngqī xué sān cì.

小英　❻______一下，我看看。
______ yíxià, wǒ kànkan.

东民　❼_________。❽______，现在开始。
_________. ______, xiànzài kāishǐ.

2 위의 회화를 보고 다음 질문에 중국어로 대답해 보세요.

❶ 门开着还是关着?　____________________
Mén kāizhe háishi guānzhe?

❷ 东民在干什么呢?　____________________
Dōngmín zài gàn shénme ne?

❸ 东民每星期学几次太极拳?　____________________
Dōngmín měi xīngqī xué jǐ cì tàijíquán?

❹ 东民现在要做什么?　____________________
Dōngmín xiànzài yào zuò shénme?

맛있는 어법

1 다음을 해석하세요.

❶ 学生坐着，老师站着。 ➡ ____________
Xuésheng zuòzhe, lǎoshī zhànzhe.

❷ 我们正在上课呢。 ➡ ____________
Wǒmen zhèngzài shàng kè ne.

❸ 我去过一次。 ➡ ____________
Wǒ qùguo yí cì.

❹ 你看看这本书。 ➡ ____________
Nǐ kànkan zhè běn shū.

2 다음을 중작하세요.

❶ 나는 중국요리를 한 번 먹어 본 적이 있어요. ➡ ____________

❷ 그는 문을 열고 있어요. ➡ ____________

❸ 나는 좀 쉬고 싶어요. ➡ ____________

❹ 문이 열려 있고, 텔레비전도 켜져 있어요. ➡ ____________

3 틀린 문장을 바르게 고치세요.

❶ 他躺在看电视。 ➡ ____________

❷ 我吃过中国菜一次。 ➡ ____________

❸ 你尝尝一下我做的菜。 ➡ ____________

❹ 他在没玩儿电脑。 ➡ ____________

1 녹음을 듣고 빈칸을 채운 후, 읽어 보세요.

太极拳是中国传统❶__________。每天❷__________很多中国人
Tàijíquán shì Zhōngguó chuántǒng __________. Měi tiān __________hěn duō Zhōngguórén

都在❸__________打太极拳。
dōu zài __________ dǎ tàijíquán.

听说打太极拳❹__________很好，❺__________东民最近在学打
Tīng shuō dǎ tàijíquán __________ hěn hǎo, __________ Dōngmín zuìjìn zài xué dǎ

太极拳。上课❻__________，王老师先❼__________打太极拳，每星期学三次。
tàijíquán. Shàng kè __________, Wáng lǎoshī xiān __________ dǎ tàijíquán, měi xīngqī xué sān cì.

现在东民会打太极拳，可是安娜❽__________。
Xiànzài Dōngmín huì dǎ tàijíquán, kěshì Ānnà __________.

2 자기의 상황에 맞게 빈칸을 채워 문장을 완성해 보세요.

听说__________对身体很好，所以我最近在__________。
我每星期__________次。朋友每星期__________次。

我肚子疼得很厉害。

저는 배가 너무 아파요.

맛있는 단어

1 다음 빈칸을 알맞게 채우세요.

한자	병음	뜻
医生	yīshēng	❶
舒服	❷	편안하다, 쾌적하다, 안락하다
❸	dùzi	배[신체]
疼	❹	아프다
什么时候	shénme shíhou	❺
❻	gèng	더욱, 훨씬
海鲜	hǎixiān	❼
❽	tài···le	너무 ~하다
从	❾	~부터, ~에서

2 다음 보기에서 알맞은 단어를 골라 써 보세요.

보기	从	舒服	海鲜	更

❶ 你哪儿不__________?

Nǐ nǎr bù __________?

❷ 我吃了很多__________。

Wǒ chīle hěn duō __________.

❸ 现在疼得__________厉害。

Xiànzài téng de __________ lìhai.

❹ __________什么时候开始疼?

__________ shénme shíhou kāishǐ téng?

맛있는 회화

Track11

1 녹음을 듣고 빈칸을 채운 후, 말해 보세요.

医生　你❶______不舒服?
Nǐ ______ bù shūfu?

东民　我❷__________。
Wǒ __________.

医生　从❸__________开始肚子疼?
Cóng __________ kāishǐ dùzi téng?

东民　昨天❹______。现在❺______更厉害。
Zuótiān ______. Xiànzài ______ gèng lìhai.

医生　你昨天晚上❻__________?
Nǐ zuótiān wǎnshang __________?

东民　我吃了海鲜，而且吃得❼__________。
Wǒ chīle hǎixiān, érqiě chī de __________.

2 위의 회화를 보고 다음 질문에 중국어로 대답해 보세요.

❶ 东民哪儿不舒服?　________________
Dōngmín nǎr bù shūfu?

❷ 东民从什么时候开始肚子疼?　________________
Dōngmín cóng shénme shíhou kāishǐ dùzi téng?

❸ 东民的肚子现在怎么样?　________________
Dōngmín de dùzi xiànzài zěnmeyàng?

❹ 东民昨天晚上吃了什么?　________________
Dōngmín zuótiān wǎnshang chīle shénme?

맛있는 어법

1 다음을 해석하세요.

❶ 从这儿到邮局远吗? ➡ ____________________

Cóng zhèr dào yóujú yuǎn ma?

❷ 她唱歌唱得好不好? ➡ ____________________

Tā chàng gē chàng de hǎo bu hǎo?

❸ 她说得太快了。 ➡ ____________________

Tā shuō de tài kuài le.

❹ 我妈妈车开得不太好。 ➡ ____________________

Wǒ māma chē kāi de bú tài hǎo.

2 다음을 중작하세요.

❶ 이 옷은 너무 비싸요. ➡ ____________________

❷ 그는 농구를 못해요.(得) ➡ ____________________

❸ 내 친구는 프랑스에서 와요. ➡ ____________________

❹ 그는 축구를 잘 하나요? ➡ ____________________

3 틀린 문장을 바르게 고치세요.

❶ 他不写得很好。 ➡ ____________________

❷ 今天天气冷太了。 ➡ ____________________

❸ 他做菜得很好。 ➡ ____________________

❹ 朋友玩儿不玩儿得高兴? ➡ ____________________

Track12

1 녹음을 듣고 빈칸을 채운 후, 읽어 보세요.

昨天晚上，东民❶__________去王老师家吃饭了。王老师做了

Zuótiān wǎnshang, Dōngmín __________ qù Wáng lǎoshī jiā chī fàn le. Wáng lǎoshī zuòle

❷__________，有鸡肉、猪肉、海鲜❸__________。

__________, yǒu jīròu、zhūròu、hǎixiān __________.

王老师做菜❹__________很好吃，同学们都很喜欢。东民❺__________

Wáng lǎoshī zuò cài __________ hěn hǎochī, tóngxuémen dōu hěn xǐhuan. Dōngmín __________

吃海鲜，吃得很多，❻__________肚子疼得很厉害。所以今天早上他去医院

chī hǎixiān, chī de hěn duō, __________ dùzi téng de hěn lìhai. Suǒyǐ jīntiān zǎoshang tā qù yīyuàn

❼__________了。

__________ le.

2 자기의 상황에 맞게 빈칸을 채워 문장을 완성해 보세요.

妈妈昨天做了很多菜，有__________、__________、__________等等。
妈妈做菜做得__________，我吃了__________。

去颐和园怎么走?

이허위안에 어떻게 가나요?

맛있는 단어

1 다음 빈칸을 알맞게 채우세요.

한자	병음	뜻
❶	qǐngwèn	말씀 좀 묻겠습니다
一直	❷	계속, 줄곧, 늘
往	wǎng	❸
❹	dào	도착하다, 이르다
红绿灯	hónglǜdēng	❺
拐	❻	돌다, 회전하다
❼	lí	~에서, ~로부터, ~까지
❽	fēnzhōng	분[시간의 양을 나타냄]
带	❾	데리고 가다, (몸에) 지니다, 휴대하다

2 다음 보기에서 알맞은 단어를 골라 써 보세요.

보기	带	离	请问	拐

❶ ＿＿＿＿＿，去颐和园怎么走?

＿＿＿＿＿, qù Yíhéyuán zěnme zǒu?

❷ 你家＿＿＿＿＿这儿远不远?

Nǐ jiā ＿＿＿＿＿ zhèr yuǎn bu yuǎn?

❸ 我＿＿＿＿＿你去吧。

Wǒ ＿＿＿＿＿ nǐ qù ba.

❹ 到红绿灯往左＿＿＿＿＿。

Dào hónglǜdēng wǎng zuǒ ＿＿＿＿＿.

맛있는 회화

Track13

1 녹음을 듣고 빈칸을 채운 후, 말해 보세요.

东民 请问，❶ ________ 颐和园 ❷ ____________?
Qǐngwèn, ________ Yíhéyuán ____________?

行人 一直 ❸ ________ 走，到 ❹ ________ 往左拐。
Yìzhí ________ zǒu, dào ________ wǎng zuǒ guǎi.

东民 离这儿 ❺ ________?
Lí zhèr ________?

行人 不太远，走十分钟 ❻ ________。
Bú tài yuǎn, zǒu shí fēnzhōng ________.

东民 谢谢你。
Xièxie nǐ.

行人 我也去颐和园，我 ❼ ________ 吧。
Wǒ yě qù Yíhéyuán, wǒ ________ ba.

2 위의 회화를 보고 다음 질문에 중국어로 대답해 보세요.

❶ 东民要去哪儿? ________________
Dōngmín yào qù nǎr?

❷ 去颐和园怎么走? ________________
Qù Yíhéyuán zěnme zǒu?

❸ 颐和园离这儿远不远? ________________
Yíhéyuán lí zhèr yuǎn bu yuǎn?

❹ 走几分钟能到颐和园? ________________
Zǒu jǐ fēnzhōng néng dào Yíhéyuán?

맛있는 어법

1 다음을 해석하세요.

❶ 你要什么时候走? ➡ ______________________
Nǐ yào shénme shíhou zǒu?

❷ 在十字路口往右拐。 ➡ ______________________
Zài shízì lùkǒu wǎng yòu guǎi.

❸ 我到学校了。 ➡ ______________________
Wǒ dào xuéxiào le.

❹ 学校离我家很近。 ➡ ______________________
Xuéxiào lí wǒ jiā hěn jìn.

2 다음을 중작하세요.

❶ 기차가 7시에 도착했어요. ➡ ______________________

❷ 당신이 먼저 앞으로 가세요. ➡ ______________________

❸ 내일 나는 동물원에 갈 거예요. ➡ ______________________

❹ 수업이 끝날 때까지 아직 5분이 남았어요. ➡ ______________________

3 틀린 문장을 바르게 고치세요.

❶ 我们一起走百货商店吧。 ➡ ______________________

❷ 他已经去走了。 ➡ ______________________

❸ 从圣诞节还有一个星期。 ➡ ______________________

❹ 请到右拐。 ➡ ______________________

맛있는 이야기

1 녹음을 듣고 빈칸을 채운 후, 읽어 보세요.

❶ ________东民和安娜❷ ________一起去颐和园玩儿。可是他们都

________ Dōngmín hé Ānnà ________ yìqǐ qù Yíhéyuán wánr. Kěshì tāmen dōu

❸ ________去颐和园怎么走。

________ qù Yíhéyuán zěnme zǒu.

他们❹ ________有一个女生，东民❺ ________怎么走。她❻ ________

Tāmen ________ yǒu yí ge nǚshēng, Dōngmín ________ zěnme zǒu. Tā ________

东民一直往前走，到红绿灯❼ ________，走十分钟❽ ________到了。

Dōngmín yìzhí wǎng qián zǒu, dào hónglǜdēng ________, zǒu shí fēnzhōng ________ dào le.

那个女生❾ ________带他们一起去了。 他们的❿ ________真好。

Nàge nǚshēng ________ dài tāmen yìqǐ qù le. Tāmen de ________ zhēn hǎo.

2 자기의 상황에 맞게 빈칸을 채워 문장을 완성해 보세요.

上个周末我跟________计划一起去________玩儿。可是我们不知道去________怎么走。 我们________有一个________，他带我们一起去了________。

首尔跟北京一样冷吗?

서울은 베이징과 같이 춥나요?

맛있는 단어

1 다음 빈칸을 알맞게 채우세요.

한자	병음	뜻
❶	bǐ	~보다, 비교하다
觉得	❷	느끼다, 생각하다
首尔	Shǒu'ěr	❸
❹	xuě	(내리는) 눈
一样	❺	같다
冬天	dōngtiān	❻
❼	tiānqì	날씨
常常	❽	늘, 항상
❾	búguò	그러나, 그런데

2 다음 보기에서 알맞은 단어를 골라 써 보세요.

보기 比　冬天　觉得　一样

❶ 我__________今天很冷。

Wǒ __________ jīntiān hěn lěng.

❷ 北京跟首尔__________冷吗?

Běijīng gēn Shǒu'ěr __________ lěng ma?

❸ 今天__________昨天热吧?

Jīntiān __________ zuótiān rè ba?

❹ 今年的__________来得很早。

Jīnnián de __________ lái de hěn zǎo.

맛있는 회화

Track15

1 녹음을 듣고 빈칸을 채운 후, 말해 보세요.

小英 今天❶________真冷，比昨天冷❷________?

Jīntiān ________ zhēn lěng, bǐ zuótiān lěng ________?

东民 我也觉得今天❸__________冷。

Wǒ yě juéde jīntiān __________ lěng.

小英 听说首尔❹________的雪很❺________。今年呢?

Tīng shuō Shǒu'ěr ________ de xuě hěn ________. Jīnnián ne?

东民 今年的雪比去年❻________。

Jīnnián de xuě bǐ qùnián __________.

小英 首尔❼________北京一样冷吗?

Shǒu'ěr ________ Běijīng yíyàng lěng ma?

东民 不，首尔❽________北京冷。

Bù, Shǒu'ěr ________ Běijīng lěng.

2 위의 회화를 보고 다음 질문에 중국어로 대답해 보세요.

❶ 今天天气怎么样? ______________________

Jīntiān tiānqì zěnmeyàng?

❷ 昨天比今天冷吗? ______________________

Zuótiān bǐ jīntiān lěng ma?

❸ 首尔今年的雪比去年大吗? ______________________

Shǒu'ěr jīnnián de xuě bǐ qùnián dà ma?

❹ 首尔冷还是北京冷? ______________________

Shǒu'ěr lěng háishi Běijīng lěng?

맛있는 어법

1 다음을 해석하세요.

❶ 我哥哥比我高。 ➡ ______

Wǒ gēge bǐ wǒ gāo.

❷ 这个没有那个好看。 ➡ ______

Zhège méiyǒu nàge hǎokàn.

❸ 我觉得这杯咖啡太甜了。 ➡ ______

Wǒ juéde zhè bēi kāfēi tài tián le.

❹ 她的衣服跟我的一样。 ➡ ______

Tā de yīfu gēn wǒ de yíyàng.

2 다음을 중작하세요.

❶ 올해 여름은 작년과 같이 더워요. ➡ ______

❷ 서울은 베이징만큼 크지 않아요. ➡ ______

❸ 나는 봄이 가을보다 더 예쁘다고 생각해요. ➡ ______

❹ 비행기는 기차보다 더 빨라요. ➡ ______

3 틀린 문장을 바르게 고치세요.

❶ 我家没比他家远。 ➡ ______

❷ 我觉得不房间很小。 ➡ ______

❸ 他的衣服有我的一样贵。 ➡ ______

❹ 今天比昨天非常冷。 ➡ ______

Track16

1 녹음을 듣고 빈칸을 채운 후, 읽어 보세요.

今年北京的冬天❶＿＿＿＿很早，常常❷＿＿＿＿，天气很冷。
Jīnnián Běijīng de dōngtiān ＿＿＿＿ hěn zǎo, chángcháng ＿＿＿＿, tiānqì hěn lěng.

东民觉得北京的冬天❸＿＿＿＿＿＿更冷、更❹＿＿＿＿＿＿。不过他
Dōngmín juéde Běijīng de dōngtiān ＿＿＿＿＿ gèng lěng、gèng ＿＿＿＿＿. Búguò tā

现在❺＿＿＿＿＿跟在首尔一样，所以觉得❻＿＿＿＿冷。
xiànzài ＿＿＿＿＿ gēn zài Shǒu'ěr yíyàng, suǒyǐ juéde ＿＿＿＿＿ lěng.

小英打算明天❼＿＿＿东民去买一件❽＿＿＿＿。
Xiǎoyīng dǎsuan míngtiān ＿＿＿＿＿ Dōngmín qù mǎi yí jiàn ＿＿＿＿＿.

2 자기의 상황에 맞게 빈칸을 채워 문장을 완성해 보세요.

今年＿＿＿的冬天来得＿＿＿＿，＿＿＿下雪，天气＿＿＿＿。
我＿＿＿＿＿今年冬天比去年＿＿＿＿＿。

请帮我们照一张相，好吗？

사진 한 장 찍어 주시겠어요?

맛있는 단어

1 다음 빈칸을 알맞게 채우세요.

한자	병음	뜻
❶	duō…a	얼마나 ~한가
❷	jiàn	만나다, 보다, 보이다
冰灯	bīngdēng	❸
❹	yǒumíng	유명하다
好像	❺	마치 ~인 것 같다
世界	shìjiè	❻
照相	zhào xiàng	❼
帮	❽	돕다
❾	zhāng	장[사진, 종이 등 평평한 것을 세는 단위]

2 다음 보기에서 알맞은 단어를 골라 써 보세요.

보기	见	照相	好像	有名

❶ 我在韩国没__________过冰灯。

Wǒ zài Hánguó méi __________guo bīngdēng.

❷ 这个电影很__________。

Zhège diànyǐng hěn __________.

❸ 我来帮你__________吧。

Wǒ lái bāng nǐ __________ ba.

❹ 哈尔滨的冰灯__________是世界上最大的。

Hā'ěrbīn de bīngdēng __________ shì shìjiè shang zuì dà de.

맛있는 회화

Track17

1 녹음을 듣고 빈칸을 채운 후, 말해 보세요.

小英 东民，你❶______看看，
Dōngmín, nǐ ________ kànkan,
多❷______啊！
duō ________ a!

东民 真❸______！
Zhēn ________!
我在韩国没❹______冰灯。
Wǒ zài Hánguó méi ________ bīngdēng.

小英 哈尔滨的冰灯节很有名，好像是❺______________的。
Hā'ěrbīn de Bīngdēng Jié hěn yǒumíng, hǎoxiàng shì ______________ de.

东民 小英，我们❻______照相吧。
Xiǎoyīng, wǒmen ________ zhào xiàng ba.

小英 ❼______，请帮我们照❽______相，好吗？
__________, qǐng bāng wǒmen zhào ________ xiàng, hǎo ma?

2 위의 회화를 보고 다음 질문에 중국어로 대답해 보세요.

❶ 他们在看什么？ ______________________________
Tāmen zài kàn shénme?

❷ 东民在韩国见过冰灯吗？ ______________________________
Dōngmín zài Hánguó jiànguo bīngdēng ma?

❸ 哈尔滨的冰灯节有名吗？ ______________________________
Hā'ěrbīn de Bīngdēng Jié yǒumíng ma?

❹ 那位先生帮他们做什么？ ______________________________
Nà wèi xiānsheng bāng tāmen zuò shénme?

맛있는 어법

1 다음을 해석하세요.

❶ 你能帮我做饭吗? ➡ ______________________

Nǐ néng bāng wǒ zuò fàn ma?

❷ 请你慢点儿说，好吗? ➡ ______________________

Qǐng nǐ màn diǎnr shuō, hǎo ma?

❸ 你能去中国学汉语多好啊! ➡ ______________________

Nǐ néng qù Zhōngguó xué Hànyǔ duō hǎo a!

❹ 他看起来好像是韩国人。 ➡ ______________________

Tā kàn qǐlai hǎoxiàng shì Hánguórén.

2 다음을 중작하세요.

❶ 내가 당신을 도와 말할게요. ➡ ______________________

❷ 그가 당신을 얼마나 좋아하는데요! ➡ ______________________

❸ 이 요리는 내가 일본에서 먹어 본 것 같아요.

➡ ______________________

❹ 우리 같이 영화 보러 갈래요? ➡ ______________________

3 틀린 문장을 바르게 고치세요.

❶ 坐出租车去多少快啊! ➡ ______________________

❷ 我没好像见过。 ➡ ______________________

❸ 谢谢你的帮。 ➡ ______________________

❹ 他的个子高多啊! ➡ ______________________

1 녹음을 듣고 빈칸을 채운 후, 읽어 보세요.

哈尔滨的❶________很有名。小英和东民一起去哈尔滨看冰灯了。

Hā'ěrbīn de ________ hěn yǒumíng. Xiǎoyīng hé Dōngmín yìqǐ qù Hā'ěrbīn kàn bīngdēng le.

哈尔滨❷________，比北京❸________。

Hā'ěrbīn ________, bǐ Běijīng ________.

东民❹________哈尔滨的冰灯非常漂亮，❺________听说好像

Dōngmín ________ Hā'ěrbīn de bīngdēng fēicháng piàoliang, ________ tīng shuō hǎoxiàng

是世界上最大的。所以他想❻________，给家人❼________。

shì shìjiè shang zuì dà de. Suǒyǐ tā xiǎng ________, gěi jiārén ________.

2 자기의 상황에 맞게 빈칸을 채워 문장을 완성해 보세요.

我跟朋友一起去________看________了。

________非常________，我想照几张相给________看看。

这个又好看又便宜。

이것은 예쁘고 싸요.

맛있는 단어

1 다음 빈칸을 알맞게 채우세요.

한자	병음	뜻
❶	nàme	그렇게, 저렇게, 그런, 저런
这么	zhème	❷
认真	❸	성실하다, 착실하다
网上	wǎngshàng	❹
❺	shàng wǎng	인터넷을 하다
台灯	❻	탁상용 전등, 스탠드
❼	yòu…yòu…	~하기도 하고 ~하기도 하다
挺	❽	매우, 아우, 대단히
❾	jí le	극히, 매우, 아주

2 다음 보기에서 알맞은 단어를 골라 써 보세요.

보기 极了　认真　挺　网上

❶ 我在＿＿＿＿＿买衣服呢。

Wǒ zài ＿＿＿＿＿ mǎi yīfu ne.

❷ 这个好看，＿＿＿＿＿不错的。

Zhège hǎokàn, ＿＿＿＿＿ búcuò de.

❸ 好＿＿＿＿＿，我就买它吧！

Hǎo ＿＿＿＿＿, wǒ jiù mǎi tā ba!

❹ 你看什么呢？那么＿＿＿＿＿！

Nǐ kàn shénme ne? Nàme ＿＿＿＿＿!

맛있는 회화

Track19

1 녹음을 듣고 빈칸을 채운 후, 말해 보세요.

迈克　你看什么呢? ❶______认真!
Nǐ kàn shénme ne? ______ rènzhēn!

安娜　我在网上❷________呢。
Wǒ zài wǎngshàng ________ ne.

迈克　买❸______了吗?
Mǎi ______ le ma?

安娜　❹______买好呢。你帮我看看。
______ mǎihǎo ne. Nǐ bāng wǒ kànkan.

迈克　这个❺________? 又好看❻________, 挺不错的。
Zhège ________? Yòu hǎokàn ________, tǐng búcuò de.

安娜　好极了! 我❼______买它吧。
Hǎo jí le! Wǒ ______ mǎi tā ba.

2 위의 회화를 보고 다음 질문에 중국어로 대답해 보세요.

❶ 安娜在干什么呢? ________________
Ānnà zài gàn shénme ne?

❷ 安娜看台灯看得怎么样? ________________
Ānnà kàn táidēng kàn de zěnmeyàng?

❸ 安娜买好了吗? ________________
Ānnà mǎihǎo le ma?

❹ 迈克说的台灯怎么样? ________________
Màikè shuō de táidēng zěnmeyàng?

맛있는 어법

1 다음을 해석하세요.

❶ 这本书你看懂了吗? ➡ ______________________

Zhè běn shū nǐ kàndǒng le ma?

❷ 那是我的书包，你拿错了。 ➡ ______________________

Nà shì wǒ de shūbāo, nǐ nácuò le.

❸ 这本书又大又厚。 ➡ ______________________

Zhè běn shū yòu dà yòu hòu.

❹ 今天他高兴极了! ➡ ______________________

Jīntiān tā gāoxìng jí le!

2 다음을 중작하세요.

❶ 모두들 말하기도 하고 웃기도 해요. ➡ ______________________

❷ 내 여자 친구는 아주 예뻐요!(极了) ➡ ______________________

❸ 엄마는 빨래를 다 했어요.(好) ➡ ______________________

❹ 당신은 들렸어요? ➡ ______________________

3 틀린 문장을 바르게 고치세요.

❶ 我听没懂。 ➡ ______________________

❷ 他不是王老师，你错看了。 ➡ ______________________

❸ 这儿的菜一边好吃一边便宜。 ➡ ______________________

❹ 妈妈已经做饭完了。 ➡ ______________________

1 녹음을 듣고 빈칸을 채운 후, 읽어 보세요.

昨天晚上，安娜的台灯❶__________。她❷________在网上买一个

Zuótiān wǎnshang, Ānnà de táidēng __________. Tā ________ zài wǎngshàng mǎi yí ge

❸______台灯。安娜❹________网上有各种各样的台灯，看了❺________，

______ táidēng. Ānnà ________ wǎngshàng yǒu gèzhǒng gèyàng de táidēng, kànle ________,

可是不知道买❻__________。❼__________迈克帮安娜❽______了一个又好看

kěshì bù zhīdào mǎi __________. __________ Màikè bāng Ānnà ______le yí ge yòu hǎokàn

又便宜的台灯。安娜非常❾__________迈克。

yòu piányi de táidēng. Ānnà fēicháng __________ Màikè.

2 자기의 상황에 맞게 빈칸을 채워 문장을 완성해 보세요.

我的__________突然坏了。我打算在__________买一个__________。

__________有各种各样的__________，我不知道买哪个。

你们回来了!

당신들 돌아왔군요!

맛있는 단어

1 다음 빈칸을 알맞게 채우세요.

한자	병음	뜻
❶	wàimiàn	밖, 바깥
放鞭炮	fàng biānpào	❷
热闹	❸	떠들썩하다, 번화하다
❹	jiǎozi	(물)만두
每年	měi nián	❺
春节	❻	춘절, (음력) 설
❼	shíhou	때, 무렵
故乡	gùxiāng	❽
过年	❾	설을 쇠다, 새해를 맞다

2 다음 보기에서 알맞은 단어를 골라 써 보세요.

보기	热闹	故乡	春节	饺子

❶ 你回________过年吗?

Nǐ huí ________ guò nián ma?

❷ 外面在放鞭炮呢，很________。

Wàimiàn zài fàng biānpào ne, hěn ________.

❸ 你做的________真好吃。

Nǐ zuò de ________ zhēn hǎochī.

❹ 大家________快乐！恭喜发财！

Dàjiā ________ kuàilè! Gōngxǐ fā cái!

맛있는 회화

Track21

1 녹음을 듣고 빈칸을 채운 후, 말해 보세요.

妈妈　你们❶________了！快❷________吧！
Nǐmen ________ le! Kuài ________ ba!

小英　妈，你❸________了吗？
Mā, nǐ ________ le ma?
外面❹________在放鞭炮呢。
Wàimiàn ________ zài fàng biānpào ne.

妈妈　听见了，❺________热闹！你们❻______________饺子吧。
Tīngjiàn le, ________ rènao! Nǐmen ______________ jiǎozi ba.

东民　谢谢您，您做的菜真好吃。
Xièxie nín, nín zuò de cài zhēn hǎochī.

妈妈　每年春节的时候，中国人都❼______________过年。
Měi nián Chūn Jié de shíhou, Zhōngguórén dōu ______________ guò nián.

小英　大家春节快乐！❽________发财！
Dàjiā Chūn Jié kuàilè! ________ fā cái!

2 위의 회화를 보고 다음 질문에 중국어로 대답해 보세요.

❶ 外面在干什么呢？ ______________________________
Wàimiàn zài gàn shénme ne?

❷ 外面热闹不热闹？ ______________________________
Wàimiàn rènao bu rènao?

❸ 妈妈做了什么菜？ ______________________________
Māma zuòle shénme cài?

❹ 春节的时候，中国人在哪儿过年？ ______________________________
Chūn Jié de shíhou, Zhōngguórén zài nǎr guò nián?

맛있는 어법

1 다음을 해석하세요.

❶ 你快进来吧。 ➡ ____________________
Nǐ kuài jìnlai ba.

❷ 春节的时候中国人干什么？ ➡ ____________________
Chūn Jié de shíhou Zhōngguórén gàn shénme?

❸ 恭喜你结婚！ ➡ ____________________
Gōngxǐ nǐ jié hūn!

❹ 快进教室来吧。 ➡ ____________________
Kuài jìn jiàoshì lái ba.

2 다음을 중작하세요.

❶ 그는 집에 없고, 이미 나갔어요. ➡ ____________________

❷ 쉴 때 나는 보통 친구를 만나요. ➡ ____________________

❸ 건강하시길 기원합니다! ➡ ____________________

❹ 다음 주에 그는 미국으로 돌아가요. ➡ ____________________

3 틀린 문장을 바르게 고치세요.

❶ 春节时候我回故乡去。 ➡ ____________________

❷ 朋友回去韩国。 ➡ ____________________

❸ 恭喜你生日快乐！ ➡ ____________________

❹ 他去出了。 ➡ ____________________

맛있는 이야기

1 녹음을 듣고 빈칸을 채운 후, 읽어 보세요.

今天是❶__________，东民去小英家❷__________。很多人正在

Jīntiān shì __________, Dōngmín qù Xiǎoyīng jiā __________. Hěn duō rén zhèngzài

❸__________放鞭炮呢，非常热闹。东民听说，每年春节❹__________，

__________ fàng biānpào ne, fēicháng rènao. Dōngmín tīng shuō, měi nián Chūn Jié __________,

中国人都回故乡来过年。

Zhōngguórén dōu huí gùxiāng lái guò nián.

小英的妈妈❺__________很多饺子。饺子很好吃，大家都吃了很多。

Xiǎoyīng de māma __________ hěn duō jiǎozi. Jiǎozi hěn hǎochī, dàjiā dōu chīle hěn duō.

十二点❻__________，大家一起说："过年好！恭喜❼__________！"

Shí'èr diǎn __________, dàjiā yìqǐ shuō: "Guò nián hǎo! Gōngxǐ __________!"

2 자기의 상황에 맞게 빈칸을 채워 문장을 완성해 보세요.

> 每年春节的时候，韩国人都__________过年。
>
> 去年除夕，我__________过年。__________做了很多菜，菜__________。

你听得懂听不懂?

당신은 알아들을 수 있나요, 없나요?

맛있는 단어

1 다음 빈칸을 알맞게 채우세요.

한자	병음	뜻
❶	kè	수업, 과목
学期	xuéqī	❷
阅读	❸	독해
❹	zuòwén	작문
听力	tīnglì	❺
❻	róngyì	쉽다
如果	❼	만약 ~라면
❽	màn	느리다
懂	❾	알다, 이해하다

2 다음 보기에서 알맞은 단어를 골라 써 보세요.

보기	懂	课	慢	容易

❶ 你有几门________?

Nǐ yǒu jǐ mén ________?

❷ 老师说的汉语，你听得________吗?

Lǎoshī shuō de Hànyǔ, nǐ tīng de ________ ma?

❸ 听力课比阅读课________。

Tīnglì kè bǐ yuèdú kè ________.

❹ 请________点儿说。

Qǐng ________ diǎnr shuō.

맛있는 회화

Track23

1 녹음을 듣고 빈칸을 채운 후, 말해 보세요.

小英 这学期有几❶_______课?
Zhè xuéqī yǒu jǐ _______ kè?

东民 四门。听力、阅读、❷_______,
Sì mén. Tīnglì、yuèdú、_______,
❸_______作文。
_______ zuòwén.

小英 你觉得听力课难❹_______阅读课难?
Nǐ juéde tīnglì kè nán _______ yuèdú kè nán?

东民 我觉得听力课❺_______阅读课容易，而且很❻_______。
Wǒ juéde tīnglì kè _______ yuèdú kè róngyì, érqiě hěn _______.

小英 老师说的汉语，你❼_______听不懂?
Lǎoshī shuō de Hànyǔ, nǐ _______ tīng bu dǒng?

东民 ❽_______老师慢点儿说，我就听得懂。
_______ lǎoshī màn diǎnr shuō, wǒ jiù tīng de dǒng.

2 위의 회화를 보고 다음 질문에 중국어로 대답해 보세요.

❶ 东民这学期有几门课? _______________
Dōngmín zhè xuéqī yǒu jǐ mén kè?

❷ 东民这学期都有什么课? _______________
Dōngmín zhè xuéqī dōu yǒu shénme kè?

❸ 东民觉得听力课怎么样? _______________
Dōngmín juéde tīnglì kè zěnmeyàng?

❹ 老师说的汉语，东民听得懂吗? _______________
Lǎoshī shuō de Hànyǔ, Dōngmín tīng de dǒng ma?

맛있는 어법

1 다음을 해석하세요.

❶ 作业我都做得完。 ➡ ____________________

Zuòyè wǒ dōu zuò de wán.

❷ 如果明天下雨，我们就后天去吧。 ➡ ____________________

Rúguǒ míngtiān xià yǔ, wǒmen jiǔ hòutiān qù ba.

❸ 我买了四把椅子。 ➡ ____________________

Wǒ mǎile sì bǎ yǐzi.

❹ 前边有两家商店。 ➡ ____________________

Qiánbian yǒu liǎng jiā shāngdiàn.

2 다음을 중작하세요.

❶ 만약 시간이 있으면, 우리 영화 보러 가요. ➡ ____________________

❷ 다음 학기에 나는 7과목의 수업이 있어요. ➡ ____________________

❸ 나는 당신의 목소리가 들리지 않아요. ➡ ____________________

❹ 만약 그가 오지 않으면, 나는 가지 않을 거예요. ➡ ____________________

3 틀린 문장을 바르게 고치세요.

❶ 你吃了几门饭? ➡ ____________________

❷ 我不买到票。 ➡ ____________________

❸ 我的话你听得懂听不懂吗? ➡ ____________________

❹ 他回来得吗? ➡ ____________________

Track24

1 녹음을 듣고 빈칸을 채운 후, 읽어 보세요.

❶__________东民有四门课，听力、❷__________、口语和作文。

__________ Dōngmín yǒu sì mén kè, tīnglì、__________、kǒuyǔ hé zuòwén.

作文课❸__________，他觉得没有意思。阅读课也很难，有很多

Zuòwén kè __________, tā juéde méiyǒu yìsi. Yuèdú kè yě hěn nán, yǒu hěn duō

❹__________的字，他看不懂。听力课❺__________比较难，❻__________东民

__________ de zì, tā kàn bu dǒng. Tīnglì kè __________ bǐjiào nán, __________ Dōngmín

觉得很有意思。如果老师慢点儿❼______，他就听得懂。他❽__________

juéde hěn yǒu yìsi. Rúguǒ lǎoshī màn diǎnr ______, tā jiù tīng de dǒng. Tā __________

听力课。

tīnglì kè.

2 자기의 상황에 맞게 빈칸을 채워 문장을 완성해 보세요.

这学期我有________门课。我最喜欢________课，最不喜欢________课。 虽然__________课比较__________，但是我觉得__________。

你快把包裹打开吧!

당신은 빨리 소포를 열어 보세요!

맛있는 단어

1 다음 빈칸을 알맞게 채우세요.

한자	병음	뜻
包裹	❶	소포
快递	kuàidì	❷
❸	zhòng	무겁다
轻	qīng	❹
❺	jì	(우편으로) 보내다, 부치다
❻	lǐmiàn	안, 속
一定	❼	분명히, 반드시, 꼭
❽	dǎkāi	열다, 펼치다, 풀다
当然	❾	당연하다, 당연히, 물론

2 다음 보기에서 알맞은 단어를 골라 써 보세요.

보기	重	打开	一定	寄

❶ 你的包裹太__________了!

Nǐ de bāoguǒ tài __________ le!

❷ 这是妈妈__________给我的。

Zhè shì māma __________gěi wǒ de.

❸ 你做菜__________很好吃吧?

Nǐ zuò cài __________ hěn hǎochī ba?

❹ 你快把包裹__________吧!

Nǐ kuài bǎ bāoguǒ __________ ba!

맛있는 회화

1 녹음을 듣고 빈칸을 채운 후, 말해 보세요.

迈克 你的包裹❶__________！这是❷__________寄给你的吧？
Nǐ de bāoguǒ __________! Zhè shì __________ jìgěi nǐ de ba?

东民 我❸______有女朋友❹______！是妈妈寄给我的。
Wǒ ______ yǒu nǚpéngyou ______! Shì māma jìgěi wǒ de.

迈克 哈哈！那里面一定是❺__________吧？
Hāhā! Nà lǐmiàn yídìng shì __________ ba?

东民 那❻__________了。
Nà __________ le.

迈克 你快❼______包裹❽______吧！
Nǐ kuài ______ bāoguǒ ______ ba!

东民 好，你等❾______。
Hǎo, nǐ děng ______.

2 위의 회화를 보고 다음 질문에 중국어로 대답해 보세요.

❶ 东民的包裹重不重？ __________________
Dōngmín de bāoguǒ zhòng bu zhòng?

❷ 包裹是谁寄给东民的？ __________________
Bāoguǒ shì shéi jìgěi Dōngmín de?

❸ 包裹里面是什么？ __________________
Bāoguǒ lǐmiàn shì shénme?

❹ 东民有女朋友吗？ __________________
Dōngmín yǒu nǚpéngyou ma?

1 다음을 해석하세요.

❶ 你能借给我你的词典吗? → ____________________

Nǐ néng jiègěi wǒ nǐ de cídiǎn ma?

❷ 学生哪儿有钱啊! → ____________________

Xuésheng nǎr yǒu qián a!

❸ 小李把词典带来了。 → ____________________

Xiǎo Lǐ bǎ cídiǎn dàilai le.

❹ 你能把它吃完吗? → ____________________

Nǐ néng bǎ tā chīwán ma?

2 다음을 중작하세요.

❶ 그가 여자 친구가 어디 있겠어요! → ____________________

❷ 나는 지갑을 잃어버렸어요.(把) → ____________________

❸ 그는 문을 열지 않았어요.(把) → ____________________

❹ 내가 곧 돌려줄게요. → ____________________

3 틀린 문장을 바르게 고치세요.

❶ 我想寄姐姐给一本书。 → ____________________

❷ 哪儿我有女朋友啊! → ____________________

❸ 妈妈把饭已经做好了。 → ____________________

❹ 你把房间整理。 → ____________________

Track26

1 녹음을 듣고 빈칸을 채운 후, 읽어 보세요.

妈妈从韩国❶ __________ 一个包裹。听妈妈说，❷ __________ 有很多
Māma cóng Hánguó __________ yí ge bāoguǒ. Tīng māma shuō, __________ yǒu hěn duō

好吃的，辛奇、❸ __________、饼干等等。东民最喜欢吃辛奇。如果
hǎochī de, xīnqí、__________、bǐnggān děngděng. Dōngmín zuì xǐhuan chī xīnqí. Rúguǒ

没有辛奇，他就❹ __________ 吃饭。
méiyǒu xīnqí, tā jiù __________ chī fàn.

今天东民❺ __________ 包裹，很❻ __________。听迈克说，他也喜欢
Jīntiān Dōngmín __________ bāoguǒ, hěn __________. Tīng Màikè shuō, tā yě xǐhuan

吃辛奇。所以东民把包裹❼ __________ 后，❽ __________ 迈克辛奇。
chī xīnqí. Suǒyǐ Dōngmín bǎ bāoguǒ __________ hòu, __________ Màikè xīnqí.

2 자기의 상황에 맞게 빈칸을 채워 문장을 완성해 보세요.

__________ 寄来了一个包裹，里面有很多 __________，__________、__________、__________ 等等。我最喜欢 __________。

快放假了。

곧 방학이에요.

맛있는 단어

1 다음 빈칸을 알맞게 채우세요.

한자	병음	뜻
留学生活	liúxué shēnghuó	❶
日常生活	❷	일상생활
❸	xíguàn	습관, 버릇, 습관이 되다
慢慢儿	mànmānr	❹
❺	kuài···le	곧 ~하려고 하다
放假	❻	방학하다, 휴가로 쉬다
❼	lǚyóu	여행하다
外滩	❽	와이탄
学习	❾	학습하다, 공부하다

2 다음 보기에서 알맞은 단어를 골라 써 보세요.

보기	留学生活	旅游	放假	慢慢儿

❶ 北京的__________你习惯了吗?

Běijīng de __________ nǐ xíguàn le ma?

❷ 快__________了，你打算做什么?

Kuài __________ le, nǐ dǎsuan zuò shénme?

❸ 开始不习惯，现在__________习惯了。

Kāishǐ bù xíguàn, xiànzài __________ xíguàn le.

❹ 我要跟朋友去上海__________。

Wǒ yào gēn péngyou qù Shànghǎi __________.

맛있는 회화

Track27

1 녹음을 듣고 빈칸을 채운 후, 말해 보세요.

安娜 ❶________的留学生活你习惯了吗?
________ de liúxué shēnghuó nǐ xíguàn le ma?

东民 ❷________不习惯，❸________慢慢儿习惯了。
________ bù xíguàn, ________ mànmānr xíguàn le.

安娜 快放假了，你❹______做什么?
Kuài fàng jià le, nǐ ________ zuò shénme?

东民 我打算❺__________去上海旅游。
Wǒ dǎsuan __________ qù Shànghǎi lǚyóu.

安娜 ❻______上海的外滩很漂亮。
________ Shànghǎi de Wàitān hěn piàoliang.

东民 你也去吧。我们一起去上海❼______吧!
Nǐ yě qù ba. Wǒmen yìqǐ qù Shànghǎi ________ ba!

2 위의 회화를 보고 다음 질문에 중국어로 대답해 보세요.

❶ 东民在哪儿留学? ________________
Dōngmín zài nǎr liú xué?

❷ 留学生活，东民习惯了吗? ________________
Liúxué shēnghuó, Dōngmín xíguàn le ma?

❸ 放假的时候，东民要做什么? ________________
Fàng jià de shíhou, Dōngmín yào zuò shénme?

❹ 上海的外滩怎么样? ________________
Shànghǎi de Wàitān zěnmeyàng?

맛있는 어법

1 다음을 해석하세요.

❶ 她穿得漂漂亮亮。 ➡ ______________________
Tā chuān de piàopiaoliàngliàng.

❷ 火车快开了。 ➡ ______________________
Huǒchē kuài kāi le.

❸ 他以前喜欢喝酒，现在不喝了。 ➡ ______________________
Tā yǐqián xǐhuan hē jiǔ, xiànzài bù hē le.

❹ 他又哭了。 ➡ ______________________
Tā yòu kū le.

2 다음을 중작하세요.

❶ 여동생은 올해 15살이 됐어요. ➡ ______________________

❷ 당신은 푹 쉬세요. ➡ ______________________

❸ 나는 곧 졸업해요. ➡ ______________________

❹ 곧 엄마 생일이 다가와요. ➡ ______________________

3 틀린 문장을 바르게 고치세요.

❶ 姐姐眼睛很大大的。 ➡ ______________________

❷ 快要下了雨。 ➡ ______________________

❸ 快冬天来了。 ➡ ______________________

❹ 他鼻子高高。 ➡ ______________________

Track28

1 녹음을 듣고 빈칸을 채운 후, 읽어 보세요.

东民来北京❶__________了。他慢慢儿习惯了❷________的留学

Dōngmín lái Běijīng __________ le. Tā mànmānr xíguànle __________ de liúxué

生活。他在中国❸__________汉语，而且常常去旅游。

shēnghuó. Tā zài Zhōngguó __________ Hànyǔ, érqiě chángcháng qù lǚyóu.

快放假了，东民打算跟朋友去上海❹_________。安娜❺_________

Kuài fàng jià le, Dōngmín dǎsuan gēn péngyou qù Shànghǎi _________. Ānnà _________

去过上海，她也❻_______去上海看看。

qùguo Shànghǎi, tā yě __________ qù Shànghǎi kànkan.

2 자기의 상황에 맞게 빈칸을 채워 문장을 완성해 보세요.

快_________了，我打算跟_________去_________旅游。 _________一次也没去过_________，她很想去_________。

정답

1과 请多关照。
잘 부탁드립니다.

맛있는 단어

1 ❶ 大家 ❷ lái
❸ jièshào ❹ 자기, 자신
❺ wèi ❻ 同学
❼ 먼저, 우선 ❽ 多
❾ guānzhào

2 ❶ 请你来介绍一下自己。
Qǐng nǐ lái jièshào yíxià zìjǐ.
❷ 我先去。
Wǒ xiān qù.
❸ 这位是我的老师。
Zhè wèi shì wǒ de lǎoshī.
❹ 请多关照。
Qǐng duō guānzhào.

맛있는 회화

1 ❶ 大家 Dàjiā ❷ 汉语 Hànyǔ
❸ 来 lái ❹ 一下 yíxià
❺ 这位同学 Zhè wèi tóngxué
❻ 美国人 Měiguórén
❼ 姓 xìng ❽ 多 duō

2 ❶ 她是美国人。
❷ 安娜先介绍。
❸ 他们的汉语老师叫王明。
❹ 不，他是韩国人。

맛있는 어법

1 ❶ 내가 소개 좀 할게요.
❷ 당신은 좀 쉬세요, 내가 할게요.
❸ 손님이 다섯 분 있어요.
❹ 많이 좀 드세요!

2 ❶ 你来做吧。
❷ 这位是谁?
❸ 多说汉语。
❹ 你应该少吃点儿饭。

3 ❶ 再来一点儿吧。
❷ 那位是哪国人? 또는
那个人是哪国人?
❸ 请你少喝酒，多喝水。
❹ 谁来告诉我?

맛있는 이야기

1 ❶ 叫 jiào ❷ 是 shì
❸ 学 xué ❹ 上课 shàng kè
❺ 介绍 jièshào ❻ 叫 jiào
❼ 是 shì ❽ 漂亮 piàoliang
❾ 叫 jiào ❿ 看起来 kàn qǐlai

2 [참고 답안]
我叫李上民，今年二十三岁，是韩国人。
我的同学叫迈克，是英国人，很亲切。

2과 你现在住在哪儿?
당신은 지금 어디에 살아요?

맛있는 단어

1 ❶ 住 ❷ 유학생
❸ sùshè ❹ 条件
❺ 방 ❻ shēnghuó
❼ 方便 ❽ 은행
❾ chǎo

2 ❶ 我住在学校附近。
Wǒ zhùzài xuéxiào fùjìn.
❷ 这儿的生活很方便。
Zhèr de shēnghuó hěn fāngbiàn.
❸ 我的朋友是美国留学生。
Wǒ de péngyou shì Měiguó liúxuéshēng.
❹ 外边有点儿吵。
Wàibian yǒudiǎnr chǎo.

맛있는 회화

1 ❶ 哪儿 nǎr ❷ 宿舍 sùshè
❸ 怎么样 zěnmeyàng ❹ 不错 búcuò
❺ 大 dà ❻ 小 xiǎo
❼ 生活 Shēnghuó
❽ 就是有点儿 jiùshì yǒudiǎnr

2 ❶ 他现在住在留学生宿舍。
❷ 他的房间不大也不小。
❸ 宿舍的生活很方便。
❹ 宿舍附近有商店、银行。

맛있는 어법

1 ❶ 그녀는 내 옆에 앉아 있어요.
❷ 오늘은 춥지도 덥지도 않아요.
❸ 이 옷은 예쁜데, 단지 그다지 싸지 않아요.
❹ 오늘 나는 조금 피곤해요.

2 ❶ 我住在学校附近。
❷ 这件衣服不贵也不便宜。
❸ 这家饭店很不错，就是很小。
❹ 这双鞋有点儿大。

3 ❶ 他站在银行前边儿。
❷ 他最近有点儿忙。
❸ 小狗没睡在沙发上。
❹ 今天不热也不冷。

맛있는 이야기

1 ❶ 双人间 shuāngrénjiān
❷ 不大也不小 bú dà yě bù xiǎo
❸ 还有空调 hái yǒu kōngtiáo
❹ 很方便 hěn fāngbiàn
❺ 同屋 tóngwū ❻ 英国人 Yīngguórén
❼ 个子 gèzi
❽ 住在北京 zhùzài Běijīng

2 [참고 답안]
我的房间不太大，里边有床、电视，还有冰箱。附近有医院、超市，生活很方便。

3과 一边做作业，一边听音乐。
숙제를 하면서 음악을 들어요.

맛있는 단어

1 ❶ 一边…，一边… ❷ 숙제
❸ yīnyuè ❹ 고전음악
❺ A还是B ❻ liúxíng yīnyuè
❼ 年轻人 ❽ 어떤 사람
❾ cì

2 ❶ 我一边做作业，一边听音乐。
Wǒ yìbiān zuò zuòyè, yìbiān tīng yīnyuè.
❷ 有的人喜欢，有的人不喜欢。
Yǒude rén xǐhuan, yǒude rén bù xǐhuan.
❸ 一次也没听过。
Yí cì yě méi tīngguo.
❹ 你喜欢看中国电影还是韩国电影？
Nǐ xǐhuan kàn Zhōngguó diànyǐng háishi Hánguó diànyǐng?

맛있는 회화

1 ❶ 做作业 zuò zuòyè ❷ 听的是 tīng de shì
❸ 还是 háishi ❹ 听说 Tīng shuō
❺ 年轻人 niánqīngrén ❻ 呢 ne
❼ 一次也没 yí cì yě méi

2 ❶ 她在一边做作业，一边听音乐。
❷ 她喜欢听中国流行音乐。
❸ 有的人喜欢，有的人不喜欢。
❹ 她一次也没听过。

맛있는 어법

1 ❶ 그녀는 밥을 먹으면서 텔레비전을 봐요.
❷ 당신은 밥을 먹을래요, 아니면 차를 마실래요?
❸ 어떤 사람은 주스를 마시고, 어떤 사람은 콜라를 마셔요.
❹ 그는 한 번도 우리 집에 오지 않았어요.

2 ❶ 有的人看电视，有的人听音乐。
❷ 他是中国人还是韩国人？
❸ 他们一边喝咖啡，一边看电影。
❹ 我一次也没(有)去过香港。

3 ❶ 你喝咖啡还是可乐？
❷ 我一边写汉字，一边说汉语。
❸ 我一次也没看过中国电影。
❹ 有的人回家，有的人去饭馆儿。

맛있는 이야기

1 ❶ 星期天 xīngqītiān ❷ 玩儿 wánr
❸ 流行音乐 liúxíng yīnyuè
❹ 喜欢听 xǐhuan tīng
❺ 可是 kěshì ❻ 所以 Suǒyǐ
❼ 介绍 jièshào

정답

2 [참고 답안]
今天是星期六，我去朋友家玩儿。朋友一边看电视，一边玩儿手机。朋友喜欢玩儿游戏。

我买了两件毛衣。
나는 스웨터 두 벌을 샀어요.

맛있는 단어

1 ❶ 周末 ❷ bù hǎoyìsi
❸ dǎsuan ❹ kǎoshì
❺ 能 ❻ 已经
❼ jiàn ❽ 스웨터
❾ 복습하다

2 ❶ 明天有考试，我要复习。
Míngtiān yǒu kǎoshì, wǒ yào fùxí.
❷ 这个周末你打算干什么?
Zhège zhōumò nǐ dǎsuan gàn shénme?
❸ 姐姐给我买了一件毛衣。
Jiějie gěi wǒ mǎile yí jiàn máoyī.
❹ 你能跟我一起去吃比萨吗?
Nǐ néng gēn wǒ yìqǐ qù chī bǐsà ma?

맛있는 회화

1 ❶ 百货商店 bǎihuò shāngdiàn
❷ 不好意思 Bù hǎoyìsi
❸ 买了 mǎile ❹ 两 liǎng
❺ 那么 Nàme ❻ 打算 dǎsuan
❼ 有考试 yǒu kǎoshì ❽ 在宿舍 zài sùshè

2 ❶ 他周末想去百货商店。
❷ 昨天他买了两件毛衣。
❸ 这个周末他打算在宿舍复习。
❹ 他下个星期一有考试。

맛있는 어법

1 ❶ 내일 그는 올 수 있어요.
❷ 그는 맥주 한 병을 마셨어요.
❸ 이번 주 토요일에 우리는 톈안먼에 갈 계획이에요.
❹ 그는 나가지 않고, 집에 있어요.

2 ❶ 你看了很多书吗?
❷ 明天他很忙, 不能来。
❸ 我吃饭了。
❹ 明年你打算干什么?

3 ❶ 他没回家。 또는
他回家了。
❷ 明天他能不能来?
❸ 你明天有什么打算?
❹ 他去洗手间了没有? 또는
他去洗手间了吗?

맛있는 이야기

1 ❶ 天气 tiānqì ❷ 暖和 nuǎnhuo
❸ 毛衣 máoyī ❹ 周末 zhōumò
❺ 可惜 kěxī ❻ 而且 Érqiě
❼ 下个 xià ge ❽ 复习 fùxí

2 [참고 답안]
昨天我跟妈妈去百货商店买了一个钱包。
下个星期有汉语考试，周末我打算在家复习。

我正在打太极拳。
나는 태극권을 하고 있어요.

맛있는 단어

1 ❶ 门 ❷ 怎么
❸ dǎ tàijíquán ❹ lìhai
❺ 문제없다, 좋다 ❻ 每
❼ biǎoyǎn ❽ 开
❾ 시작하다, 개시하다

2 ❶ 电视怎么开着?
Diànshì zěnme kāizhe?
❷ 你会说英语，还会说日语，真厉害!
Nǐ huì shuō Yīngyǔ, hái huì shuō Rìyǔ, zhēn lìhai!
❸ 今天几点开始上课?
Jīntiān jǐ diǎn kāishǐ shàng kè?
❹ 他每星期去三次图书馆。
Tā měi xīngqī qù sān cì túshūguǎn.

맛있는 회화

1 ❶ 怎么 zěnme ❷ 干 gàn
❸ 正在 zhèngzài ❹ 是吗 shì ma
❺ 对 Duì ❻ 表演 Biǎoyǎn
❼ 没问题 Méi wèntí ❽ 那 Nà

2 ❶ 门开着。
❷ 他在打太极拳呢。
❸ 他每星期学三次太极拳。
❹ 他现在要给小英表演太极拳。

맛있는 어법

1 ❶ 학생은 앉아 있고, 선생님은 서 있어요.
❷ 우리는 수업하고 있어요.
❸ 나는 한 번 가 본 적이 있어요.
❹ 당신은 이 책을 좀 보세요.

2 ❶ 我吃过一次中国菜。
❷ 他正在开门。
❸ 我想休息休息。 또는
我想休息一下。
❹ 门开着，电视也开着。

3 ❶ 他躺着看电视。
❷ 我吃过一次中国菜。
❸ 你尝尝我做的菜。 또는
你尝一下我做的菜。
❹ 他没在玩儿电脑。

맛있는 이야기

1 ❶ 武术 wǔshù ❷ 早晨 zǎochen
❸ 公园 gōngyuán ❹ 对身体 duì shēntǐ
❺ 所以 suǒyǐ ❻ 以前 yǐqián
❼ 教他们 jiāo tāmen ❽ 不太会 bú tài huì

2 [참고 답안]
听说骑自行车对身体很好，所以我最近在骑自行车。
我每星期骑三次。朋友每星期骑两次。

我肚子疼得很厉害。
저는 배가 너무 아파요.

맛있는 단어

1 ❶ 의사 ❷ shūfu
❸ 肚子 ❹ téng
❺ 언제 ❻ 更
❼ 해산물 ❽ 太…了
❾ cóng

2 ❶ 你哪儿不舒服?
Nǐ nǎr bù shūfu?
❷ 我吃了很多海鲜。
Wǒ chīle hěn duō hǎixiān.
❸ 现在疼得更厉害。
Xiànzài téng de gèng lìhai.
❹ 从什么时候开始疼?
Cóng shénme shíhou kāishǐ téng?

맛있는 회화

1 ❶ 哪儿 nǎr ❷ 肚子疼 dùzi téng
❸ 什么时候 shénme shíhou
❹ 晚上 wǎnshang ❺ 疼得 téng de
❻ 吃了什么 chīle shénme
❼ 太多了 tài duō le

2 ❶ 他肚子疼。
❷ 他从昨天晚上开始肚子疼。
❸ 他的肚子现在疼得更厉害。
❹ 他昨天晚上吃了海鲜。

맛있는 어법

1 ❶ 여기에서 우체국까지 멀어요?
❷ 그녀는 노래를 잘 불러요, 못 불러요?
❸ 그녀는 말이 너무 빨라요.
❹ 우리 엄마는 운전을 그다지 잘 못해요.

2 ❶ 这件衣服太贵了。
❷ 他(打)篮球打得不好。
❸ 我朋友从法国来。
❹ 他(踢)足球踢得好吗?

3 ❶ 他写得不好。
❷ 今天天气太冷了。

정답

❸ 他(做)菜做得很好。
❹ 朋友玩儿得高兴不高兴?

맛있는 이야기

1 ❶ 跟同学们 gēn tóngxuémen
❷ 很多菜 hěn duō cài
❸ 等等 děngděng ❹ 做得 zuò de
❺ 最喜欢 zuì xǐhuan ❻ 结果 jiéguǒ
❼ 看病 kàn bìng

2 [참고 답안]
妈妈昨天做了很多菜，有海鲜、鸡肉、麻辣烫等等。
妈妈做菜做得很好吃，我吃了很多。

去颐和园怎么走?
이허위안에 어떻게 가나요?

맛있는 단어

1 ❶ 请问 ❷ yìzhí
❸ ~를 향하여 ❹ 到
❺ 신호등 ❻ guǎi
❼ 离 ❽ 分钟
❾ dài

2 ❶ 请问，去颐和园怎么走?
Qǐngwèn, qù Yíhéyuán zěnme zǒu?
❷ 你家离这儿远不远?
Nǐ jiā lí zhèr yuǎn bu yuǎn?
❸ 我带你去吧。
Wǒ dài nǐ qù ba.
❹ 到红绿灯往左拐。
Dào hónglǜdēng wǎng zuǒ guǎi.

맛있는 회화

1 ❶ 去 qù
❷ 怎么走 zěnme zǒu
❸ 往前 wǎng qián
❹ 红绿灯 hónglǜdēng
❺ 远不远 yuǎn bu yuǎn
❻ 就到了 jiù dào le
❼ 带你去 dài nǐ qù

2 ❶ 他要去颐和园。
❷ 一直往前走，到红绿灯往左拐。
❸ 颐和园离这儿不太远。
❹ 走十分钟能到颐和园。

맛있는 어법

1 ❶ 당신은 언제 갈 거예요?
❷ 사거리에서 우회전하세요.
❸ 나는 학교에 도착했어요.
❹ 학교는 우리 집에서 매우 가까워요.

2 ❶ 火车七点到了。
❷ 你先往前走。
❸ 明天我要去动物园。
❹ 离下课还有五分钟。

3 ❶ 我们一起去百货商店吧。
❷ 他已经走了。
❸ 离圣诞节还有一个星期。
❹ 请往右拐。

맛있는 이야기

1 ❶ 国庆节 Guóqìng Jié ❷ 计划 jìhuà
❸ 不知道 bù zhīdào ❹ 前边儿 qiánbianr
❺ 问她 wèn tā ❻ 告诉 gàosu
❼ 往左拐 wǎng zuǒ guǎi
❽ 就 jiù ❾ 还 hái
❿ 运气 yùnqi

2 [참고 답안]
上个周末我跟朋友计划一起去动物园玩儿。可是我们不知道去动物园怎么走。
我们旁边有一个男生，他带我们一起去了动物园。

首尔跟北京一样冷吗?
서울은 베이징과 같이 춥나요?

맛있는 단어

1 ❶ 比 ❷ juéde
❸ 서울 ❹ 雪
❺ yíyàng ❻ 겨울
❼ 天气 ❽ chángcháng

❾ 不过

2 ❶ 我觉得今天很冷。
Wǒ juéde jīntiān hěn lěng.

❷ 北京跟首尔一样冷吗?
Běijīng gēn Shǒu'ěr yíyàng lěng ma?

❸ 今天比昨天热吧?
Jīntiān bǐ zuótiān rè ba?

❹ 今年的冬天来得很早。
Jīnnián de dōngtiān lái de hěn zǎo.

맛있는 회화

1 ❶ 天气 tiānqì ❷ 吧 ba
❸ 比昨天 bǐ zuótiān ❹ 去年 qùnián
❺ 大 dà ❻ 更大 gèng dà
❼ 跟 gēn ❽ 没有 méiyǒu

2 ❶ 今天天气真冷。
❷ 昨天没有今天冷。
❸ 首尔今年的雪比去年更大。
❹ 北京更冷。 또는
首尔没有北京冷。

맛있는 어법

1 ❶ 우리 형(오빠)은 나보다 (키가) 커요.
❷ 이것은 저것만큼 예쁘지 않아요.
❸ 나는 이 커피가 너무 달게 느껴져요.
❹ 그녀의 옷은 내 것과 같아요.

2 ❶ 今年夏天跟去年一样热。
❷ 首尔没有北京大。
❸ 我觉得春天比秋天更漂亮。 또는
我觉得春天比秋天还漂亮。
❹ 飞机比火车还快。 또는
飞机比火车更快。

3 ❶ 我家没有他家远。
❷ 我不觉得房间很小。
❸ 他的衣服跟我的一样贵。
❹ 今天比昨天更冷。 또는
今天比昨天还冷。

맛있는 이야기

1 ❶ 来得 lái de ❷ 下大雪 xià dàxuě
❸ 比首尔 bǐ Shǒu'ěr ❹ 干燥 gānzào
❺ 穿的衣服 chuān de yīfu
❻ 特别 tèbié ❼ 陪 péi
❽ 大衣 dàyī

2 [참고 답안]
今年韩国的冬天来得很早，常常下雪，天气很冷。
我觉得今年冬天比去年还冷。

9과 请帮我们照一张相，好吗?
사진 한 장 찍어 주시겠어요?

맛있는 단어

1 ❶ 多…啊 ❷ 见
❸ 얼음 등 ❹ 有名
❺ hǎoxiàng ❻ 세계
❼ 사진을 찍다 ❽ bāng
❾ 张

2 ❶ 我在韩国没见过冰灯。
Wǒ zài Hánguó méi jiànguo bīngdēng.

❷ 这个电影很有名。
Zhège diànyǐng hěn yǒumíng.

❸ 我来帮你照相吧。
Wǒ lái bāng nǐ zhào xiàng ba.

❹ 哈尔滨的冰灯好像是世界上最大的。
Hā'ěrbīn de bīngdēng hǎoxiàng shì shìjiè shang zuì dà de.

맛있는 회화

1 ❶ 快来 kuài lái ❷ 漂亮 piàoliang
❸ 好看 hǎokàn ❹ 见过 jiànguo
❺ 世界上最大 shìjiè shang zuì dà
❻ 一起 yìqǐ ❼ 先生 Xiānsheng
❽ 一张 yì zhāng

2 ❶ 他们在看冰灯。
❷ 他在韩国没见过冰灯。
❸ 哈尔滨的冰灯节很有名。
❹ 那位先生帮他们照相。

맛있는 어법

1 ❶ 당신은 나를 도와 밥을 해 줄 수 있나요?

정답

❷ 천천히 좀 말씀해 주시겠어요?
❸ 당신은 중국에 가서 중국어를 배울 수 있다니 얼마나 좋아요!
❹ 보아하니 그는 한국 사람인 것 같아요.

2 ❶ 我帮你说。
❷ 他多喜欢你啊!
❸ 这个菜我好像在日本吃过。
❹ 我们一起去看电影，好吗?

3 ❶ 坐出租车去多快啊!
❷ 我好像没见过。
❸ 谢谢你的帮助。 또는 谢谢你的帮忙。
❹ 他的个子多高啊!

맛있는 이야기

1 ❶ 冰灯节 Bīngdēng Jié
❷ 非常冷 fēicháng lěng
❸ 更冷 gèng lěng
❹ 觉得 juéde
❺ 而且 érqiě
❻ 照几张相 zhào jǐ zhāng xiàng
❼ 看看 kànkan

2 [참고 답안]
我跟朋友一起去动物园看熊猫了。
熊猫非常可爱，我想照几张相给家人看看。

10과 这个又好看又便宜。
이것은 예쁘고 싸요.

맛있는 단어

1 ❶ 那么 ❷ 이렇게, 이런
❸ rènzhēn ❹ 온라인, 인터넷
❺ 上网 ❻ táidēng
❼ 又…又… ❽ tǐng
❾ 极了

2 ❶ 我在网上买衣服呢。
Wǒ zài wǎngshàng mǎi yīfu ne.
❷ 这个好看，挺不错的。
Zhège hǎokàn, tǐng búcuò de.
❸ 好极了，我就买它吧!
Hǎo jí le, wǒ jiù mǎi tā ba!
❹ 你看什么呢? 那么认真!
Nǐ kàn shénme ne? Nàme rènzhēn!

맛있는 회화

1 ❶ 那么 Nàme ❷ 买台灯 mǎi táidēng
❸ 好 hǎo ❹ 还没 Hái méi
❺ 怎么样 zěnmeyàng ❻ 又便宜 yòu piányi
❼ 就 jiù

2 ❶ 她在网上买台灯呢。
❷ 她看台灯看得很认真。
❸ 她还没买好。
❹ 他说的台灯又好看又便宜，挺不错的。

맛있는 어법

1 ❶ 이 책을 당신은 보고 이해했나요?
❷ 그것은 내 책가방이에요. 당신이 잘못 가져갔어요.
❸ 이 책은 크기도 하고 두껍기도 해요.
❹ 오늘 그는 아주 기뻐요!

2 ❶ 大家又说又笑。
❷ 我女朋友漂亮极了!
❸ 妈妈洗好衣服了。
❹ 你听见了吗?

3 ❶ 我没听懂。
❷ 他不是王老师，你看错了。
❸ 这儿的菜又好吃又便宜。
❹ 妈妈已经做完饭了。

맛있는 이야기

1 ❶ 突然坏了 tūrán huài le
❷ 打算 dǎsuan ❸ 新 xīn
❹ 看到 kàndào
❺ 很长时间 hěn cháng shíjiān
❻ 哪个 nǎge ❼ 最后 Zuìhòu
❽ 选 xuǎn ❾ 感谢 gǎnxiè

2 [참고 답안]
我的电脑突然坏了。我打算在网上买一个新电脑。
网上有各种各样的电脑，我不知道买哪个。

你们回来了!
당신들 돌아왔군요!

맛있는 단어

1 ❶ 外面 ❷ 폭죽을 터뜨리다
❸ rènao ❹ 饺子
❺ 매년, 해마다 ❻ Chūn Jié
❼ 时候 ❽ 고향
❾ guò nián

2 ❶ 你回故乡过年吗?
Nǐ huí gùxiāng guò nián ma?
❷ 外面在放鞭炮呢，很热闹。
Wàimiàn zài fàng biānpào ne, hěn rènao.
❸ 你做的饺子真好吃。
Nǐ zuò de jiǎozi zhēn hàochī.
❹ 大家春节快乐! 恭喜发财!
Dàjiā Chūn Jié kuàilè! Gōngxǐ fā cái!

맛있는 회화

1 ❶ 回来 huílai ❷ 进来 jìnlai
❸ 听见 tīngjiàn ❹ 都 dōu
❺ 真 zhēn
❻ 多吃点儿 duō chī diǎnr
❼ 回故乡来 huí gùxiāng lái
❽ 恭喜 Gōngxǐ

2 ❶ 外面在放鞭炮呢。
❷ 外面很热闹。
❸ 妈妈做了饺子。
❹ 春节的时候，中国人在故乡过年。

맛있는 어법

1 ❶ 당신은 빨리 들어오세요.
❷ 춘절 때 중국 사람들은 무엇을 해요?
❸ 결혼을 축하해요!
❹ 빨리 교실로 들어오세요.

2 ❶ 他不在家，已经出去了。
❷ 休息的时候我一般见朋友。
❸ 祝您身体健康!
❹ 下个星期他回美国去。

3 ❶ 春节的时候我回故乡去。
❷ 朋友回韩国去。
❸ 祝你生日快乐!
❹ 他出去了。

맛있는 이야기

1 ❶ 除夕 Chúxī ❷ 过年 guò nián
❸ 外边儿 wàibianr ❹ 的时候 de shíhou
❺ 煮好了 zhǔhǎole ❻ 到了 dào le
❼ 发财 fā cái

2 [참고 답안]
每年春节的时候，韩国人都跟家人一起过年。
去年除夕，我去奶奶家过年。奶奶做了很多菜，菜很好吃。

12과 你听得懂听不懂?
당신은 알아들을 수 있나요, 없나요?

맛있는 단어

1 ❶ 课 ❷ 학기
❸ yuèdú ❹ 作文
❺ 듣기 ❻ 容易
❼ rúguǒ ❽ 慢
❾ dǒng

2 ❶ 你有几门课?
Nǐ yǒu jǐ mén kè?
❷ 老师说的汉语，你听得懂吗?
Lǎoshī shuō de Hànyǔ, nǐ tīng de dǒng ma?
❸ 听力课比阅读课容易。
Tīnglì kè bǐ yuèdú kè róngyì.
❹ 请慢点儿说。
Qǐng màn diǎnr shuō.

맛있는 회화

1 ❶ 门 mén ❷ 口语 kǒuyǔ
❸ 还有 hái yǒu ❹ 还是 háishi
❺ 比 bǐ ❻ 有意思 yǒu yìsi
❼ 听得懂 tīng de dǒng ❽ 如果 Rúguǒ

2 ❶ 他这学期有四门课。

정답

❷ 听力、阅读、口语和作文。
❸ 他觉得听力课比阅读课容易，而且很有意思。
❹ 如果老师慢点儿说，他就听得懂。

맛있는 어법

1 ❶ 숙제를 나는 다 끝낼 수 있어요.
❷ 만약 내일 비가 오면, 우리 모레 가요.
❸ 나는 의자 네 개를 샀어요.
❹ 앞에 상점 두 곳이 있어요.

2 ❶ 如果有时间，我们就去看电影吧。
❷ 下(个)学期我有七门课。
❸ 我听不见你的声音。
❹ 如果他不来，我就不去。

3 ❶ 你吃了几碗饭?
❷ 我买不到票。
❸ 我的话你听得懂听不懂? 또는 我的话你听得懂吗?
❹ 他回得来吗?

맛있는 이야기

1 ❶ 这学期 Zhè xuéqī ❷ 阅读 yuèdú
❸ 太难了 tài nán le ❹ 不认识 bú rènshi
❺ 虽然 suīrán ❻ 但是 dànshì
❼ 说 shuō ❽ 最喜欢 zuì xǐhuan

2 [참고 답안]
这学期我有五门课。我最喜欢汉语课，最不喜欢英语课。
虽然汉语课比较难，但是我觉得很有意思。

13과 你快把包裹打开吧! 당신은 빨리 소포를 열어 보세요!

맛있는 단어

1 ❶ bāoguǒ ❷ 택배
❸ 重 ❹ 가볍다
❺ 寄 ❻ 里面
❼ yídìng ❽ 打开
❾ dāngrán

2 ❶ 你的包裹太重了!
Nǐ de bāoguǒ tài zhòng le!
❷ 这是妈妈寄给我的。
Zhè shì māma jìgěi wǒ de.
❸ 你做菜一定很好吃吧?
Nǐ zuò cài yídìng hěn hǎochī ba?
❹ 你快把包裹打开吧!
Nǐ kuài bǎ bāoguǒ dǎkāi ba!

맛있는 회화

1 ❶ 这么重 zhème zhòng
❷ 女朋友 nǚpéngyou
❸ 哪儿 nǎr ❹ 啊 a
❺ 好吃的 hǎochī de ❻ 当然 dāngrán
❼ 把 bǎ ❽ 打开 dǎkāi
❾ 一下 yíxià

2 ❶ 他的包裹很重。
❷ 包裹是东民妈妈寄给东民的。
❸ 包裹里面是好吃的。
❹ 他没有女朋友。

맛있는 어법

1 ❶ 당신은 나에게 당신의 사전을 빌려줄 수 있나요?
❷ 학생이 돈이 어디 있겠어요!
❸ 샤오리는 사전을 가지고 왔어요.
❹ 당신은 그것을 다 먹을 수 있어요?

2 ❶ 他哪儿有女朋友啊!
❷ 我把钱包丢了。
❸ 他没把门打开。
❹ 我一会儿就还给你。

3 ❶ 我想寄给姐姐一本书。
❷ 我哪儿有女朋友啊!
❸ 妈妈已经把饭做好了。
❹ 你把房间整理整理。 또는 你把房间整理一下。

맛있는 이야기

1 ❶ 寄来了 jìlaile ❷ 里面 lǐmiàn
❸ 方便面 fāngbiànmiàn
❹ 不想 bù xiǎng ❺ 收到了 shōudàole
❻ 开心 kāixīn ❼ 打开 dǎkāi

❽ 送给了 sònggěile

2 [참고 답안]
中国朋友寄来了一个包裹，里面有很多好吃的，饼干、方便面、中国茶等等。我最喜欢喝中国茶。

快放假了。
곧 방학이에요.

맛있는 단어

1 ❶ 유학 생활 ❷ rìcháng shēnghuó
❸ 习惯 ❹ 천천히, 서서히
❺ 快…了 ❻ fàng jià
❼ 旅游 ❽ Wàitān
❾ xuéxí

2 ❶ 北京的留学生活你习惯了吗?
Běijīng de liúxué shēnghuó nǐ xíguàn le ma?
❷ 快放假了, 你打算做什么?
Kuài fàng jià le, nǐ dǎsuan zuò shénme?
❸ 开始不习惯, 现在慢慢儿习惯了。
Kāishǐ bù xíguàn, xiànzài mànmānr xíguàn le.
❹ 我要跟朋友去上海旅游。
Wǒ yào gēn péngyou qù Shànghǎi lǚyóu.

맛있는 회화

1 ❶ 北京 Běijīng ❷ 开始 Kāishǐ
❸ 现在 xiànzài ❹ 打算 dǎsuan
❺ 跟朋友 gēn péngyou ❻ 听说 Tīng shuō
❼ 玩儿 wánr

2 ❶ 他在北京留学。
❷ 开始不习惯，现在慢慢儿习惯了。
❸ 他打算跟朋友去上海旅游。
❹ 上海的外滩很漂亮。

맛있는 어법

1 ❶ 그녀는 예쁘게 입었어요.
❷ 기차가 곧 떠나요.
❸ 그는 예전에는 술 마시는 것을 좋아했지만, 지금은 안 마셔요.
❹ 그는 또 울어요.

2 ❶ 妹妹今年十五岁了。
❷ 你好好儿休息。
❸ 我快毕业了。
❹ 快到妈妈的生日了。

3 ❶ 姐姐眼睛大大的。 또는 姐姐眼睛很大。
❷ 快要下雨了。
❸ 冬天快来了。
❹ 他鼻子高高的。

맛있는 이야기

1 ❶ 已经一年 yǐjīng yì nián
❷ 在中国 zài Zhōngguó
❸ 认真学习 rènzhēn xuéxí
❹ 玩儿玩儿 wánrwanr
❺ 一次也没 yí cì yě méi
❻ 很想 hěn xiǎng

2 [참고 답안]
快放假了，我打算跟妈妈去中国旅游。妈妈一次也没去过中国，她很想去看看。

맛있는 books

100만 독자의 선택
중국어 회화 시리즈 베스트셀러

최신 개정 **맛있는 중국어 회화 워크북**

MP3 파일 무료 다운로드 

맛있는북스

027 □□
今天比昨天冷吧?
Jīntiān bǐ zuótiān lěng ba?
오늘이 어제보다 춥지요?

029 □□
首尔跟北京一样冷吗?
Shǒu'ěr gēn Běijīng yíyàng lěng ma?
서울은 베이징과 같이 춥나요?

031 □□
多漂亮啊!
Duō piàoliang a!
얼마나 예쁜가요!

033 □□
好像是世界上最大的。
Hǎoxiàng shì shìjiè shang zuì dà de.
세계에서 가장 큰 것 같아요.

035 □□
台灯买好了吗?
Táidēng mǎihǎo le ma?
스탠드는 다 샀어요?

037 □□
这个又好看又便宜。
Zhège yòu hǎokàn yòu piányi.
이것은 예쁘고 싸요.

039 □□
你们回来了!
Nǐmen huílai le!
당신들 돌아왔군요!

041 □□
每年春节的时候，中国人都回故乡来过年。
Měi nián Chūn Jié de shíhou, Zhōngguórén dōu huí gùxiāng lái guò nián.
매년 춘절 때, 중국 사람들은 모두 고향으로 돌아와서 설을 쇄요.

043 □□
这学期有几门课?
Zhè xuéqī yǒu jǐ mén kè?
이번 학기에는 몇 과목이 있어요?

045 □□
老师说的汉语，你听得懂听不懂?
Lǎoshī shuō de Hànyǔ, nǐ tīng de dǒng tīng bu dǒng?
선생님이 말하는 중국어를 당신은 알아들을 수 있어요, 없어요?

047 □□
这是女朋友寄给你的吧?
Zhè shì nǚpéngyou jìgěi nǐ de ba?
이것은 여자 친구가 당신에게 보낸 거지요?

049 □□
那里面一定是好吃的吧?
Nà lǐmiàn yídìng shì hǎochī de ba?
그 안에는 분명히 맛있는 것이겠네요?

051 □□
北京的留学生活你习惯了吗?
Běijīng de liúxué shēnghuó nǐ xíguàn le ma?
베이징의 유학 생활에 당신은 익숙해졌어요?

053 □□
快放假了。
Kuài fàng jià le.
곧 방학이에요.

자르는 선

042 □□

大家春节快乐!

Dàjiā Chūn Jié kuàilè!

여러분 새해 복 많이 받으세요!

044 □□

我觉得听力课比阅读课容易。

Wǒ juéde tīnglì kè bǐ yuèdú kè róngyì.

나는 듣기 과목이 독해 과목 보다 쉽다고 생각해요.

046 □□

如果老师慢点儿说，我就听得懂。

Rúguǒ lǎoshī màn diǎnr shuō, wǒ jiù tīng de dǒng.

만약 선생님이 좀 천천히 말씀하시면,
나는 알아들을 수 있어요.

048 □□

我哪儿有女朋友啊!

Wǒ nǎr yǒu nǚpéngyou a!

내가 여자 친구가 어디 있어요!

050 □□

你快把包裹打开吧!

Nǐ kuài bǎ bāoguǒ dǎkāi ba!

당신은 빨리 소포를 열어 보세요!

052 □□

现在慢慢儿习惯了。

Xiànzài mànmānr xíguàn le.

지금은 서서히 익숙해졌어요.

054 □□

我打算跟朋友去上海旅游。

Wǒ dǎsuan gēn péngyou qù Shànghǎi lǚyóu.

나는 친구와 상하이에 여행 가려고 해요.

028 □□

我也觉得今天比昨天冷。

Wǒ yě juéde jīntiān bǐ zuótiān lěng.

나도 오늘이 어제보다 춥다고 생각해요.

030 □□

首尔没有北京冷。

Shǒu'ěr méiyǒu Běijīng lěng.

서울은 베이징만큼 춥지 않아요.

032 □□

我在韩国没见过冰灯。

Wǒ zài Hánguó méi jiànguo bīngdēng.

나는 한국에서 빙등을 본 적이 없어요.

034 □□

请帮我们照一张相，好吗?

Qǐng bāng wǒmen zhào yì zhāng xiàng, hǎo ma?

사진 한 장 찍어 주시겠어요?

036 □□

我还没买好呢。

Wǒ hái méi mǎihǎo ne.

나는 아직 못 샀어요.

038 □□

这个台灯好极了。

Zhège táidēng hǎo jí le!

이 스탠드 아주 좋아요.

040 □□

外面都在放鞭炮呢。

Wàimiàn dōu zài fàng biānpào ne.

밖에서 모두 폭죽을 터뜨리고 있어요.